高等职业教育质量工程系列教材·旅游大类

旅游法律法规基础

LÜYOU FALÜ FAGUI JICHU

主 编 梁 峰 钱惠梅
副主编 顾梅珑 李娟梅 顾琳炎 蔡红梅

南京大学出版社

图书在版编目(CIP)数据

旅游法律法规基础 / 梁峰，钱惠梅主编. —— 南京：南京大学出版社，2021.3
 ISBN 978-7-305-24065-2

Ⅰ. ①旅… Ⅱ. ①梁… ②钱… Ⅲ. ①旅游业—法规—中国—高等职业教育—教材 Ⅳ. ①D922.296

中国版本图书馆 CIP 数据核字(2020)第 257576 号

出版发行　南京大学出版社
社　　址　南京市汉口路 22 号　　邮　编　210093
出 版 人　金鑫荣

书　　名　旅游法律法规基础
主　　编　梁峰　钱惠梅
责任编辑　裴维维　　　　　　　编辑热线　025-83592123

照　　排　南京南琳图文制作有限公司
印　　刷　南京玉河印刷厂
开　　本　787×1092　1/16　印张 14.5　字数 370 千
版　　次　2021 年 3 月第 1 版　2021 年 3 月第 1 次印刷
ISBN 978-7-305-24065-2
定　　价　43.00 元

网址：http://www.njupco.com
官方微博：http://weibo.com/njupco
官方微信号：njupress
销售咨询热线：(025) 83594756

* 版权所有，侵权必究
* 凡购买南大版图书，如有印装质量问题，请与所购
　图书销售部门联系调换

前　言

　　党的十八大以来，一系列推进旅游业改革发展的政策措施相继落地实施，开启了旅游强国建设新篇章。文化和旅游部系统深入贯彻落实习近平法治思想，一方面着力推动文化和旅游领域重点立法项目，另一方面围绕新情况新重点，出台了一系列有力举措。文化和旅游法治建设工作取得显著成效，治理体系和治理能力现代化水平不断提高，以文化和旅游领域相关法律为核心，以各地各部门法规和规章为基础的法律法规体系正在形成。

　　基于此背景，教材编写人员紧紧围绕文旅融合趋势下的人才培养目标，参照全国统一的导游人员资格考试科目一"政策与法律法规"，并对相关内容进行了深入浅出的解读，以提升读者应用所学理论解决实际问题的能力。建议读者分别从了解、熟悉、掌握三个能力层次对本书内容予以把握。

　　——了解，要求对导游从业相关知识能够准确再认、再现，即知道"是什么"；

　　——熟悉，在了解基础上，能够深刻领会导游从业相关知识及规定，并借此解释、论证观点，分析现象，辨明正误，即明白"为什么"；

　　——掌握，要求能够灵活运用导游从业相关知识和方法，综合分析、解决理论和实际问题，即清楚"怎么办"。

　　编者在编写过程中，广泛吸收了近年来国内外旅游业发展的最新成果，竭力使本书能够反映旅游业发展实际，能够最大程度与全国导游人员资格考试的内容保持吻合，同时适应高等职业院校旅游专业教学实践与改革的发展需求。本书在编写时，着重突出以下几个特点：

　　1. 紧密围绕"培养什么人、怎样培养人、为谁培养人"这一教育根本问题。牢记立德树人根本任务，在每一项目内容增加项目导例及项目拓展内容，让学生在学习知识、锻炼技能的同时，塑造正确的世界观、人生观、价值观，将价值塑造、知识传授和能力培养融为一体，真正落实课程思政建设。

　　2. 成果导向，务实推进书证融通，整合"1＋X"证书和法律法规课程内容，以全国导游资格考试大纲为参照，融入近年来最新修订和出台的法律法规，在每一项目里配置了动态训练题库，帮助学生学习完整法律法规知识体系的同时，能够通过后台不定期更新的题库进行模拟训练。

3. 通盘考虑教学组织需要进行内容编排。以项目化、模块化思路设计课程内容，全书共十个项目，每个项目由相对独立的知识模块和技能训练模块构成，并设置项目导例、知识平台、实训指导、知识自检、项目拓展等五个环节，教师可以有选择地进行课堂教学和课外指导学生进行知识记忆和技能操作训练。

本书由无锡职业技术学院梁峰、钱惠梅任主编；江南大学顾梅珑，无锡职业技术学院李娟梅、顾琳炎，以及江苏古运河投资集团有限公司蔡红梅任副主编。其中，梁峰负责全书框架设计，并负责项目二、项目三、项目五、项目八、项目九的编写工作，以及全书统稿；钱惠梅负责项目七、项目十的编写工作；顾梅珑负责所有项目导例、项目拓展及项目一、项目六的编写工作；李娟梅负责全书的题库编写工作；蔡红梅负责项目四的编写工作；顾琳炎负责全书法律法规电子资源的制作。在编写过程中，参考和引用了许多国内外作者的研究成果及互联网相关资料（内容在编校时有所改动），在此一并表示最诚挚的感谢！

本书可作为高职旅游类专业教材，也可作为导游职业资格培训和企事业单位相关从业人员业务素质提升的拓展培训用书。由于编者学识有限，书中难免会存在错漏之处，恳请各位专家、同行和广大读者批评指正，以臻完善！

编　者
2021 年 3 月于无锡大学城

目 录

项目一　法律基础
　1.1　项目导例　用生命维护法律尊严：苏格拉底之死 ……………………………… 2
　1.2　知识平台 ………………………………………………………………………… 3
　　知识模块1-1　如何解释法的起源 ……………………………………………… 3
　　知识模块1-2　法律责任分为哪几种 …………………………………………… 11
　1.3　实训指导 ………………………………………………………………………… 16

项目二　宪法与旅游法概述
　1.1　项目导例　迎接一九五三年的伟大任务 ……………………………………… 18
　1.2　知识平台 ………………………………………………………………………… 21
　　知识模块2-1　弘扬宪法精神，争做守法好公民 ……………………………… 21
　　知识模块2-2　旅游法：中国旅游业发展史上的里程碑 ……………………… 29
　1.3　实训指导 ………………………………………………………………………… 36

项目三　旅游者相关法律制度
　1.1　项目导例　"国际消费者权益日"的由来 …………………………………… 38
　1.2　知识平台 ………………………………………………………………………… 39
　　知识模块3-1　强化消费者权益保护，为新消费时代护航 …………………… 39
　　知识模块3-2　解决旅游纠纷的法律制度 ……………………………………… 49
　　知识模块3-3　不文明旅游行为要受处罚啦 …………………………………… 55
　1.3　实训指导 ………………………………………………………………………… 62

项目四　导游人员管理法规
　1.1　项目导例　做好导游工作要下大力气 ………………………………………… 64
　1.2　知识平台 ………………………………………………………………………… 65
　　知识模块4-1　怎样才能成为一名导游人员 …………………………………… 65
　　知识模块4-2　导游执业必须知道的法律知识 ………………………………… 71
　1.3　实训指导 ………………………………………………………………………… 77

项目五　旅行社管理法规
　1.1　项目导例　《旅游市场黑名单管理办法》解读 ……………………………… 79
　1.2　知识平台 ………………………………………………………………………… 80
　　知识模块5-1　如何成立一家旅行社 …………………………………………… 80
　　知识模块5-2　如何经营管理一家旅行社 ……………………………………… 86

1.3　实训指导 ……………………………………………………………… 103

项目六　旅游资源保护法律制度
　　1.1　项目导例　中国首批十大国家公园名录 ……………………………… 105
　　1.2　知识平台 ……………………………………………………………… 107
　　　　知识模块6-1　爱护旅游资源，保护生态环境 ………………………… 107
　　　　知识模块6-2　保护自然资源，守护文明成果 ………………………… 118
　　　　知识模块6-3　守护人文家园，弘扬中华文化 ………………………… 124
　　1.3　实训指导 ……………………………………………………………… 131

项目七　旅游饭店管理法规
　　1.1　项目导例　酒店法的发展 ……………………………………………… 133
　　1.2　知识平台 ……………………………………………………………… 134
　　　　知识模块7-1　以标准化推动饭店品质化建设 ………………………… 134
　　　　知识模块7-2　如何规范地运营旅游饭店 ……………………………… 142
　　　　知识模块7-3　守住旅游饭店安全管理的底线 ………………………… 146
　　1.3　实训指导 ……………………………………………………………… 155

项目八　出入境及交通法律制度
　　1.1　项目导例　我国从"交通大国"迈向"交通强国" …………………… 157
　　1.2　知识平台 ……………………………………………………………… 158
　　　　知识模块8-1　出入境人员必看的法律提示 …………………………… 158
　　　　知识模块8-2　旅游交通运输方面的法律常识 ………………………… 169
　　1.3　实训指导 ……………………………………………………………… 180

项目九　合同及旅游服务合同法律制度
　　1.1　项目导例　我们终于迎来了属于自己的民法典 ……………………… 182
　　1.2　知识平台 ……………………………………………………………… 183
　　　　知识模块9-1　《民法典》：保障民事权利的宣言书 …………………… 183
　　　　知识模块9-2　从《合同法》回归《民法典》合同编 ………………… 186
　　　　知识模块9-3　签订旅游服务合同要注意什么 ………………………… 187
　　　　知识模块9-4　《民法典》侵权责任编：回应社会需求，彰显公平正义 …… 193
　　1.3　实训指导 ……………………………………………………………… 199

项目十　国家安全法律制度及旅游安全管理法规
　　1.1　项目导例　备豫不虞，为国常道 ……………………………………… 201
　　1.2　知识平台 ……………………………………………………………… 202
　　　　知识模块10-1　维护国家安全法律制度 ……………………………… 202
　　　　知识模块10-2　旅游安全管理法规 …………………………………… 218
　　1.3　实训指导 ……………………………………………………………… 224

主要参考文献 ……………………………………………………………………… 225

项目一

法律基础

【内容框架】

1.1 项目导例

　　用生命维护法律尊严:苏格拉底之死

1.2 知识平台

　　知识模块1-1　如何解释法的起源

　　知识模块1-2　法律责任分为哪几种

1.3 实训指导

【学习目标】

　　思政要点:"离娄之明、公输子之巧,不以规矩,不能成方圆。"做任何事都应该遵守一定的规矩、规则,否则便无法成功。

　　知识目标:了解法的渊源、法的起源的一般规律,法的调整对象;熟悉法的特征,熟悉法系、法律体系、法律关系的概念;掌握法律责任的概念及分类。

　　技能目标:收集、整理、分析相关案例和资料,通过制作、美化、展示、汇报等工作,了解法的起源及其一般规律,掌握法律责任的分类与承责方式。

1.1 项目导例　用生命维护法律尊严：苏格拉底之死

　　苏格拉底(公元前469—公元前399年)，古希腊著名的思想家、哲学家、教育家、公民陪审员。他和他的学生柏拉图，以及柏拉图的学生亚里士多德并称为"古希腊三贤"，被后人广泛地认为是西方哲学的奠基者。苏氏述而不作，性格倔强，尤其喜好运用"辩证法"将那些自以为学富五车的人驳得哑口无言。这辩证法与咱们现在知道的不同，它是一种很伤人的辩论技术，分为"讥讽"和"助产术"两部分。具体来说，辩论者首先向对方请教学问，好像自己什么都不懂似的，然后通过一问一答的方式，逐渐使对方出现前后矛盾的回答，以达到"讥讽"的目的。因为这种辩论术以及学术上的冲突，苏格拉底得罪了一些自以为是的"智者"。于是，这些"智者"便利用雅典荒诞不经的法律，控告苏格拉底传授对诸神不敬的学问，腐化及误导青年，并且还真的把他送进了监狱。在狱中，他服毒自尽。

　　死刑之前，苏格拉底的学生克里底亚来看他，并决定帮助他越狱，而且一切已安排妥当。可是苏格拉底却表示不越狱。克里底亚认为雅典法律是有问题的可以不需要遵守。苏格拉底还反问："越狱就正当吗？对一个被判有罪的人来说，即使他确信对他的指控是不公正的，逃避法律制裁难道就正当了？有没有一种服从任何法律的义务？"经过与克里底亚的辩论，最后苏格拉底还是选择了饮毒药结束生命。

　　这个故事可以说大致揭示了西方法律文化的特点，他们认为，对待自己认为不公正的法律，态度要慎重。法律就是秩序，没有什么理由可以逃避法律。再者，当某些人认为这个法律公正，而另一些人持相反看法时，能否找到一个公认的标准来确定谁是谁非？当然不一定。而且，苏氏认为自己和徒弟们是正确的，但大多数雅典人不这么认为，价值判断本来就具有主观性，法律是理性而有秩序的，不能为个人所左右。

　　身为雅典的公民，尽管苏格拉底曾获得逃亡的机会，但他仍选择饮下毒堇汁而死。不难理解苏格拉底之死对于西方法治文明的重大意义：也许法律会一时枉正错直，但在世俗之城里只有存在一个人人必须遵守的法律，只有在每个人都像苏格拉底一样服从法律的基础上，雅典人民才有法治的保障。在这个意义上说，苏格拉底必须死，因为雅典的法律需要生存。

1.2 知识平台

知识模块 1-1　　如何解释法的起源

第一节　法的起源

　　法有无起源问题？如果有，法是如何起源的？围绕着这样的问题，形成了两种观点。一种观点认为法没有起源问题。理由是，有人类社会就有人类社会的社会规范，法就是社会规范，法是与人类社会同在的，只要有人类社会就必然有法存在，法无所谓起源问题，它是从来就有的，永世不灭。另一种观点则认为法有起源问题。理由在于，如同任何事物一样，法也有发生、发展、消亡或转化问题。法不是从来就有的，也不会永恒地存在下去。法是社会发展到一定历史阶段才产生的，其后又随着社会的发展而发展，当社会发展到法所赖以存在的社会条件不复存在时，法也就随之消亡而退出历史舞台。前一种观点在方法上混淆了法与社会规范的种属概念，在理论上违背了事物发展规律，在事实上则有悖于法的起源和发展实际。后一种观点在方法上、理论上和事实上则是可以成立的。法的确属于社会规范的范畴，但法只是社会规范的一种，而不是所有社会规范的总称。在社会规范这个整体或体系中，除却法这个重要的成员之外，还有诸如习惯、道德、宗教戒律以及与社会秩序密切相联的其他种种社会规范。

　　法是如何起源的？在这个问题上，同样存在着显著的分歧。这些不同的观点，大体上都是在法是起源于精神还是起源于物质这个标志上显示出分野。有人认为法是起源于神的意志，古代埃及的法老就被认为是太阳神与人间女子结合所生的地上的神，他的命令就是神意、就是法。古巴比伦的《汉谟拉比法典》在序言中说，汉谟拉比王的一切权力都是神给的，《汉谟拉比法典》就是代表神意的。有人认为法是在自然状态下人们相互订立社会契约的产物，是人类意志、理性、自身的产物，是正义、公平观念的产物。另一些人认为法是由民族精神特别是由习惯自然而然地发展起来的，是民族精神的体现。还有人认为，法是心理规律、心理因素作用的结果。同这些认为法是起源于精神的观点相反，马克思主义经典作家运用大量的历史事实和唯物辨证的方法考察法的现象，阐明了法不是从来就有的，而是人类社会的物质生活条件发展到一定历史阶段的产物。人类历史上曾经有过不知法和国家为何物的社会,即原始社会;只是随着生产力的发展,私有制的出现,在阶级和国家产生的同时,才产生了法。法作为一种社会现象,其产生和发展有着深刻的经济根源和阶级根源。

一、法的起源

(一) 经济根源

法是社会经济发展到一定历史阶段的产物。原始社会末期,出现社会大分工和产品交换。开始的交换带有偶然性和任意性,没有一定的规则。随着生产的发展和剩余产品日渐增多,交换逐渐摆脱了偶然性和任意性,产生了一定的规则和秩序。这种规则和秩序起初表现为习惯。以后,随着生产力和交换的进一步发展,随着贸易的兴起、高利贷和典当抵押制的出现,人们的生产、分配、交换等经济活动不断发展变化。新的经济生活需要有新的行为规范来进一步规制日常生产、分配和交换活动,在社会经济生活中居于主导地位的人们为固定有利于自己的新的经济关系,也需要有新的行为规则。这样,原来的氏族习惯就逐渐被新的规则所代替,这种不再是全体氏族成员意志体现而首先是一部分人的意志体现的规则,就是法。对于这种新情况,恩格斯在《论住宅问题》中写道:"在社会发展的某个很早的阶段,产生了这样一种需要:把每天重复着的生产、分配和交换产品的行为用一个共同规则概括起来,设法使个人服从生产和交换的一般条件。这个规则首先表现为习惯,后来便成了法律。"

(二) 阶级根源

社会经济的发展引发私有制和阶级的出现,也是法的起源的根本原因。法是在产生了私有制,出现了阶级,在阶级矛盾不可调和的基础上产生的。原始社会末期,青铜器的出现,特别是铁器的发明和使用,使生产工具大为改进,社会生产力水平大大提高,由此而产生了个体劳动,出现了剩余、私有制和剥削,并进而产生了阶级。社会上的人逐步分裂为穷人和富人、剥削者和被剥削者两大对立阶级。原始社会分裂为阶级社会。原始社会的各种社会关系被剥削与被剥削、压迫与被压迫、统治与被统治的新的社会关系所取代。原来体现全体氏族成员意志和利益的原始社会规范,已经不能调整阶级社会新的社会关系。在这种情况下,经济上占统治地位的阶级,为了维护其阶级统治,不仅需要建立国家政权,而且需要凭借国家政权认可或制定新的社会规范,规定人们应做什么,不应做什么,可以做什么,并且用国家强制力保证其得以实行,使人们的行为符合统治阶级的新秩序。这种新的社会规范就是法。

二、法的起源的一般规律

各国法的起源都有自己的特点,但也都遵循着一般的规律:

(一)法的起源经历了由氏族习惯到习惯法,又由习惯法到成文法的发展过程

这是一个漫长而复杂的渐进过程。这个过程是同私有制、阶级和国家由萌芽到最终形成的过程相一致的。它们的起源都经历了同一个历史时期,是同步完成的。这一点可以从原始社会的重要习惯之一——血族复仇的演变得以了解。在氏族社会初期,这种复仇是漫无限制的,往往引起氏族间的大混战。后来随着生产力的发展,劳动力价值受到重视,血族复仇的习惯就逐渐被近亲复仇、同态复仇的习惯所代替。随着社会分工和交换的进一步发展,特别是货币出现后,这种复仇的习惯又逐渐为赎罪所代替。随着阶级的进一步形成,复仇以及赔偿的习惯虽然被保留下来,性质却发展变化,赔偿数额的多少由受害者的社会地位来确定。国家产生后,这种习惯便成了习惯法。当国家制定的成文法出现后,这种习惯法又成为成文法。世界上最早产生的法几乎都是习惯法,后来才发展为成文法,而最初出现的成文法也大多是以往习惯法的记载。

(二)法的起源过程受到道德和宗教的极大影响

刚刚产生的法几乎总是带有浓厚的道德痕迹和宗教色彩。这一规律通过两方面表现出来:一方面,许多古代立法明显地表现出道德和宗教的极大影响。例如《汉谟拉比法典》《摩奴法典》和通行于伊斯兰国家的实际上等于法律的《古兰经》,都是将法的规范、道德规范、宗教戒律熔于一炉的典型。另一方面在司法程序中明显地表现出来。例如,在司法程序上往往采用神明裁判的方式。不过,无论立法还是司法所反映的道德规范或宗教戒律,都已不同于原始社会的氏族道德和宗教,它们的性质有了很大变化,不是体现全体氏族成员的意志和利益,而是体现奴隶主阶级的意志和利益了。法的起源过程受道德和宗教的极大影响,有两个原因:一是氏族习惯往往同时也是氏族的道德规范和宗教戒律,脱胎于氏族习惯的那些法不能不受道德和宗教的影响。二是最初出现的奴隶主有一部分是由原来掌握祭祀、裁决日常纠纷大权的氏族贵族转变而来的,他们完全蜕变为专事社会管理而与其他氏族成员相对立的特殊人物后,也会自然将那些有利于自己利益的道德规范和宗教戒律变为法的规范。

三、当代中国法的渊源

当代中国法的渊源有以下几类：

(一) 制定法

（1）宪法。我国《宪法》由全国人民代表大会制定和修改，是我国的根本大法，在我国的整个法律体系中具有最高的法律地位和法律效力。

（2）法律。这里的法律是在狭义上使用的，专指由全国人民代表大会及其常务委员会制定的规范性法律文件。

（3）行政法规。是指由最高国家行政机关即国务院制定的规范性法律文件。

（4）地方性法规。是指特定地方权力机关结合本地方的具体情况和实际需要而制定的不与宪法和法律相抵触的规范性法律文件。

（5）规章。在我国主要包括部门规章和地方政府规章。

（6）自治条例和单行条例。是我国民族自治地方的人民代表大会制定的规范性法律文件。

（7）国际条约。作为立法视角的法的渊源，特指经过一国政府缔结或批准的国际条约。

（8）中央军事委员会制定的军事法规、中央军事委员会各总部、军兵种、军区制定的军事规章，特别行政区立法机关制定的法律，经济特区所在地市的人民代表大会及其常务委员会制定的法规及其人民政府制定的规章也属于当代中国法的渊源。

(二) 经国家认可的习惯

最典型的经国家认可的习惯为国家权力机关认可的民族习惯法或地方习惯法。

(三) 立法性解释

主要集中在两方面：一是对于法律的规定需要进一步明确具体含义；二是法律制定出来后出现新的情况，需要明确使用法律的依据。

> 法的渊源。从法学视角来看，法的渊源是指法的效力来源；从司法视角来看，法的渊源是指法官判决的理由和材料来源；从立法视角来看，法的渊源是指具有普遍而正式约束力的法律规范到底表现为哪些具体的外在形式。

第二节　法的特征及相关概念

一、法的特征

(一) 法是调整人们行为的规范，具有规范性

从其存在形态看，法首先是一种规范。法律不是一般的规范，而

> 所谓规范，是指人们行为的标准或规则。

是一种社会规范。其特点在于它所调整的是人们之间的相互关系(社会关系)。在这一点上,法律作为社会规范,不同于思维规范、语言规范,也不同于技术规范。法律作为社会规范,像道德规范、宗教规范一样,具有规范性。法律的规范性是指法律所具有的规定人们行为模式、指导人们行为的性质。表现在法律规定了人们的一般行为模式,从而为人们的交互行为提供了一个模型、标准或方向。法律所规定的行为模式包括三种:人们可以怎样行为、人们不得怎样行为、人们应当或必须怎样行为。从效力上看,具有规范性的法律不是为某个特定的人而制定的,它所适用的对象是不特定的人;它不仅仅适用一次,而且可以在其生效期间内反复适用。法律的规范性作为法律的一个基本特征,在区别不同的法律文件的效力时是非常有意义的。

(二) 法是由国家制定或认可的社会规范,具有国家意志性和普遍性

法律是一种特殊的社会规范。这种特殊性就在于它是由国家制定或认可的。从这个意义上看,法律体现国家的意志。这一特征明显地表明了法与其他社会规范,如道德规范、宗教规范、政党或其他社会组织的规章以及习惯礼仪等的差别。法律由国家制定或认可还表明了创制法律的两种方式。法律由国家制定或认可,这是从法律作为一个整体并以国家名义制定或认可来说的。事实上,构成这一整体的各个具体的法律法规是由不同层次或不同类别的国家机关制定或认可的,体现国家意志的法律具有统一性、权威性和普遍性。

国家制定的法律通常称为成文法或制定法。法律的认可是指国家通过一定的方式承认其他社会规范(道德、宗教、风俗、习惯等)具有法律效力的活动。

(三) 法是以权利和义务为内容的社会规范,具有权利和义务的一致性

法律对人们行为的调整主要是通过权利和义务的设定和运行来实现的,因而法律的内容主要表现为权利和义务。法律上权利和义务的规定具有确定性和可预测性特点,它明确地告诉人们该怎样行为、不该怎样行为以及必须怎样行为。人们根据法律来预先估计自己与他人之间该怎样行为,并预见到行为的后果以及法律的态度。法律上只要规定了权利就必须规定或意味着相应的义务,法律具有权利和义务的一致性。这一特征也是法律与其他社会规范的一个重要区别。有的社会规范,如政党或其他社会团体规章,虽然也规定各自成员的某种权利和义务,但是在内容、范围和保证实施的方式上与法律意义上的权利义务有很大的区别。

(四)法是由国家强制力保证实施的社会规范,具有国家强制性和程序性

一切社会规范都具有强制性,都有保证其实施的社会力量。道德规范主要依靠社会舆论、传统习惯以及人们的内心信念等来加以维持;宗教规范的实施主要是通过精神强制的方式,但也必须依靠清规戒律、惩罚制度来保证教徒的遵守。法律不同于其他社会规范,它具有特殊的强制性,即国家强制性。法律以国家强制力为后盾,由国家强制力保证实施。国家的强制力是法律实施的最后的保障手段。法律之所以要由国家强制力保证实施,取决于下面两个原因:一是法律不一定能始终为人们自愿地遵守,需要通过国家强制力强迫遵行;二是法律不能自行实施,需要国家专门机关予以运用。

总之,法是由一定物质生活条件决定的统治阶级意志的体现,它是国家特定机关按特定程序制定或认可、由国家强制力保证实施、规定人们权利和义务关系的行为规则的总和,其目的在于巩固和维护有利于统治阶级的社会关系和社会秩序。

二、法系的概念与分类

(一)法系的概念

法系是在对各国法律制度的现状和历史渊源进行比较研究的过程中形成的概念,是具有共同法律传统的若干国家和地区的法律,它是一种超越若干国家和地区的法律现象的总称。

(二)法系的分类

法学家们根据世界各国法律的基本特征,一般划分为五大法系:欧洲大陆法系、英美法系、伊斯兰法系、印度法系、中华法系(也有的法学家分为资本主义法系和社会主义法系)。其中印度法系和中华法系已经解体,现存的共三大法系,其中影响最大的是大陆法系和英美法系。

1. 大陆法系

大陆法系包括两个支系,即法国法系和德国法系。法国法系是以1804年《法国民法典》为蓝本建立起来的,它以强调个人权利为主导思想,反映了自由资本主义时期社会经济的特点。德国法系是以1896年《德国民法典》为基础建立起来的,强调国家干预和社会利益,是垄断资本主义时期法的典型。属于大陆法系的国家和地区,除了法国、德国外,还包括意大利、西班牙等欧洲大陆国家,也包括曾是法国、西班牙、荷兰、葡萄牙四国殖民地的国家和地区,如阿尔及利亚、埃塞俄比亚等及中美洲的一些国家,中华民国时期也属于这一法系。

2. 英美法系

英美法系，又称普通法法系、英国法系，是英国自中世纪以来的法律，特别是它以普通法为基础而发展起来的法律的总称。英美法系首先起源于11世纪诺曼人入侵英国后逐步形成的以判例形式出现的普通法。

英美法系的范围，除英国（不包括苏格兰）、美国外，主要是曾是英国殖民地、附属国的国家和地区，如印度、巴基斯坦、新加坡、缅甸、加拿大、澳大利亚、新西兰、马来西亚等。中国香港地区也属于英美法系。

三、法律体系的概念与特征

（一）法律体系的概念

法律体系，法学中有时也称为"法的体系"，是指由一国现行的全部法律规范按照不同的法律部门分类组合而形成的一个呈体系化的有机联系的统一整体。简单地说，法律体系就是部门法体系。部门法，又称法律部门，是根据一定标准、原则所制定的同类规范的总称。

（二）法律体系的特征

法律体系的主要特征有：第一，法律体系是一个国家全部现行法律构成的整体；第二，法律体系是一个由法律部门分类组合而形成的呈体系化的有机整体；第三，法律体系的理想化要求是门类齐全、结构严密、内在协调；第四，法律体系是客观法则和主观属性的有机统一。法律体系的其他特征还有：首先，法律体系是一国国内法构成的体系，包括被本国承认的国际法；其次，它是现行法构成的体系；再次，构成法律体系的单位是法律部门，法律部门是由若干相关的法律规范构成的，因此法律规范是法律体系构成的最基本单位；最后，法律体系不同于立法体系，立法体系构成单位是规范性文件。

（三）中国特色社会主义法律体系

中国特色社会主义法律体系，适应我国社会主义初级阶段的基本国情，与社会主义的根本任务相一致，以宪法为统帅和根本依据，由部门齐全、结构严谨、内部协调、体例科学、调整有效的法律及其配套法规所构成，是保障我们国家沿着中国特色社会主义道路前进的各项法律制度的有机的统一整体。这个体系由法律、行政法规、地方性法规三个层次，宪法及宪法相关法、民法商法、行政法、经济法、社会法、刑法、诉讼与非诉讼程序法七个法律部门组成。

从法的制定和法的实施上考量，中国特色社会主义法律体系只有一个。人大专门委员会、政府部门和地方都没有自己独立的"法律体系"，这些机构既没有必要更没有可能在国家法律体系之下或以外建立自己独立的"法律体系"。

四、法律关系的概念及特征

(一) 法律关系的概念

法律关系是法律在调整人们行为的过程中形成的特殊的权利和义务关系。或者说,法律关系是指被法律规范所调整的权利与义务关系。法律关系是以法律为前提而产生的社会关系,没有法律的规定,就不可能形成相应的法律关系。法律关系是以国家强制力作为保障的社会关系,当法律关系受到破坏时,国家会动用强制力进行矫正或恢复。

(二) 法律关系的构成要素

法律关系由三要素构成,即法律关系的主体、法律关系的客体和法律关系的内容(权利义务)。法律关系的主体,又称权利主体,即法律关系的参加者,又称当事人,是法律关系中权利的享有者和义务的承担者,享有权利的一方称为权利人,承担义务的一方称为义务人。法律关系的客体是指法律关系的权利义务所指向的对象,在合同法律关系中又称为合同的标的。法律关系的内容指当事人的权利和义务。

(三) 法律关系的特征

1. 法律关系是以法律规范为前提的社会关系

法律关系是由于法律规范的存在而建立的社会关系,没有法律规范的存在,也就不可能形成与之相应的法律关系。法律关系与法律规范两者之间的关系可以从两个方面来理解:一方面,法律规范是法律关系存在的前提,没有相应的法律规范的存在就不可能产生法律关系。另一方面,任何一种法律规范只能在具体的法律关系中得以实现。法律规范只规定人们的行为规范和相应的法律后果,它所针对的对象为一类人,因此具有普遍适用性。只有当人们按照法律规范的行为模式,或者说符合一定的法律事实时,才形成了针对于个人之间的权利义务关系。

2. 法律关系是以权利义务为内容的社会关系

法律关系与其他社会关系的重要区别,就在于它是法律化的权利义务关系,是一种明确的、固定的权利义务关系。这种权利和义务可以是由法律明确规定的,也可以是由法律授权当事人在法律的范围内自行约定的。

3. 法律关系是以国家强制力作为保障手段的社会关系

通过社会舆论和道德约束来实现的社会关系具有不稳定性和非强制性。而在法律关系中,一个人可以做什么、不得做什么和必须做什么都是国家意志的体现,反映国家对社会秩序的一种维持态度。当法律关系受到破坏时,就意味着国家意志所授予的权利受到侵犯,意味着国家意志所设定的义务被拒绝履行。这时,权利受侵害一方就有权请求国家机关运用国家强制力,责令侵害方履行义务或承担未履行义务所应承担的法律责任,也即对违法者予以相应的制裁。因此,一种社会关系如果被纳入法律调整的范围之内,就意味着国家对它实行了强制性的保护。这种国家的强制力主要体现在对法律责任的规定上。

知识模块 1-2　法律责任分为哪几种

广义的法律责任是指任何组织和个人都有遵守法律的义务,都应自觉地维护法律的尊严。如每个公民都有遵守法律的责任、人民法院有责任保护当事人的合法权利等等。狭义的法律责任是指违法行为和法律制裁相联系的法律责任,即违法者对自己违法行为必须承担的责任。司法过程中通常对法律责任作狭义的解释。即法律责任是指因违反了法定义务或契约义务,或不当行使法律权利、权力所产生的,由行为人承担的不利后果。

法律责任与其他社会责任,如政治责任、道义责任等,有原则的区别。其特点在于:① 法律责任与违法有密不可分的联系,违法是承担法律责任的根据。② 法律责任是由法律规定的。法律责任的大小、范围、期限、性质,都是由法律明确规定的。③ 法律责任的认定和追究必须由国家专门机关通过法定程序来进行,其他组织和个人无此项权力。④ 法律责任的承担以国家强制力作保证。

法律责任的构成要件是指构成法律责任必须具备的各种条件或必须符合的标准,它是国家机关要求行为人承担法律责任时进行分析、判断的标准。根据违法行为的一般特点,我们把法律责任的构成要件概括为:主体、过错、违法行为、损害事实和因果关系五个方面。

(1) 主体。法律责任主体,是指违法主体或者承担法律责任的主体。责任主体不完全等同于违法主体。

(2) 过错。过错即承担法律责任的主观故意或者过失。

(3) 违法行为。违法行为是指违反法律所规定的义务、超越权利的界限行使权利以及侵权行为的总称,一般认为违法行为包括犯罪行为和一般违法行为。

(4) 损害事实。损害事实即受到的损失和伤害的事实,包括对人身、对财产、对精神(或者三方面兼有的)的损失和伤害。

(5) 因果关系。因果关系即行为与损害之间的因果关系,它是存在于自然界和人类社会中的各种因果关系的特殊形式。

根据违法行为所违反的法律的性质,可以把法律责任分为民事责任、行政责任、刑事责任、违宪责任和国家赔偿责任。前三个是最普遍的,基于三大程序法(分别是关于民事、刑事、行政的《中华人民共和国民事诉讼法》《中华人民共和国行政诉讼法》和《中华人民共和国刑事诉讼法》)产生。违宪责任是指由于有关国家机关制定的某种法律和法规、规章,或有关国家机关、社会组织或公民从事了与宪法规定相抵触的活动而产生的法律责任。违宪责任是法律责任中最为特殊的一种,其特殊性主要表现为政治上的、领导上的责任。它的责任主体、追究和责任实现形式也是特殊的。国家赔偿责任是指在国家机关行使公权力时由于国家机关及其工作人员违法行使职权所引起的由国家作为承担主体的赔偿责任。

第一节 刑事责任

刑事责任是指由于刑事犯罪行为而承担的法律责任。刑事责任是所有法律责任中性质最为严重、制裁最为严厉的一种。刑事责任主要是人身责任,刑事责任的主体主要是公民,但也可以是法人。负刑事责任意味着应受刑罚处罚。这是刑事责任与民事责任、行政责任和道德责任的根本区别。刑事责任包括两类问题:一是犯罪;二是刑罚。

一、关于犯罪

根据《中华人民共和国刑法》(以下简称《刑法》)的规定,一切危害国家主权、领土完整和安全,分裂国家、颠覆人民民主专政的政权和推翻社会主义制度,破坏社会秩序和经济秩序,侵犯国有财产或者劳动群众集体所有的财产,侵犯公民私人的所有财产,侵犯公民的人身权利、民主权利和其他权利,以及其他危害社会的行为,依照法律应当受刑罚处罚的,都是犯罪;但是情节显著轻微危害不大的,不认为是犯罪。

二、关于刑罚

刑罚是由国家最高立法机关在《刑法》中确定的,由人民法院对犯罪分子适用并由专门机构执行的最为严厉的国家强制措施。根据《刑法》的规定,刑罚分为主刑和附加刑。

(一)主刑

主刑是对犯罪分子适用的主要刑罚方法,只能独立适用,不能附加适用,对犯罪分子只能判一种主刑。主刑分为管制、拘役、有期徒刑、无期徒刑和死刑。

（二）附加刑

附加刑是既可以独立适用又可以附加适用的刑罚方法。即对同一犯罪行为既可以在主刑之后判处一个或两个以上的附加刑，也可以独立判处一个或两个以上的附加刑。附加刑分为罚金、剥夺政治权利、没收财产。对犯罪的外国人，也可以独立或者附加适用驱逐出境。

具备犯罪构成要件是负刑事责任的依据。犯罪主体必须达到法律规定的年龄，主观方面存在故意或过失，犯罪客体和客观方面要件必须是行为人的行为侵犯了刑事法律保护的社会关系，并造成了严重的社会危害性，即已构成犯罪，行为人才应负刑事责任。如果行为不具备犯罪构成要件，不危害社会，或者法律明文规定不负刑事责任，则无刑事责任可言。如无责任能力人实施的危害社会的行为，或因正当防卫、紧急避险、履行有益于社会的业务上的行为。

三、犯罪构成与刑事责任

犯罪构成与刑事责任的关系问题，其实质是如何理解刑事责任的根据问题。刑事责任与犯罪的关系。犯罪是刑事责任产生的法律事实根据，没有犯罪就不可能有刑事责任；刑事责任是犯罪的必然法律后果，只要实施了犯罪，就不能不产生刑事责任。这体现了犯罪与刑事责任的质的一致性。同时由于各种犯罪的严重程度不同，犯罪人承担的刑事责任程度也不相同。

四、法定年龄

《刑法》规定的行为人对自己实施的犯罪行为负刑事责任的年龄，称为**刑事责任年龄**。《刑法》规定：

（一）已满16周岁的人犯罪，应当负刑事责任，称完全刑事责任年龄。

（二）已满14周岁不满16周岁的人，犯故意杀人、故意伤害致人重伤或者死亡、强奸、抢劫、贩卖毒品、放火、爆炸、投放危险物质罪的，应当负刑事责任。

（三）已满12周岁不满14周岁的人，犯故意杀人、故意伤害罪，致人死亡或者以特别残忍手段致人重伤造成严重残疾，情节恶劣，经最高人民检察院核准追诉的，应当负刑事责任。

（四）已满14周岁不满18周岁的人犯罪，应当从轻或者减轻处罚。

（五）对依照前三款规定追究刑事责任的不满18周岁的人，应当从轻或者减轻处罚。

（六）因不满16周岁不予刑事处罚的，责令其父母或者其他监护人加以管教；在必要的时候，依法进行专门矫治教育。

> 各国对此规定不一。印度刑法规定从7岁开始负刑事责任，西班牙、意大利等国刑法规定为9岁，多数国家规定为14岁。

五、刑事责任能力

刑事责任能力是指行为人辨认和控制自己行为的能力。在正常情况下,行为人辨认和控制自己行为的能力是一致的。但是,在出现疾病的情况下,辨认自己行为的性质、后果的能力与自我控制的能力也可能分离。只有辨认和控制自己行为的能力都具备,才属于有刑事责任能力。《刑法》对几种特别情况下的刑事责任能力问题,作了特殊规定:

(一) 精神病人的刑事责任能力

《刑法》第十八条第一款规定:精神病人在不能辨认或者不能控制自己行为的时候造成危害结果,经法定程序鉴定确认的,不负刑事责任。本法第十八条第二款规定:间歇性精神病人在精神正常的时候犯罪,应当负刑事责任。在同条第三款又规定:尚未完全丧失辨认或者控制自己行为能力的精神病人犯罪的,应当负刑事责任,但是可以从轻或者减轻处罚。

(二) 醉酒人的刑事责任能力

《刑法》第十八条第四款规定:醉酒的人犯罪,应当负刑事责任。

(三) 又聋又哑的人和盲人的刑事责任能力

《刑法》第十九条规定:又聋又哑的人或者盲人犯罪,可以从轻、减轻或者免除处罚。这里所指的又聋又哑的人,是既聋且哑的人;这里所指的盲人,是双目失明的人。

第二节 民事责任

一、概念

> 在民事活动中,因从事不法行为,或者不履行合同义务,从而侵犯了对方的权利或者使对方的民事权利得不到实现,依法应承担的法律责任,称为民事责任。

民事责任是指民事主体违反了民事义务所应承担的法律后果,民事义务包括法定义务和约定义务,也包括积极义务和消极义务、作为义务和不作为义务。民事责任的主体主要是公民或法人。按民事责任产生的不同原因,可将其分为侵权责任、违约责任和因违法行为而承担的补偿责任。

二、承责方式

民事责任的承担方式,又称为民事责任的形式,是指民事主体承担民事责任的具体措施。《中华人民共和国民法典》第一百七十九条规定承担民事责任的方式主要有：① 停止侵害；② 排除妨碍；③ 消除危险；④ 返还财产；⑤ 恢复原状；⑥ 修理、重作、更换；⑦ 继续履行；⑧ 赔偿损失；⑨ 支付违约金；⑩ 消除影响、恢复名誉；⑪ 赔礼道歉。

以上各种民事责任形式，可以单独适用，也可以合并适用。

第三节 行政责任

一、概念

行政责任是指经济法主体违反经济法律法规依法应承担的行政法律后果，或因违反行政法规定而应承担的法律责任，包括行政处罚和行政处分。行政法律规范要求国家行政机关及其公务人员在行政活动中履行和承担的义务。行政责任的主体比较广泛，除了以国家机关和国家公务人员为主之外，还可以是普通公民或其他组织、团体。行政责任不是从来就有的，而是随着近代资产阶级政治思想的提出和民主政治制度的建立而逐步产生的；其最早出现于 19 世纪 70 年代，至今只有 100 多年的历史。

二、承责方式

行政处罚是特定的国家行政机关对违反行政管理法律法规的公民、法人或者其他组织依法给予的制裁。行政处分是国家机关、企事业单位和社会团体依据行政管理法规、规章、纪律等对其所属人员违规、违纪行为所作的处罚。

（一）行政处分

行政处分是国家机关、企事业单位对有违纪行为未构成犯罪的，或者构成犯罪但是依法不追究刑事责任的公务员或其他人员给予的行政处罚。行政处分的形式主要有警告、记过、记大过、降级、降职、撤职、留用察看、开除等，大多与被处分人职务上的权利有关。

（二）行政处罚

行政处罚是由国家特定的行政机关给予违反行政法规行为的公民或法人的一种强制措施。目前我国法律规定的有关行政处罚的种类主要有：警告；罚款；拘留；没收财物和非法所得；吊销营业执照；吊销许可证；责令停产、停业、关闭；责令追回已售出的禁止生产经营的产品；责令限期改正；责令限期治理；通报；停发许可证；扣留职务证书；撤销商标；销毁禁止生产、经营的食品、食品添加剂等等。

刑事责任与行政责任的不同之处：一是追究的违法行为不同：追究行政责任的是一般违法行为，追究刑事责任的是犯罪行为；二是追究责任的机关不同：追究行政责任由国家特定的行政机关依照有关法律的规定决定，追究刑事责任只能由司法机关依照《刑法》的规定决定；三是承担法律责任的后果不同：追究刑事责任是最严厉的制裁，可以判处死刑，比追究行政责任严厉得多。

项目一　法律基础

1.3 实训指导

一、实训任务

将学生进行编组,每组 4~8 名同学,组内由学生自行分工合作,进行资料收集、整理、制作、美化、展示、汇报等工作。教师可以发布实训任务一览表中的任务,每组同学以此任务作为主题,利用课余时间进行展示材料的整理与制作。在此基础上,教师将利用 2~4 课时时间,用于学生自行汇报展示其工作成果。任务目的在于了解法的起源及其一般规律,掌握法律责任的分类与承责方式。

实训任务一览表

序号	实训任务名称	实训学时
01	法的起源及一般规律	2~4
02	法律责任的分类和承担方式	

注:教师可根据需要选用实训项目和学时。

项目拓展:
中国法治何以强起来?

二、成果要求

每组同学制作完成一份 WORD 文档和一份展示 PPT,WORD 文档用于图文资料的整理汇总,PPT 文件用于课堂汇报展示,并将上述两个文件放入文件夹,命名规则为"班级名称+小组编号+任务名称"。

知识自检 1:

三、考核标准

评价标准与打分

项目	考核内容和要求	分值	得分	备注
态度	能够按时完成,积极主动,组内分工合作	20		
内容	导向正确,内容完整、准确,逻辑清晰	20		
形式	格式规范,语言简洁,图表样式美观	20		
展示	仪态形象得当,表达清楚,语言流畅	20		
创新	内容、格式、展示过程有创意,特色明显	20		
	小计	100		

项目二

宪法与旅游法概述

【内容框架】

1.1 项目导例

　　迎接一九五三年的伟大任务

1.2 知识平台

　　知识模块 2-1　弘扬宪法精神，争做守法好公民

　　知识模块 2-2　旅游法：中国旅游业发展史上的里程碑

1.3 实训指导

【学习目标】

　　思政要点："治国凭圭臬，安邦靠准绳。"学习宪法、尊崇宪法、遵守宪法、维护宪法、运用宪法，在全社会弘扬宪法精神。让宪法为中华民族伟大复兴的中国梦保驾护航。

　　知识目标：了解宪法、旅游法的立法背景、内容框架；熟悉国家机构的组成、任期和职权的规定，熟悉旅游法的立法目的、适用范围、发展原则等内容；掌握公民基本权利和义务的规定，掌握旅游法的主要法律制度及其相关法律责任。

　　技能目标：收集、整理、分析相关案例和资料，通过制作、美化、展示、汇报等工作，了解我国全面依法治国方略，了解主要发达国家旅游立法进程。

1.1　项目导例　迎接一九五三年的伟大任务

1949年9月通过的《共同纲领》作为全国各族人民的意志的体现,一直起着"临时宪法"的作用。随着国民经济的逐渐恢复,加强政治建设的任务很快提上日程。1954年9月15日,第一届全国人民代表大会第一次会议在北京召开。大会通过的《中华人民共和国宪法》,以根本大法的形式把中国共产党在过渡时期的总路线作为国家在过渡时期的总任务确定下来,同时也为全国人民指明了今后的前进道路——走社会主义道路。回顾党的历史,制定修改宪法的实践有经验,有教训,有前进,有徘徊。然而在我国的法治建设进程中,"五四宪法"都是绕不开的关键坐标,其中的法治精神一直传承和延续至今。

与党外人士通气:"起草宪法虽然有困难,但是可以解决"

1953年,《人民日报》在元旦社论《迎接一九五三年的伟大任务》一文中向全国人民公布,"召集全国人民代表大会,通过宪法,通过国家建设计划"是当年的三项伟大任务之一。1953年1月11日毛泽东召集党外民主人士座谈会,周恩来于次日召集政协座谈会,广泛听取各方对召开全国人民代表大会、起草宪法等事项的意见。当时,的确有些人对召开全国人民代表大会和制定宪法的时间有所顾虑,认为还存在一些问题,比如这样做有何根据? 会不会遇到什么困难?

毛泽东后来对这些问题进行了解释,他认为从全国范围的情势来看,召开全国人民代表大会及地方各级人民代表大会的条件已经成熟。毛泽东说:"召开人民代表大会,可以更加发扬人民民主,加强国家建设和加强抗美援朝的斗争。"他还特别强调:"人民代表大会制的政府,仍将是全国各民族、各民主阶级、各民主党派和各人民团体统一战线的政府,它是对全国人民都有利的。"对于选举、制宪面临的困难,毛泽东客观地分析说,与抗美援朝、土地改革、镇压反革命、三反五反、恢复经济等事情相比,困难还是要少一些。毛泽东举了《中华民国临时约法》的例子来说明困难总会有,但同样地,困难也可以克服。孙中山领导的辛亥革命,在南京临时政府成立后的几天之内,便由各省派出代表制定了"临时约法"。毛泽东还指出"我们的共同纲领,经过大家讨论,实际上搞起来,前后也不过一个月"。

周恩来在中央人民政府委员会会议上也曾提到,起草宪法虽然有困难,但是可以解决。宪法不是永恒不变的,它只是规定现在要做的事情,我们将要制定的宪法是现阶段的宪法。

立国安邦的大事:毛泽东和起草小组在杭州西湖畔潜心筹备

1953年年底,毛泽东一行乘专列离京,前往杭州起草新中国的第一部宪法。在列车上,毛泽东曾对随行人员说:"治国,须有一部大法。"此行的目的就是集中精力做好这件立国安邦的大事。由于起草宪法的人员都是环西湖而居,所以也有一种说法,把"五四宪法"草案称为"西湖稿"。

为了做好"立国安邦"这件大事,毛泽东和起草小组一头钻进了宪法堆里,阅读、钻研各国宪法。中国的宪法属于社会主义类型的宪法,所以毛泽东着重研究了1918年苏俄宪法和1936年苏联宪法以及东欧人民民主国家的宪法。据起草小组成员胡乔木的回忆,毛泽东对宪法起草有一个具体的"时间表",工作紧张而详细。起草一事计划在1954年1月31日完成宪法草案初稿,随即送中央各同志阅看。接下来的时间要落实讨论、修正等工作,并交全国人民讨论,争取在9月间根据人民意见做出必要的修正后即提交全国人民代表大会作最后通过。

虽然在起草过程中困难重重,反反复复,几易其稿,但毛泽东仍主张坚持实事求是、简单明了。在毛泽东看来,新中国在许多方面还欠缺经验。宪法写得简单明了是有好处的。等日后经验丰富之时,可以再制定更详细的宪法。子法可以根据情况多制定一些。作为母法的宪法,就不要随便变更、修改,否则会有影响。毛泽东说:"除总纲外,其他各章都写得比较简单。文字尽量通俗易懂,便于群众了解和掌握。"

全国掀起宪法草案大讨论:1.5亿多人参与,征集意见118万多条

1954年6月,毛泽东主持召开中央人民政府委员会第三十次会议,通过《中华人民共和国宪法草案》和关于公布宪法草案的决议,要求全国地方各级人民政府立即在人民群众中组织关于宪法草案的讨论,发动人民群众积极提出修改意见。6月16日,《人民日报》刊登了宪法草案全文并发表了社论号召开展广泛讨论。一场轰轰烈烈的宪法草案讨论随即遍及全国。"新中国第一部宪法草案"一时变成街头巷尾的热门话题,参加讨论的人数达1.5亿,约占当时全国总人口的四分之一。

据一些亲历者的口述,讨论正值洪涝灾害严重,有些地方的群众只能在防洪大堤上开会,场面热烈又感人。因为交通受阻,征集的成千上万的意见只能用油纸打包后靠飞机运送。在如此艰难的条件下,人民群众对新中国宪法草案的热情丝毫不减,提出了许多中肯、具体的意见和问题。据当时在宪法起草委员会办公室秘书组的人回忆,他们的主要工作就是汇总整理各地的意见,"大至大政方针,小至标点符号,均要予以记录"。这些征集到的修改、补充意见和问题"几乎涉及宪法草案的每一个条款"。

"人民的宪法"全票通过:迈出新中国法治征途的关键一步

1954年9月20日,第一届全国人民代表大会第一次全体会议全票通过《中华人民共和国宪法》。这标志着新中国第一部"人民的宪法"由此诞生。经过长期的斗争和努力,中国人民终于有了一部代表自身权益,遵循民主和社会主义原则的宪法。作为新中国第一部宪法,著名党史专家逄先知曾撰文指出"五四宪法"在内容和结构上有几个鲜明特点。它真正从法律上保证实施过渡时期的总路线,保证发展国家的民主化,加强各民族的团结。同时,"五四宪法"也是对《共同纲领》的发展。这部宪法通俗易懂,文字简明。

(来源:人民网)

1.2 知识平台

知识模块 2-1　　弘扬宪法精神,争做守法好公民

第一节　宪法的概念及法律地位

一、宪法的含义

宪法是一个国家的根本大法,适用于国家全体公民,是特定社会政治经济和思想文化条件综合作用的产物。宪法是规定国家的根本制度和根本任务、集中体现各种政治力量对比关系、保障公民基本权利的国家根本法。

二、宪法的基本特征

（一）宪法是国家的根本法

宪法规定的内容具有根本性,宪法作为一国的根本法,确立了一个国家的根本制度,规定了国体、政体、国家机构、公民基本权利和义务、各国家机关之间的权力分工和制约关系等内容;宪法制订和修改程序比普通法律更为严格;宪法具有最高的法律效力,是法律之首和权力之尊,普通法律法规均不得同宪法相抵触。

（二）宪法是公民权利的保障书

国家负有保障和实现人权的义务,因此作为国家根本法的宪法最重要最核心的价值是保障公民的权利和自由。

（三）宪法是民主事实法律化的基本形式

《中华人民共和国宪法》(以下简称《宪法》)对民主制度的规定主要表现为:确认了人民当家作主的地位和公民的宪法地位;规定了人民代表大会制度的基本原则;通过规定选举制度、基层群众性自治组织等形式不断扩大社会主义民主的基础等。

三、宪法的基本原则

宪法的基本原则主要包括：

（一）人民主权原则

人民主权是指国家中的绝大多数人拥有国家的最高权力。我国《宪法》规定：中华人民共和国的一切权力属于人民。表明人民是国家权力的所有者，而国家机关和国家公务人员是国家权力的行使者。

（二）人权保障原则

2004年《宪法修正案》第二十四条明确规定：国家尊重和保障人权，人权保障原则从此成为一项明确的宪法原则。

（三）法治原则

该原则的核心思想在于依法治理国家，法律面前人人平等，反对任何组织和个人享有法律之外的特权。《宪法》第五条规定：中华人民共和国实行依法治国，建设社会主义法治国家。

（四）权力制约原则

权力制约原则是指国家权力的各部分之间相互监督、彼此牵制，以保障公民权利的原则。既包括公民权利对国家权力的制约，也包括国家权力对国家权力的制约。

四、宪法的地位与作用

（一）宪法的地位

宪法不同于其他一般法律的特殊性：在内容上，宪法规定国家最根本、最重要的制度和最基本的国策；在地位上，宪法是最高法，在整个法律体系中处于最高地位；在效力上，宪法具有最高效力，它是其他法律的立法依据，其他的一般法律都不得抵触宪法；在规范上，宪法是根本的行为准则；在修改程序上，宪法的制定和修改程序比其他一般法律的程序更为严格。

总之，宪法在整个法律体系中居于最高地位。一般法律的制定都必须根据宪法。一切法律法规都不得违宪。宪法是统治阶级意志的最高表现。

（二）宪法的作用

宪法的作用主要有以下几个方面：第一，巩固国家政权；第二，规范和制约国家权力;第三,调整国家最基本的社会关系,维护社会稳定和国家长治久安;第四,宪法作为上层建筑,对自己的经济基础起着影响作用;第五,宪法促进国家的民主制度和法律制度的形成和发展;第六,宪法对公民权利的保障作用;第七,我国宪法把党的主张和人民意志转化成为国家意志,由国家的力量予以推行,得到实现。这是我国《宪法》最重要的作用。

(三)宪法监督机制

监督宪法的实施是对宪法实施情况所进行的监督。它包括:审查和裁决法律法规和行政命令等规范性文件是否符合宪法;监督国家机关、各政党、各团体、武装力量、企事业组织和公民的行为是否违反宪法。

宪法监督机制的核心内容就是建立和健全违宪审查制度。我国自1954年《宪法》起,规定由最高国家权力机关行使监督宪法实施的职权。

当代世界各国的违宪审查,大体上有三种形式:第一种是由代议机关行使违宪审查权,例如英国;第二种模式是由普通法院行使,例如美国由最高法院行使违宪审查权;第三种模式是由专门机构行使违宪审查权,如德国。

第二节 《中华人民共和国宪法》

宪法是国家的根本法,是治国安邦的总章程,具有最高的法律地位、法律权威、法律效力,具有根本性、全局性、稳定性、长期性。任何组织或者个人,都不得有超越宪法和法律的特权。一切违反宪法和法律的行为,都必须予以追究。

1949年10月中华人民共和国成立后,第一届、第四届和第五届全国人民代表大会分别于1954年9月、1975年1月、1978年3月和1982年12月先后制定、颁布了四部《中华人民共和国宪法》。现行宪法于1982年12月4日在第五届全国人民代表大会第五次会议通过。为了适应经济社会发展变化,全国人大分别对这部宪法进行了五次修订,分别为1988年4月12日第七届全国人民代表大会第一次会议通过的《中华人民共和国宪法修正案》、1993年3月29日第八届全国人民代表大会第一次会议通过的《中华人民共和国宪法修正案》、1999年3月15日第九届全国人民代表大会第二次会议通过的《中华人民共和国宪法修正案》、2004年3月14日第十届全国人民代表大会第二次会议通过的《中华人民共和国宪法修正案》和2018年3月11日第十三届全国人民代表大会第一次会议通过的《中华人民共和国宪法修正案》。

《中华人民共和国宪法》二维码

现行宪法由四部分构成:序言和总纲,公民的基本权利和义务,国家机构,国旗、国歌、国徽、首都。

一、序言和总纲

(一) 序言

宪法序言是宪法的重要组成部分,一般置于宪法的首部,具有统率全文的作用。首先,它是国家的宣言书,宣告该国政治的建立,宣布该国公民权利和自由的基本精神。其次,它是国家的总纲领,规定一国在一定历史时期的根本任务。再次,它规定一国的基本原则,对具体宪法规范、普通法律原则和规范的制定和实施具有指导作用。

(1) **国家的根本任务**:集中力量进行社会主义现代化建设。

(2) **国家的指导思想**:马克思列宁主义、毛泽东思想、邓小平理论、"三个代表"重要思想、科学发展观、习近平新时代中国特色社会主义思想。

(3) **我国的基本政治制度**:中国共产党领导的多党合作和政治协商制度。

(4) **统一战线**:由中国共产党领导的,有各民主党派和各人民团体参加的,包括全体社会主义劳动者、社会主义事业的建设者、拥护社会主义的爱国者、拥护祖国统一和致力于中华民族伟大复兴的爱国者的广泛的爱国统一战线。

(5) **中国人民政治协商会议**:有广泛代表性的统一战线组织,过去发挥了重要的历史作用,今后在国家政治生活、社会生活和对外友好活动中,在进行社会主义现代化建设、维护国家的统一和团结的斗争中,将进一步发挥它的重要作用。

(二) 总纲

(1) **国家性质(国体)**:工人阶级领导的、以工农联盟为基础的人民民主专政的社会主义国家。

(2) **社会制度**:社会主义制度是我国的根本制度。

(3) **国家政权的组织形式(政体)**:人民代表大会制度是我国的根本政治制度。

(4) **国家的结构形式**:统一的多民族国家;普通的地方制度;民族区域自治制度;统一国家下特别行政区的高度自治。

(5) **基本经济制度**:公有制为主体、多种所有制经济共同发展。

(6) **分配制度**:各尽所能、按劳分配;按劳分配为主体、多种分配方式并存。

(7) **经济体制**:社会主义市场经济体制。

(8) **财产权**:社会主义的公共财产神圣不可侵犯;国家保护公民合法财产的所有权和私有财产的继承权。

(三) 国家制度

国家制度是一个国家的统治阶级通过宪法、法律规定的有关国家性质和国家形式方面的制度的总称。我国的国家制度主要包括人民民主专政制度、人民代表大会制度、中国共产党领导的多党合作和政治协商制度、民族区域自治制度、基层群众自治制度和基本经济制度。

（1）人民民主专政是我国的国体，国体即国家性质，是国家的阶级本质，是指社会各阶级在国家生活中的地位和作用。

（2）人民代表大会制度是我国的根本政治制度，是我国人民民主专政政权的组织形式。政权组织形式又称政体，是指掌握国家权力的阶级实现国家权力的政治体制，是形成和表现国家意志的方式。

（3）中国共产党领导的多党合作和政治协商制度是我国的一项基本政治制度，是具有中国特色的政党制度。中国人民政治协商会议（简称"人民政协"或"政协"）是中国共产党领导的多党合作和政治协商的重要机构，是中国人民爱国统一战线组织，是我国政治生活中社会主义民主的重要形式。人民政协的性质决定了它与国家机关的职能是不同的，围绕团结和民主两大主题履行政治协商、民主监督和参政议政的职能。

（4）民族区域自治制度是指在国家统一领导下，各少数民族聚居的地方实行区域自治，设立自治机关，行使自治权。民族区域自治制度是我国的基本政治制度之一，是建设中国特色社会主义政治的重要内容。

（5）基层群众自治制度是城乡基层群众在党的领导下，依法直接行使民主权利，管理基层公共事务和公益事业，实行自我管理、自我服务、自我教育、自我监督的一项重要政治制度。它是在中华人民共和国成立后的民主实践中逐步形成的，并首先发育于城市。党的十七大将基层群众自治制度与人民代表大会制度、中国共产党领导的多党合作和政治协商制度、民族区域自治制度一起，纳入了中国特色政治制度范畴。

（6）基本经济制度是一国通过宪法和法律调整以生产资料所有制为核心的各种基本经济关系的规则、原则和政策的总和。社会主义公有制是我国经济制度的基础。全民所有制和集体所有制是我国社会主义公有制的两种基本形式。

二、公民的基本权利和义务

(一) 公民的基本权利

我国现行《宪法》第二章对公民的基本权利和义务作出了专门的

规定,赋予了公民广泛的权力,主要包括：

(1) 平等权。基本内容包括：法律面前人人平等；禁止任何差别对待。

(2) 政治权利。政治权利是指公民依据宪法和法律的规定,参与国家政治生活的行为可能性,其内容包括两个方面：选举权和被选举权；言论、出版、集会、结社、游行、示威的自由。

(3) 宗教信仰的自由。公民既有信仰宗教的自由,也有不信仰宗教的自由；有信仰这种宗教的自由,也有信仰那种宗教的自由。

(4) 人身自由。宪法规定的人身自由包括四个方面的内容：人身自由不受侵犯；公民的人格尊严不受侵犯；住宅安全权；公民的通信自由和通信秘密受法律保护。

(5) 社会经济权利。是指公民依照宪法规定享有的具有物质利益的权利,是公民实现其他权利的物质上的保障,主要包括劳动权、休息权和物质帮助权。

(6) 文化教育权利。主要包括有关教育方面的权利和文化活动方面的权利,主要表现为受教育权、科学研究自由与文艺创作等权利。

(7) 监督权。宪法明确规定,中华人民共和国公民对于任何国家机关和国家工作人员有提出批评和建议的权利和向有关国家机关提出申诉、控告和检举的权利。

(8) 其他权利。

(二) 公民的基本义务

我国公民的基本义务主要包括以下内容：
(1) 维护国家统一和民族团结。
(2) 遵守宪法和法律,保守国家秘密,爱护公共财产,遵守劳动纪律,尊重社会公德。
(3) 维护祖国安全、荣誉与利益。
(4) 保卫祖国,依法服兵役和参加民兵组织。
(5) 依法纳税的义务。
(6) 其他义务。

三、国家机构

(一) 全国人民代表大会及其常务委员会

全国人民代表大会是最高国家权力机关,它的常设机关是全国人民代表大会常务委员会。全国人民代表大会和全国人民代表大会常务委员会行使国家立法权。全国人民代表大会每届任期五年,每年开

> "一府一委两院"：在中央部门中,"府"主要是指国务院,"两院"主要是指最高人民法院、最高人民检察院。国家监察体制改革设立监察委员会作为专门的反腐败工作机构,与国家行政机关、审判机关和检察机关平行,"一府两院"变为"一府一委两院"。

会一次。其主要职权：修宪；宪法监督；制定和修改基本法律；组织其他中央国家机关；决定重大国家事项；罢免其他中央国家机关组成人员等职权以及应当由最高国家权力机关行使的其他职权。

全国人大常务委员会由委员长、副委员长、委员、秘书长组成。任期也是五年，全国人民代表大会常务委员会对全国人民代表大会负责并报告工作。主要职权：解释宪法和法律；宪法监督；制定和修改基本法律以外的其他法律；任免国家机关人员；决定国家重大事项；审查行政法规、地方性法规的合宪合法性；对"一府一委两院"和中央军委的工作进行监督及全国人民代表大会授予的其他职权。

（二）中华人民共和国主席

中华人民共和国主席、副主席由全国人民代表大会选举。有选举权和被选举权的年满四十五周岁的中华人民共和国公民可以被选为中华人民共和国主席、副主席。中华人民共和国主席、副主席每届任期同全国人民代表大会每届任期。

中华人民共和国主席根据全国人民代表大会的决定和全国人民代表大会常务委员会的决定，公布法律，任免国务院总理、副总理、国务委员、各部部长、各委员会主任、审计长、秘书长，授予国家的勋章和荣誉称号，发布特赦令，宣布进入紧急状态，宣布战争状态，发布动员令。

中华人民共和国主席代表中华人民共和国，进行国事活动，接待外国使节；根据全国人民代表大会常务委员会的决定，派遣和召回驻外全权代表，批准和废除同外国缔结的条约和重要协定。

（三）国务院

中华人民共和国国务院，即中央人民政府，是最高国家权力机关的执行机关，是最高国家行政机关。由总理、副总理若干人、国务委员若干人、各部部长、各委员会主任、审计长、秘书长等人员组成。国务院实行总理负责制，各部、各委员会实行部长、主任负责制。国务院每届任期同全国人民代表大会每届任期相同。总理、副总理、国务委员连续任职不得超过两届。国务院对全国人民代表大会负责并报告工作；在全国人民代表大会闭会期间，对全国人民代表大会常务委员会负责并报告工作。

（四）中央军事委员会

中央军事委员会领导全国武装力量。中央军事委员会由主席、副主席若干人、委员若干人组成。中央军事委员会实行主席负责制。中央军事委员会每届任期同全国人民代表大会每届任期。

(五)地方各级人民代表大会和地方各级人民政府

地方各级人民代表大会是地方国家权力机关,由通过直接选举或间接选举产生的人大代表组成,任期也是五年;县级以上地方各级人民代表大会常务委员会是县级以上地方各级人民代表大会的常设机构,对本级人民代表大会负责并报告工作,由主任、副主任和委员组成,任期五年;地方各级人民政府是地方各级国家权力机关的执行机关,是地方各级国家行政机关,由同级人民代表大会选举产生,对同级地方国家权力机关和上一级国家行政机关负责并报告工作,服从国务院统一领导。由地方行政首长和副职及部门首长组成,地方实行行政首长负责制,任期五年;此外,《宪法》还规定:城市和农村按居民居住地区设立的居民委员会或村民委员会是基层群众性组织,不属于国家机关,但与基层政权有密切关系。对居民会议或村民会议负责报告工作。

(六)民族自治地方的自治机关

自治区、自治州、自治县的人民代表大会和人民政府,除行使一般地方国家机关的职权外,还可行使自治权。

(七)国家监察机关

国家设立国家监察委员会和地方各级监察委员会。国家监察委员会是最高监察机关,领导地方各级监察委员会的工作;各级监察委员会是国家的监察机关,上级监察委员会领导下级监察委员会的工作。监察委员会由主任、副主任若干人,委员若干人组成。监察委员会主任每届任期同本级人民代表大会每届任期。国家监察委员会主任连续任职不得超过两届。监察委员会依照法律规定独立行使监察权,不受行政机关、社会团体和个人的干涉。国家监察委员会对全国人民代表大会和全国人民代表大会常务委员会负责。地方各级监察委员会对产生它的国家权力机关和上一级监察委员会负责。

(八)人民法院和人民检察院

人民法院和人民检察院是国家的审判机关和法律监督机关,分别独立行使职权,不受任何机关、社会团体和个人的干涉。上下级法院之间是监督关系;上下级检察院之间是领导关系。

四、国旗、国歌、国徽、首都

《宪法》规定:中华人民共和国国旗是五星红旗。中华人民共和国国歌是《义勇军进行曲》。中华人民共和国国徽,中间是五星照耀下的天安门,周围是谷穗和齿轮。中华人民共和国首都是北京。

知识模块 2-2　旅游法：中国旅游业发展史上的里程碑

第一节　旅游法的产生及其修正

一、旅游业的发展和旅游法的产生

(一) 旅游法的产生背景

在 20 世纪 50 年代末至 60 年代初，"旅游法"这一概念被正式提出。日本、韩国、巴西、墨西哥、英国等根据本国情况，相继制定了一些专门的旅游法律法规。据不完全统计，世界上约有 60 个国家颁布了旅游法。旅游法规在各国情况有所不同。一些国家，不仅有旅游行业管理、旅游资源保护、旅游关系调整的单项法规，而且还制定了旅游基本法，旅游立法工作开始趋向成熟和完善。

1982 年国家旅游局曾着手起草旅游法。1988 年第七届全国人大常委会将旅游法列入立法规划，1991 年国务院有关部门起草出旅游法草案。第八届全国人大以来，社会上要求制定旅游法的呼声进一步提高。第十一届全国人大财政经济委员会成立后，于 2009 年 12 月牵头组织国家发展改革委、国家旅游局等 23 个部门和有关专家成立旅游法起草组。2012 年年底，第十一届全国人大常委会第三十次会议对旅游法草案进行了第二次审议。草案二审稿充分吸收了初审中常委会组成人员的意见以及社会各方面的建议，进一步完善了公益性文化场馆开放、旅游资源保护、游客合法权益维护等方面的内容。经过认真的审议与完善，2013 年 4 月 25 日第十二届全国人大常委会第二次会议通过，2013 年 4 月 25 日中华人民共和国主席令第 3 号公布了《中华人民共和国旅游法》。

(二) 旅游法的渊源

旅游法的渊源是指旅游法律规范的各种外在表现形式，可分为国内法律渊源和国际法律渊源两大类。从历史的角度考察，法的渊源主要有习惯法、判例法、制定法、学说和法理。从现实看，法的渊源有正式渊源与非正式渊源之分。前者如宪法、法律法规等规范性文件以及判例，主要为制定法。后者如正义标准、理性原则、公共政策、道德信念、社会思潮和习惯等。

我国旅游立法的渊源，可分为国内渊源和国际渊源。

1. 国内法律渊源

旅游法的国内渊源：指用以调整旅游社会关系的国内法，包括法律法规、条例、法令和法院判例。例如：《旅行社管理条例》《导游人员管理条例》《风景名胜区管理暂行条例》《贵州省旅游管理条例》等等。

2. 国际旅游法律渊源

国际旅游法是调整国际旅游领域所发生的各种社会关系的国际条约(或条约性文件)、国际惯例和各国旅游涉外法律的总称，是国际法的一部分，是当代国际法的一个新领域。旅游立法的国际渊源，主要有：国际旅游条约和协定，包括双边、多边条约或协定，以及多国间缔结的国际公约；国际旅游组织、国际旅游会议作出的重要宣言、决议、法案，例如 1980 年的《世界旅游宣言》(马尼拉宣言)、1985 年世界旅游组织通过的《旅游权利法案》和《旅游法规》；国际旅游惯例，有确定内容，在国际旅游长期实践中形成并在世界各国反复使用，对当事人有约束力的不成文规定。

二、旅游法的概念和调整对象

(一) 旅游法的概念

旅游法是调整旅游活动领域中各种社会关系的法律规范的总称。广义的旅游法是指由国家制定或认可的调整旅游活动中所产生的各种社会关系的法律规范的总称。涵盖旅游法律规范体系，既包括旅游基本法，还包括对旅游活动中各种法律关系进行调整的有关法律，法规。包括：

(1) 全国人民代表大会及其常务委员会制定的旅游法律；
(2) 国务院制定的旅游行政法规；
(3) 国家旅游行政主管部门制定的部门规章；
(4) 地方性旅游法规；
(5) 我国政府缔结、承认的国际旅游公约、规章等。

狭义的旅游法指由全国人民代表大会及其常务委员会制定的旅游基本法，即《中华人民共和国旅游法》(以下简称《旅游法》)。

(二) 我国旅游法所调整的主要社会关系

旅游法调整的对象，主要是指在旅游活动(包括旅游管理、经营、参观游览等与旅游有关的活动)中形成的带有旅游或体现旅游活动特点的社会关系。旅游法调整的对象包括：

(1) 国家旅游行政管理机关与旅游经营者之间的关系以及旅游管理的相关部门与旅游者之间的关系。这是一种纵向法律关系。

(2) 旅游者与旅游经营者之间以及旅游经营者之间的关系。这是一种横向的法律关系。

(3) 旅游企业内部的关系。这是一种综合的法律关系。

(4) 外国旅游经营者、旅游者进入我国旅游市场所产生的关系。这是一种具有涉外因素的法律关系。

三、旅游法的历次修正

《旅游法》在实施过程中共历经两次修订,分别是 2016 年 11 月 7 日第十二届全国人民代表大会常务委员会第二十四次会议《关于修改〈中华人民共和国对外贸易法〉等十二部法律的决定》的第一次修正,2018 年 10 月 26 日第十三届全国人民代表大会常务委员会第六次会议《关于修改〈中华人民共和国野生动物保护法〉等十五部法律的决定》的第二次修正。

(一) 第一次修正的主要内容

2016 年 11 月 7 日,《旅游法》实施 3 年后进行了第一次修正,此次修正集中在"领队证"上,作废了领队资历审批,修正后,全文不再出现"领队证"三字。具体修正内容包含以下几个方面:

一是将第三十九条修正为"从事领队业务,应当取得导游证,具有相应的学历、语言能力和旅游从业经历,并与委派其从事领队业务的取得出境旅游业务经营许可的旅行社订立劳动合同"。

二是删去第四十一条第一款中的"领队证",修正为"导游和领队从事业务活动,应当佩戴导游证,遵守职业道德,尊重旅游者的风俗习惯和宗教信仰,应当向旅游者告知和解释旅游文明行为规范,引导旅游者健康、文明旅游,劝阻旅游者违反社会公德的行为"。

三是将第九十六条第二项修正为"安排未取得导游证的人员提供导游服务或者安排不具备领队条件的人员提供领队服务的"。

四是删去第九十八条、第九十九条、第一百条、第一百零一条、第一百零三条中的"领队证"。

五是将第一百零二条第一款中的"领队证"修正为"不具备领队条件而",删去第二款、第三款中的"领队证"。

(二) 第二次修正的主要内容

2018 年 10 月 26 日,《关于修改〈中华人民共和国野生动物保护法〉等十五部法律的决定》对《旅游法》作出了第二次修正:

一是将第八十三条中的"工商行政管理、产品质量监督"修改为"市场监督管理";

二是将第九十五条、第一百零四条中的"工商行政管理部门"修改为"市场监督管理部门"。

第二节 《中华人民共和国旅游法》

《中华人民共和国旅游法》二维码

一、立法宗旨和调整范围

(一) 立法宗旨

根据《中华人民共和国旅游法》第一条规定,我国《旅游法》的立法宗旨是保障旅游者和旅游经营者的合法权益,规范旅游市场秩序,保护和合理利用旅游资源,促进旅游业持续健康发展。

(二) 调整范围

主要体现在三个方面:在中华人民共和国境内的游览、度假、休闲等形式的旅游活动;在中华人民共和国境内组织到境外的游览、度假、休闲等形式的旅游活动;为上述旅游活动提供相关服务的经营活动。

二、主要特点

(一) 采用综合立法模式

综合立法模式,通常法律规定的内容比较全面,涵盖发展原则、旅游主管部门职权、旅游服务、旅游者与旅游经营者行为、旅游市场监管等。它的优点是"在同一部法律中,可以将一国旅游业发展中最根本、最重要的问题囊括其中,立法成本小、效力高"。鉴于我国的政治体制、法律体系、法律环境等现实情况,选择综合立法模式为最佳。

(二) 突出了对旅游者合法权益的保障

旅游法的立法宗旨是保护旅游者的合法权益,这是旅游法的最大亮点。旅游法既在总则中明确了旅游者权利的相关原则规定,又特别设立专章,在整部法律中从规范市场、规范经营行为和从业资格到规定旅游安全等都体现了对旅游者权益的保护。与此同时,还规定了旅游者的义务和经营者的权利,其最终目的也是更好地保护旅游者合法权益。

(三) 旅游规划入法

《旅游法》中专设"旅游规划和促进"一章,明确规定了旅游发展规

旅游立法模式又称旅游立法体例,指立法机关进行旅游立法所采取的立法形式。人们通常从旅游立法的结构体系和旅游法律的框架体系探讨立法模式问题。根据各国旅游法的内容,可将旅游立法模式大体上划分为旅游促进法、旅游组织法、旅游合同法、旅游综合立法4种典型立法模式。旅游综合立法模式通常是指法律规定的内容比较全面,涵盖发展原则、旅游主管部门职权、旅游服务、旅游者权利、旅游监管等。

划的编制主体、规划内容、规划原则等方面的要求,作出三个层次的规定:第一,国务院和县级以上地方人民政府应将旅游业发展纳入国民经济和社会发展规划;第二,旅游资源集中的地区要作专项规划;第三,旅游发展规划应当与土地利用总体规划、城乡规划、环境保护规划、文物保护规划等相衔接。

三、主要内容

《中华人民共和国旅游法》分总则、旅游者、旅游规划和促进、旅游经营、旅游服务合同、旅游安全、旅游监督管理、旅游纠纷处理、法律责任、附则共十章一百一十二条。

(一) 总则

《旅游法》第一章"总则"的主要内容包括:立法宗旨、适用范围、国家发展旅游业的原则与职责、旅游发展原则、旅游消费导引、旅游经营原则、旅游综合协调机制、旅游行业组织。适用范围包括在中华人民共和国境内的和在中华人民共和国境内组织到境外的游览、度假、休闲等形式的旅游活动以及为旅游活动提供相关服务的经营活动。

(二) 旅游者

《旅游法》专设第二章"旅游者",在法律的框架结构上,将旅游者的权利置于总则之后的第二章,突出旅游者的重要位置。在中外旅游立法中尚属首次,体现了以人为本的精神。在保护旅游者合法权益方面,《旅游法》明确了旅游者的七大权利:自主选择权、拒绝强制交易权、知悉真情权、要求履约权、受尊重权、请求救助保护权、特殊群体获得便利优惠权。

同时《旅游法》也规定了旅游者应尽的义务,可以简单总结为"五个应当"和"三个不得"。"五个应当"即应当遵守社会公共秩序和社会公德,尊重旅游目的地当地的风俗习惯、文化传统和宗教信仰,爱护旅游资源,保护生态环境,遵守旅游文明行为规范;"三个不得"即不得损害当地居民的合法权益,不得干扰他人的旅游活动,不得损害旅游经营者和旅游从业人员的合法权益。

(三) 旅游规划和促进

《旅游法》第三章专门对旅游规划和促进作出了规定,明确了旅游规划编制主体、内容、与其他规划的衔接、规划实施、评估等内容,确立了旅游规划作为综合产业规划在立项、编制、实施过程中的法律依据,规定了一系列国家促进旅游业发展的措施,包括:旅游政策支持、旅游区域合作、产业融合发展、国家旅游形象推广、旅游公共信息服务、职业培训等。

（四）旅游经营

《旅游法》第四章对旅游经营者经营规范作出了全面规定。主要包括：对旅行社经营许可和经营规范的规定；对导游和领队执业许可和从业规范的规定；对景区开放条件、门票价格、流量控制等管理制度作出了规定；对为旅游者提供交通、住宿、餐饮、娱乐等服务的经营行为作出了衔接性规定。这些规定涵盖了旅行社、景区以及一些新业态经营主体，如民俗、乡村旅游经营、高风险旅游经营、网络旅游经营等主体。符合旅游活动的特点，有利于建立规范旅游经营者活动的综合协调机制。

（五）旅游服务合同

旅游服务合同是我国《旅游法》首创，它既包括国外民法中所称的包价旅游合同，也包括旅游经营者根据旅游者的具体要求安排旅游行程的旅游安排合同，旅游经营者接受旅游者的委托为其提供代订交通、住宿、餐饮、游览、娱乐等旅游服务的委托合同，以及为旅游者提供旅游行程设计、旅游信息咨询等服务的相关合同。《旅游法》第五章对包价旅游合同的订立、内容、履行、变更、解除、违约责任等内容作出了全面详细的规定。同时对旅游行程设计、旅游信息咨询、代订合同等作出了原则规定，初步形成了较为完善的旅游服务合同法规体系，有利于形成良好的市场秩序。

（六）旅游安全

《旅游法》第六章对旅游安全作出了专门的法律规定，明确了县级以上人民政府及政府相关部门在旅游安全管理中的职责，对事前预防、事中安全管理、事后应急处置都作出了明确规定，突出了政府责任和旅游经营者、旅游者及相关各方在旅游安全管理方面应承担的义务，为旅游安全提供了制度保障。这也是我国旅游立法的又一创举，体现了以人为本的旅游立法原则。

（七）旅游监督管理

《旅游法》第七章依照统筹协调、分工负责、密切配合、共同管理的原则，明确了县级以上人民政府、政府旅游主管部门和有关部门在各自职责范围内对旅游市场实施监督管理的责任，规定了旅游主管部门监督检查的职权范围，对旅游行业组织制定行业经营规范和服务标准，对其会员的经营行为和服务质量进行自律管理作出了明确规定。

(八) 旅游纠纷处理

《旅游法》第八章明确规定了旅游投诉受理机构的设立和处理投诉的原则,明确了协商、调解、仲裁、诉讼等解决旅游纠纷的途径,有利于保护旅游者的合法权益。

(九) 法律责任

《旅游法》第九章主要规定了旅行社、导游、领队、景区以及其他旅游经营者和从业人员的行政法律责任,涉及旅行社、导游及领队、景区等经营主体违法的处罚,对旅游活动中的刑事责任作了概括性规定。

(十) 附则

《旅游法》第十章"附则"部分主要涉及经营者、景区、包价合同、组团社、地接社、履行辅助人等概念的界定。

1.3 实训指导

一、实训任务

将学生进行编组,每组 4～8 名同学,组内由学生自行分工合作,进行资料收集、整理、制作、美化、展示、汇报等工作。教师可以发布实训任务一览表中的任务,每组同学以此任务作为主题,利用课余时间进行展示材料的整理与制作。在此基础上,教师将利用 2～4 课时时间,用于学生自行汇报展示其工作成果。任务目的在于了解我国全面依法治国方略,了解主要发达国家旅游立法进程。

实训任务一览表

序号	实训任务名称	实训学时
01	我国全面依法治国方略的背景及内涵	2～4
02	收集不同国家旅游立法的案例并展示	

注:教师可根据需要选用实训项目和学时。

项目拓展:
我国的立法基本程序是怎样的?

二、成果要求

每组同学制作完成一份 WORD 文档和一份展示 PPT,WORD 文档用于图文资料的整理汇总,PPT 文件用于课堂汇报展示,并将上述两个文件放入文件夹,命名规则为"班级名称+小组编号+任务名称"。

知识自检 2:

三、考核标准

评价标准与打分

项目	考核内容和要求	分值	得分	备注
态度	能够按时完成,积极主动,组内分工合作	20		
内容	导向正确,内容完整、准确,逻辑清晰	20		
形式	格式规范、语言简洁、图表样式美观	20		
展示	仪态形象得当,表达清楚,语言流畅	20		
创新	内容、格式、展示过程有创意,特色明显	20		
	小计	100		

项目三

旅游者相关法律制度

【内容框架】

1.1 项目导例
　　"国际消费者权益日"的由来
1.2 知识平台
　　知识模块 3-1　强化消费者权益保护，为新消费时代护航
　　知识模块 3-2　解决旅游纠纷的法律制度
　　知识模块 3-3　不文明旅游行为要受处罚啦
1.3 实训指导

【学习目标】

思政要点："有节骨乃坚，无心品自端。"竹子自古便是高尚品德的载体。每个人都应以竹为铭，在各自的工作岗位上诚实守信、廉洁自律，高节贵终生。

知识目标：了解消费者权益保护法的基本原则和基本框架，了解旅游纠纷及其特点，了解治安管理处罚种类及适用的规定；熟悉消费者权利及其保护机制，熟悉旅游不文明行为记录的主要行为，熟悉违反治安管理的行为和处罚规定；掌握旅游者权利和义务的规定、经营者的义务及其相关法律责任，掌握旅游投诉及其构成要件的规定。

技能目标：收集、整理、分析相关案例和资料，通过制作、美化、展示、汇报等工作，熟悉消费者权益保护法的主要条款、旅游纠纷处理办法，践行文明旅游。

1.1 项目导例 "国际消费者权益日"的由来

1983年,国际消费者联盟组织确定每年的3月15日为"国际消费者权益日"(International Day for Protecting Consumers' Rights)。这是基于美国总统约翰·肯尼迪于1962年3月15日在美国国会发表的《关于保护消费者利益的总统特别咨文》。《咨文》首次提出了著名的消费者的"四项权利",即有权获得安全保障;有权获得正确资料;有权自由决定选择;有权提出消费意见。肯尼迪提出的这四项权利,以后逐渐为世界各国消费者组织所公认,并作为最基本的工作目标。

消费者权益保护运动起源于欧洲,兴起于第二次世界大战后各发达资本主义国家,至今已有一百多年的历史。第二次世界大战后,各消费者组织便应运而生,并迅速扩展到发展中国家。1960年,成立了国际消费者联盟组织(International Organization of Consumers Unions,简称IOCU)。现在,全世界共有90多个国家的300多个消费者组织加入了IOCU。世界性的保护消费者活动也受到了联合国组织的重视。国际消联的代表已成为联合国经社理事会、工业发展组织、粮食组织和贸发会议等机构中的顾问和联络员,代表消费者的利益,参加有关会议和政策的制定工作。1985年4月9日,第39届联合国大会一致通过了《保护消费者准则》。大大促进了世界各国制定并实施《消费者权益保护法》工作,使全球消费者保护运动进入了一个更加蓬勃发展的阶段。

中国消费者协会于1984年12月经国务院批准成立,是对商品和服务进行社会监督的保护消费者合法权益的全国性社会团体,成为我国第一个保护消费者权益的协会。中国消费者协会于1987年9月加入国际消费者联盟组织后,在每年的3月15日"国际消费者权益日",也都组织全国各地的消费者举办大规模的"国际消费者权益日"宣传咨询服务活动。

1.2　知识平台

知识模块 3–1　强化消费者权益保护，为新消费时代护航

2014年3月15日，由全国人大修订的新版《中华人民共和国消费者权益保护法》（以下简称《消费者权益保护法》）正式实施。《消费者权益保护法》分总则、消费者的权利、经营者的义务、国家对消费者合法权益的保护、消费者组织、争议的解决、法律责任、附则八章六十三条。

《消费者权益保护法》二维码

第一节　消费者权益保护法概述

一、消费者和经营者的概念与特征

（一）消费者的概念与特征

消费者的含义较为宽泛，一般有狭义和广义两种解释。狭义上是指以个人消费为目的而购买或使用商品和服务的个体社会成员。而广义上的消费者，从消费内容上看，它既包括生活消费又包括工业生产消费；从消费主体上看，它既包括个体、公众又包括社团、法人。我国《消费者权益保护法》并未对"消费者"作出明确具体的定义，但在其第二条中规定："消费者为生活消费需要购买、使用商品或接受服务，其权益受本法保护。"因此，该法所称的消费者应是指为生活消费需要购买、使用商品或接受服务的个人和单位，是从事生活消费的主体。由此可见，消费者所具有的主要法律特征如下：

（1）消费者消费是为生活需要；
（2）消费者进行消费的方式包括购买、使用商品和接受服务；
（3）消费者权利和义务所指向的对象（即客体）是商品或者服务；
（4）消费者作为《消费者权益保护法》的主体，其范围包括个人和单位。

一般来说作为权利主体的法律意义上的消费者指狭义上的消费者。大多数国家法律所使用的"消费者"，甚至国际上消费者权益法中对消费者的解释均取狭义。

（二）经营者的概念与特征

与消费者相对应的经营者，是指以营利为目的从事经营活动的公民、法人和其他经济组织。经营者所具有的主要法律特征如下：

（1）经营者的主体包括为消费者提供商品生产、销售或者提供服

项目三　旅游者相关法律制度

务的所有经营者；

（2）经营者的类别可从所有制形式、经营形态、国籍等不同角度来划分；

（3）经营者提供的商品或者服务以营利为目的，即提供有偿服务；

（4）经营者提供商品或者服务的方式包括直接提供和间接提供；

（5）经营者的成立必须经过依法注册登记。

应当注意的是，在实践中，个别单位和个人未经登记注册而从事经营活动，或者持他人营业执照从事生产经营活动，虽然他们不是合法的经营者，但由于所提供的商品或者服务直接关系到消费者的切身利益，实际上处于与消费者相对应的经营者的地位，因此，我国《消费者权益保护法》中规定的经营者也涵盖这些单位和个人。

二、消费者权益保护法的概念、调整对象和基本原则

（一）消费者权益保护法的概念

消费者权益保护法是指调整在保护消费者权益过程中所发生的社会关系的法律规范的总称。所谓"消费者权益"是指消费者依法享有的权利以及该权利受到保护继而给消费者带来的应得的利益。消费者权益保护法的宗旨是，保护消费者在有偿获得商品或接受服务时，免受人身、财产侵害。消费者权益保护法是对居于弱势地位的消费者提供特别保护的法律，是以保护消费者权利为主要内容的法律。

消费者权益保护法有广义、狭义之分。广义上的消费者权益保护法，是指涉及消费者权益保护的各种法律规范所组成的有机整体，一般是由消费者权益保护的基本法、其他有关消费者权益保护的专门的单行法律法规、其他法律法规中的有关消费者权益保护的法律条款等所组成；狭义上的消费者权益保护法，仅指国家有关消费者权益保护的专门立法。具体来说，在我国，广义上的消费者权益保护法，包括《广告法》《价格法》《食品卫生法》《产品质量法》等诸多有关保护消费者权益的法律法规；而狭义上的消费者权益保护法，则仅指《消费者权益保护法》。

（二）消费者权益保护法的调整对象

消费者权益保护法的调整对象是国家在保护消费者过程中所发生的社会关系。具体为以下几项：

（1）消费者为生活消费的需要而购买、使用商品或者接受服务的过程中，因经营者侵犯其合法权益而发生的社会关系；

（2）国家机关和其他社会组织在对消费者权益保护的过程中，与

> 消费者权益保护法以保护消费者权益为己任，在立法体例上采用设专章规定消费者权利和经营者义务的模式，却没有规定消费者的义务和经营者的权利，从而鲜明地突出了其立法的目的。该法在我国的立法中首次确定了精神赔偿制度与惩罚性赔偿制度，呈现出了向消费者利益适当倾斜的特点。

消费者之间所发生的社会关系；

（3）国家机关和其他社会组织或者个人在监督侵犯消费者权益行为的过程中所发生的社会关系。

(三) 消费者权益保护法的基本原则

1. 经营者与消费者交易的基本原则

经营者与消费者进行交易应当遵循的基本原则，既是对经营者行为的原则规范，又是对市场交易基本规律的抽象和概括。根据《消费者权益保护法》的规定，该基本原则主要包括以下内容：

（1）平等原则。这是商品经济的本质要求，是指交易双方的法律地位平等，不得以强凌弱。

（2）自愿原则。是指经营者与消费者进行交易时，要尊重消费者的意愿。

（3）公平、等价有偿原则。是指经营者与消费者进行交易时，要符合等价交换这一商品经济的本质要求，在二者之间不能有明显的权利、义务不对等的情形。

（4）诚实信用原则。是指经营者与消费者进行交易时，双方应当诚实无欺、恪守信用，在不损害他人和社会公共利益的前提下追求自己的利益。

2. 国家保护消费者利益不受侵犯的原则

国家保护消费者利益不受侵犯的原则是本法的一项核心原则。其主要内容如下：

（1）国家保护对消费者的合法权益不受侵犯负有法定的义务；

（2）消费者要依法行使其权利；

（3）国家要采取措施保障消费者依法行使其权利，进而达到维护消费者权益的目的。

3. 全社会共同保护消费者合法权益的原则

保护消费者权益是全社会的共同责任，仅有国家给予特别保护是不够的。社会各界都有相应的责任和义务来保护消费者的权益，只有动员广泛的社会力量，消费者权益保护法律制度才能真正落实。首先，国家鼓励、支持一切组织和个人对损害消费者合法权益的行为进行社会监督。其次，大众传播媒介应当做好维护消费者合法权益的宣传，对损害消费者合法权益的行为进行舆论监督。只有全社会动员起来，相互配合，才能形成保护消费者利益的网络体系。

第二节 消费者的权利与经营者的义务

一、消费者的权利

消费者的权利是指消费者为了满足生活需要,依法为或不为一定行为以及要求经营者和其他有关主体为或不为一定行为的法律许可。具体讲,它是由国家法律规定或确认的、消费者为生活消费而购买、使用商品或接受服务过程中所享有的各项权利。消费者的权利是一种基本人权,是生存权的重要组成部分。我国《消费者权益保护法》第九条至第十五条明确规定了消费者享有以下九项权利。

(一) 安全保障权

安全保障权是指消费者在购买、使用商品或者接受服务时,享有人身、财产安全不受损害的权利。人身权利是我国《宪法》和法律赋予公民最基本的权利之一,内容广泛。消费者权益保护法中的人身权利仅指生命健康权;财产安全是消费者生活的物质基础,也是法律保护的内容。

(二) 知悉真情权

知悉真情权是指消费者在购买、使用商品或者接受服务时,享有知悉其购买、使用的商品或者接受的服务的真实情况的权利。知悉真情权的主要内容包括:消费者有权要求经营者提供商品的价格、产地、生产者、用途、性能、规格、等级、主要成分、生产日期、有效期限、检验合格证明、使用方法说明书、售后服务或者服务的内容、规格、费用等有关真实情况,并有权索要服务单据。

(三) 自主选择权

自主选择权是指在购买商品或者接受服务时,消费者享有自主选择商品或者服务的权利。自主选择权的主要内容有:第一,消费者有权自主选择提供商品或者服务的经营者;第二,消费者有权自主选择商品品种或者服务方式;第三,消费者有权自主决定购买或者不购买任何一种商品,接受或者不接受任何一项服务;第四,消费者在选择商品或者接受服务时,有权进行比较、鉴别和挑选。

(四) 公平交易权

《消费者权益保护法》第十条规定:消费者在购买商品或者接受服务时,有权获得质量保障、价格合理、计量正确等公平交易条件,有权拒绝经营者的强制交易行为。由此可见,消费者的公平交易权包括两个方面的内容:消费者有权获得质量保障、价格合理、计量正确等公平交易条件;消费者有权拒绝经营者的强制交易行为。

(五) 求偿权

求偿权是指消费者因购买、使用商品或者接受服务受到人身、财产损害的,享有依法获得赔偿的权利。求偿权的范围:一是人身损害方面,既包括对消费者生命健康权的侵害,也包括对消费者人格权的侵害。二是财产损害方面,既包括直接损失,也包括间接损失。三是精神损害方面,在消费者受到人身伤害或者其人格权受到侵害时,经营者应当根据不同情况予以赔偿。但是,如果是消费者自己的过错造成损害的,那么商品的生产者、销售者或者服务的提供者则不承担责任,这是对求偿权的限制。

(六) 结社权

结社权是指消费者依法享有成立维护自身合法权益的社会团体的权利。消费者行使结社权的必要性在于:第一,结社权是《宪法》中规定的公民的基本权利之一,而《消费者权益保护法》中规定的结社权是对《宪法》权利的进一步具体化。第二,结社权是客观实践的需要。在消费领域中,虽然消费者与经营者是民事法律关系中的平等主体,但是双方的经济地位在实践中是不平等的,比如分散的消费者在议价力量、承受能力等方面,与拥有雄厚经济实力的经营者无法抗衡。所以,只有通过行使结社权,才有利于消费者从分散走向集中,从弱小走向强大,依靠集体的力量来改变自己的弱势地位。第三,体现了国家鼓励全社会共同保护消费者合法权益的精神。

(七) 获得有关知识权

获得有关知识权是指消费者享有获得有关消费知识和消费者权益保护方面的知识的权利。获得有关知识权是知悉真情权、自主选择权等其他权利的重要保障。获得有关知识权的主要内容有:第一,获得有关消费方面的知识的权利,最基本的应当包括有关消费态度的知识、有关商品和服务的基本知识和有关市场的基本知识;第二,获得有关消费者权益保护方面的知识的权利,主要包括有关消费者权益保护的法律法规、政策、保护机构和争议的解决途径、方式、办法等方面的知识。

(八) 受尊重权

受尊重权是指消费者在购买、使用商品或者接受服务时,享有人格尊严、民族风俗习惯得到尊重的权利。人格权是消费者人身权的重要组成部分,尊重他人的人格和不同的民族风俗习惯是法律对人权保障的基本要求。人格尊严在法定权利上表现为姓名、肖像、名誉、荣誉等不受侵犯,在市场交易过程中这些也同样是公民最起码的权利。少数民族的风俗习惯主要体现在饮食、服饰、婚丧、节庆、礼仪、禁忌等方面,在不同程度上反映了他们的历史传统和民族心理。尊重少数民族的风俗习惯,对于保护不同民族消费者的合法权益,贯彻国家的民族政策,维护各民族团结有重要意义。

(九) 监督权

监督权是指消费者享有对商品和服务以及保护消费者权益工作进行监督的权利。监督权包括的主要内容有:第一,有权对商品和服务的价格、质量、计量、服务态度等进行监督;第二,有权对保护消费者权益工作进行监督和提出批评建议;第三,有权检举、控告侵害消费者合法权益的行为和国家机关及其工作人员在保护消费者权益过程中的违法失职行为。

二、经营者的义务

经营者的义务是指在消费领域中,经营者依法必须为或者不为一定行为的必然性。经营者的义务与消费者的权利往往是相对应的,消费者的权利在一定程度上是通过经营者履行义务来实现的。根据我国《消费者权益保护法》第十六条至第二十九条的规定,经营者必须履行的义务有:

(一) 履行法定义务和约定义务

履行法律、行政法规规定或者与消费者约定的义务包括的主要内容有:第一,经营者向消费者提供商品或者服务时,应当履行我国《产品质量法》《食品卫生法》《药品管理法》《商标法》等有关法律、行政法规所规定的义务。第二,经营者应当履行与消费者之间合法约定的义务。

(二) 接受消费者监督的义务

接受消费者监督的义务包括的主要内容有:第一,经营者要通过有效途径和方式接受消费者的批评和建议,诸如设立专门机构,配置专职人员收集、听取消费者的批评和建议,与消费者对话等。第二,把向消费者提供商品或者服务的活动置于消费者的有效监督之下。这项义务与消费者的监督权是对应的。

> 经营者与消费者的约定,是指经营者与消费者之间就商品或者服务达成的协议,是一种双务合同。当然这种约定不得违反法律法规的规定。

(三) 保证商品和服务安全的义务

保证商品和服务安全的义务包括的主要内容有：第一，经营者应当保证其所提供的商品或者服务符合保障人身、财产安全的要求。第二，对可能危及人身、财产安全的商品或者服务，应当向消费者作真实说明和明确的警示，并说明和标明正确使用商品或者接受服务的方法以及防止危害发生的方法。第三，经营者发现其提供的商品或者服务存在缺陷，有危及人身、财产安全危险的，应当立即向有关行政部门报告和告知消费者，并采取停止销售、警示、召回、无害化处理、销毁、停止生产或者服务等措施。采取召回措施的，经营者应当承担消费者因商品被召回支出的必要费用。第四，宾馆、商场、餐馆、银行、机场、车站、港口、影剧院等经营场所的经营者，应当对消费者尽到安全保障义务。这项义务与消费者的安全保障权是对应的。

(四) 提供商品和服务的真实信息的义务

提供商品和服务的真实信息的义务包括的主要内容有：第一，经营者应当向消费者提供有关商品或者服务的真实信息，不得作引人误解的虚假宣传。第二，经营者对消费者就商品或者服务质量和使用方法等问题提出的询问，应当作真实、明确的答复。第三，提供商品或者服务应当明码标价。这项义务与消费者的知悉真情权是对应的。

采用网络、电视、电话、邮购等方式提供商品或者服务的经营者，以及提供证券、保险、银行等金融服务的经营者，应当向消费者提供经营地址、联系方式、商品或者服务的数量和质量、价款或者费用、履行期限和方式、安全注意事项和风险警示、售后服务、民事责任等信息。

(五) 标明真实名称和标记的义务

标明真实名称和标记的义务包括的主要内容有：租赁他人柜台或者场地的经营者，应当标明其真实名称和标记。不得使用未经核准登记的企业名称；不得擅自改动已经核准登记的企业名称；不得假冒他人企业名称和营业标记；不得仿冒或使用与他人企业名称或者营业标记相似，足以造成消费者误认的企业名称或营业标记。这项义务与消费者的自主选择权是对应的。

(六) 出具购货凭证或者服务单据的义务

出具购货凭证或者服务单据的义务包括的主要内容有：第一，经营者提供商品或者服务，应当按照国家有关规定或者商业惯例向消费者出具购货凭证或者服务单据。第二，消费者索要购货凭证或者服务单据时，经营者必须出具。所谓购货凭证，是指商品的销售者在买卖合同履行后向商品的购买者出具的证明合同履行的书面凭据；所谓服

所谓商业惯例，是指某个行业的经营者在销售商品或者提供服务时普遍遵循的做法，特别是指在向消费者出具购货凭证或者服务单据方面的习惯做法。它虽然不是国家法律法规规定的，却是被有关经营者所公认和遵守的，在维护正常的交易秩序、保护消费者权益方面发挥着重要作用。

项目三　旅游者相关法律制度

务单据,是指服务的提供者在服务合同履行后向服务的对象出具的证明合同履行的书面凭据。这项义务与消费者的求偿权是对应的。

(七) 保证商品和服务质量的义务

保证商品和服务质量的义务包括的主要内容有:第一,除消费者在购买该商品或者接受该服务前已经知道其存在瑕疵外,经营者应当保证消费者在正常使用商品或者接受服务的情况下,其提供的商品或者服务应当具有的质量、性能、用途和有效期限。第二,经营者以广告、产品说明、实物样品或者其他方式标明商品或者服务的质量状况的,应当保证其提供的商品或者服务的实际质量与标明的质量状况相符。第三,经营者提供的机动车、计算机、电视机、电冰箱、空调器、洗衣机等耐用商品或者装饰装修等服务,消费者自接受商品或者服务之日起6个月内发现瑕疵,发生争议的,由经营者承担有关瑕疵的举证责任。

(八) 商品或者服务不符合质量要求的责任

经营者提供的商品或者服务不符合质量要求的,消费者可以依照国家规定、当事人约定退货,或者要求经营者履行更换、修理等义务。没有国家规定和当事人约定的,消费者可以自收到商品之日起7日内退货;7日后符合法定解除合同条件的,消费者可以及时退货,不符合法定解除合同条件的,可以要求经营者履行更换、修理等义务。依照前款规定进行退货、更换、修理的,经营者应当承担运输等必要费用。

(九) 无理由退货的适用问题

经营者采用网络、电视、电话、邮购等方式销售商品,消费者有权自收到商品之日起7日内退货,且无须说明理由,但下列商品除外:① 消费者定作的;② 鲜活易腐的;③ 在线下载或者消费者拆封的音像制品、计算机软件等数字化商品;④ 交付的报纸、期刊。

除前述所列商品外,其他根据商品性质并经消费者在购买时确认不宜退货的商品,不适用无理由退货。消费者退货的商品应当完好。经营者应当自收到退回商品之日起7日内返还消费者支付的商品价款。退回商品的运费由消费者承担;经营者和消费者另有约定的,按照约定。

(十) 不得单方作出对消费者不利规定的义务

经营者在经营活动中使用格式条款的,应当以显著方式提请消费者注意商品或者服务的数量和质量、价款或者费用、履行期限和方式、安全注意事项和风险警示、售后服务、民事责任等与消费者有重大利害关系的内容,并按照消费者的要求予以说明。经营者不得以格式条款、通知、声明、店堂告示等方式,作出排除或者限制消费者权利、减轻或者免除经营者责任、加重消费者责任等对消费者不公平、不合理的规定,不得利用格式条款并借助技术手段强制交易。格式条款、通知、声明、店堂告示等含有前款所列内容的,其内容无效。这项义务与消费者的公平交易权是对应的。

(十一) 不得侵犯消费者人格权的义务

不得侵犯消费者人格权的义务主要是指:第一,不得对消费者进行侮辱、诽谤。经营者本人或者利用他人,通过捏造、散布虚假事实或者以不文明、不礼貌的语言贬低、诋毁消费者人格尊严的行为,是法律所不允许的。第二,不得搜查消费者的身体及其携带的物品。第三,不得侵犯消费者的人身自由。这项义务与消费者的受尊重权是对应的。

(十二) 关于信息保密

经营者收集、使用消费者个人信息,应当遵循合法、正当、必要的原则,明示收集、使用信息的目的、方式和范围,并经消费者同意。经营者收集、使用消费者个人信息,应当公开其收集、使用规则,不得违反法律法规的规定和双方的约定收集、使用信息。

第三节 法律责任

经营者侵犯消费者的合法权益,依据侵害方式和程度的不同分别或同时承担民事、行政和刑事责任。

一、民事责任

民事责任分为违约责任和侵权责任。违约责任是违反合同的民事责任的简称,是指合同当事人一方不履行合同义务或履行合同义务不符合合同约定所应承担的民事责任。侵权责任是指因侵犯他人的财产权益与人身权益而产生的责任。违约责任与侵权责任的竞合,是指在一方当事人违约时,不仅造成了对方的合同权利即债权(相对权)的损害,违反了约定义务,而且侵害了对方的人身或者财产,造成了对方人身权或财产权(绝对权)的损害,违反了法定的义务,受害者既可请求对方承担违约责任,也可请求对方承担侵权责任。

二、行政责任

经营者有下列情形之一,除承担相应的民事责任外,其他有关法律法规对处罚机关和处罚方式有规定的,依照法律法规的规定执行;法律法规未作规定的,由工商行政管理部门或者其他有关行政部门责令改正,可以根据情节单处或者并处警告、没收违法所得、处以违法所得一倍以上十倍以下的罚款,没有违法所得的,处以 500 000 元以下的罚款;情节严重的,责令停业整顿、吊销营业执照:

(1) 提供的商品或者服务不符合保障人身、财产安全要求的;

(2) 在商品中掺杂、掺假,以假充真,以次充好,或者以不合格商品冒充合格商品的;

(3) 生产国家明令淘汰的商品或者销售失效、变质的商品的;

(4) 伪造商品的产地,伪造或者冒用他人的厂名、厂址,篡改生产日期,伪造或者冒用认证标志等质量标志的;

(5) 销售的商品应当检验、检疫而未检验、检疫或者伪造检验、检疫结果的;

(6) 对商品或者服务作虚假或者引人误解的宣传的;

(7) 拒绝或者拖延有关行政部门责令对缺陷商品或者服务采取停止销售、警示、召回、无害化处理、销毁、停止生产或者服务等措施的;

(8) 对消费者提出的修理、重作、更换、退货、补足商品数量、退还货款和服务费用或者赔偿损失的要求,故意拖延或者无理拒绝的;

(9) 侵害消费者人格尊严、侵犯消费者人身自由或者侵害消费者个人信息依法得到保护的权利的;

(10) 法律法规规定的对损害消费者权益应当予以处罚的其他情形。

经营者有前款规定情形的,除依照法律法规规定予以处罚外,处罚机关应当记入信用档案,向社会公布。

经营者承担行政责任的方式主要有:警告,没收违法所得,处以违法所得的 1~5 倍的罚款(没有违法所得的,罚款人民币 10 000 元以下);情节严重的,责令停业整顿,吊销营业执照等。经营者对行政处罚决定不服的,可以自收到处罚决定之日起 15 日内向上一级机关申请复议,对复议决定不服的,可以自收到复议决定书之日起 15 日内向人民法院提起诉讼,也可以直接向人民法院提起诉讼。

三、刑事责任

为更有效地保护消费者的合法权益,对那些侵犯消费者合法权益、造成严重后果的经营者或其他有关责任人,必须追究其刑事责任。我国《消费者权益保护法》第五十七条、第六十条、第六十一条规定,在下列情况下,应当追究有关责任人的刑事责任:

(1) 经营者违反规定提供商品或者服务,侵害消费者合法权益,构成犯罪的,依法追究刑事责任。

(2) 经营者使用暴力、威胁等方法阻碍有关行政部门工作人员依法执行职务的。

(3) 国家机关工作人员有玩忽职守或者包庇经营者侵害消费者合法权益的行为,情节严重,构成犯罪的。

对经营者及有关责任人员,将视上述情节分别处以拘役、有期徒刑、无期徒刑、死刑等刑罚。

知识模块 3-2　解决旅游纠纷的法律制度

第一节　旅游纠纷概述

一、旅游纠纷的概念

根据《最高人民法院关于审理旅游纠纷案件适用法律若干问题的规定》(2010 年 9 月 13 日由最高人民法院审判委员会第 1496 次会议通过并予公布,自 2010 年 11 月 1 日起施行)规定,旅游纠纷,是指旅游者与旅游经营者、旅游辅助服务者之间因旅游发生的合同纠纷或者侵权纠纷。其中,旅游经营者是指以自己的名义经营旅游业务,向公众提供旅游服务的人;旅游辅助服务者是指与旅游经营者存在合同关系,协助旅游经营者履行旅游合同义务,实际提供交通、游览、住宿、餐饮、娱乐等旅游服务的人。旅游者在自行旅游过程中与旅游景点经营者因旅游发生的纠纷,参照适用本规定。

《最高人民法院关于审理旅游纠纷案件适用法律若干问题的规定》二维码

二、旅游纠纷的分类

虽然法律法规规定了旅游活动各方当事人的行为规则,旅游活动的当事人也采取了相应措施以减少纠纷的发生。但是,由于旅游活动各参加者不同的利益要求,以及旅游需求的实现必须仰仗方方面面的配合和支持,当事人仍然会因为权利归属发生争议而产生纠纷。从这个意义上讲,旅游纠纷产生有其客观性。在实践中,常见的旅游纠纷主要有三类:

（1）旅游企业和旅游者之间或旅游企业之间发生的纠纷。
（2）旅游管理部门与旅游企业或旅游者之间发生的纠纷。
（3）客源发生国和旅游接待国之间或者客源发生国企业和旅游接待国企业之间的纠纷。

本节重点讨论旅游者和旅游经营者之间的纠纷。

三、旅游纠纷解决的主要途径

从目前我国法律规定来看，纠纷的解决途径或者方式，主要有两类：一类是诉讼方式，另一类是非诉方式。关于旅游纠纷的处理，《旅游法》第九十二条规定，旅游者与旅游经营者发生纠纷，可以通过下列途径解决：

（1）双方协商；
（2）向消费者协会、旅游投诉受理机构或者有关调解组织申请调解；
（3）根据与旅游经营者达成的仲裁协议提请仲裁机构仲裁；
（4）向人民法院提起诉讼。

本条对旅游者与旅游经营者之间纠纷解决途径的规定，概括了我国目前纠纷处理的四种途径。这样规定有利于旅游者与旅游经营者之间发生纠纷后，方便选择符合自己意愿的纠纷处理方式，及时开展纠纷处理的相关工作，以维护自己的合法权益。

四、关于共同请求

《旅游法》第九十四条规定，旅游者与旅游经营者发生纠纷，旅游者一方人数众多并有共同请求的，可以推选代表人参加协商、调解、仲裁、诉讼活动。根据本条的规定，推选代表人参加纠纷解决活动，包括以下几个方面的具体要求：

（1）可以推选代表人的一方当事人，只能是旅游者；
（2）旅游者一方推选代表人的条件之一，是"人数众多"。至于人数众多的具体认定标准，法律没有明确规定。按照《最高人民法院关于适用〈中华人民共和国民事诉讼法〉若干问题的意见》的规定，在民事诉讼中，"当事人一方人数众多"为"一般指10人以上"。
（3）旅游者一方推选代表人的条件之二，是"有共同请求"。所谓有共同请求，是指当事人的请求标的为共同的或者属于同一种类的。
（4）代表人参加纠纷解决的活动，对其所代表的当事人发生效力。这里讲的代表人的活动，主要是指参加纠纷解决过程中的程序性活动，如提供证据、提出管辖异议、进行辩论、申请证据保全、申请顺延期间等不涉及当事人实体权利的行为。

诉讼方式是指当事人之间发生纠纷后，将纠纷提交到司法机关即人民法院，由法院依据法律的规定进行审理裁决解决纠纷。

非诉方式是指当事人之间发生纠纷后，不将纠纷提交到法院解决，而是通过其他方式如自行和解、第三人调解或者申请仲裁等方式解决纠纷。

（5）代表人可以委托代理人参加纠纷解决活动。根据《民事诉讼法》第五十九条的规定，委托他人代为诉讼，必须向人民法院提交由委托人签名或者盖章的授权委托书。授权委托书必须记明委托事项和权限。诉讼代理人代为承认、放弃、变更诉讼请求，进行和解，提起反诉或者上诉，必须有委托人的特别授权。

第二节　旅游投诉法律制度

一、旅游投诉的概念

旅游投诉制度是我国旅游活动中处理旅游纠纷最具旅游特色的一项法规制度，它有别于一般投诉处理。依据《旅游投诉处理办法》，旅游投诉是指旅游者认为旅游经营者损害其合法权益，请求旅游行政管理部门、旅游质量监督管理机构或者旅游执法机构（以下统称"旅游投诉处理机构"），对双方发生的民事争议进行处理的行为。《旅游法》第八章相关条款作了规定：县级以上人民政府应当指定或者设立统一的旅游投诉受理机构受理旅游投诉，并进行处理或者移交有关部门处理。

二、旅游投诉的管辖

旅游投诉管辖，是指各级旅游投诉管理机关和同级旅游投诉管理机关之间受理旅游投诉案件的分工和权限。旅游投诉由旅游合同签订地或者被投诉人所在地县级以上地方旅游投诉处理机构管辖。需要立即制止、纠正被投诉人的损害行为的，应当由损害行为发生地旅游投诉处理机构管辖。上级旅游投诉处理机构有权处理下级旅游投诉处理机构管辖的投诉案件。发生管辖争议的，旅游投诉处理机构可以协商确定，或者报请共同的上级旅游投诉处理机构指定管辖。

（一）级别管辖

级别管辖，是指划分上下级旅游投诉管理机关之间对处理投诉案件的分工和权限。国家旅游投诉管理机关（质监所）管辖在全国范围内有重大影响或者地方旅游投诉机关处理有困难的投诉案件，以及跨省、自治区、直辖市的旅游投诉案件。地方旅游投诉管理机关（质监所）管辖本区域内的旅游投诉案件，本地区重大的和跨地（州）、市的投诉案件及省级各部门的旅游企业的投诉案件。

（二）地域管辖

地域管辖，是指同级旅游投诉管理机关之间横向划分在各辖区内处理旅游投诉案件的分工和权限。即确定旅游行政管理部门实施其行政权力的地域范围。这个地域范围是根据各行政区划确定的。地域管辖以行为地作为确定管辖机关的标准。行为地是指侵权、违约行为发生时行为人所处的地域空间范围。根据我国的实际情况和旅游的特点,投诉规定确定了三个标准,即被投诉者所在地、损害行为发生地或者损害结果发生地。上述三个标准,没有先后顺序之分,可以本着完全尊重投诉者意愿的精神,允许投诉者自愿选择。

(三) 移送管辖

移送管辖,是指旅游投诉管理机关受理投诉后,发现该投诉案件本投诉机关无权管辖,依据法律规定将其移送至有管辖权的旅游投诉管理机关审理。

(四) 指定管辖

指定管辖,是指上级旅游投诉管理机关以决定方式指定下一级投诉管理机关对某一投诉案件行使管辖权。跨行政区的旅游投诉,由被投诉者所在地、损害行为发生地或者结果发生地的旅游投诉受理机关协商确定管理机关;或者由上一级旅游投诉受理机关协调指定管理机关。

三、旅游投诉的受理

《旅游法》第九十一条规定:县级以上人民政府应当指定或者设立统一的旅游投诉受理机构。受理机构接到投诉,应当及时进行处理或者移交有关部门处理,并告知投诉者。本条规定包含以下两个方面的内容:

第一,关于旅游投诉受理机构。按照本条的规定,县级以上人民政府应当指定或者设立统一的旅游投诉受理机构。

第二,关于旅游投诉受理机构的工作职责。县级以上人民政府在指定或者设立统一的旅游投诉受理机构时,应当明确该机构的工作职责。按照本条的规定,旅游投诉受理机构的工作职责包括以下两个方面:一是受理旅游投诉。即旅游者向政府提出的旅游投诉,统一由旅游投诉受理机构受理。旅游投诉受理机构应当建立旅游投诉受理的规章制度,健全相关工作机制,明确相关工作职责,切实做好旅游投诉的受理工作。二是开展相关的处理工作。旅游投诉受理机构在接到旅游者提出的旅游投诉以后,应当根据本级政府确定的职责,及时进行处理,或者移交有关部门进行处理,并将相关情况告知投诉者。

根据《旅游投诉处理办法》,投诉人可以就下列事项向旅游投诉处理机构投诉:

(1) 认为旅游经营者违反合同约定的;

> 所谓旅游投诉受理机构,是指专门负责接受、处理旅游者旅游投诉的政府机构。

(2) 因旅游经营者的责任致使投诉人人身、财产受到损害的；

(3) 因不可抗力、意外事故致使旅游合同不能履行或者不能完全履行，投诉人与被投诉人发生争议的；

(4) 其他损害旅游者合法权益的。

下列情形不予受理：

(1) 人民法院、仲裁机构、其他行政管理部门或者社会调解机构已经受理或者处理的；

(2) 旅游投诉处理机构已经作出处理，且没有新情况、新理由的；

(3) 不属于旅游投诉处理机构职责范围或者管辖范围的；

(4) 超过旅游合同结束之日90天的；

(5) 不符合本办法第十条规定的旅游投诉条件的；

(6) 本办法规定情形之外的其他经济纠纷。

属于前款第(3)项规定的情形的，旅游投诉处理机构应当及时告知投诉人向有管辖权的旅游投诉处理机构或者有关行政管理部门投诉。旅游投诉处理机构接到投诉，应当在5个工作日内作出以下处理：

(1) 投诉符合本办法的，予以受理；

(2) 投诉不符合本办法的，应当向投诉人送达《旅游投诉不予受理通知书》，告知不予受理的理由；

(3) 依照有关法律法规和本办法规定，本机构无管辖权的，应当以《旅游投诉转办通知书》或者《旅游投诉转办函》，将投诉材料转交有管辖权的旅游投诉处理机构或者其他有关行政管理部门，并书面告知投诉人。

四、旅游投诉的构成要件

《旅游投诉处理办法》(2010年1月4日国家旅游局第1次局长办公会议审议通过并予公布，自2010年7月1日起施行)对旅游投诉的受理机构、管辖、受理、处理等作了规定。该办法规定，旅游投诉应当符合下列条件：一是投诉人与投诉事项有直接利害关系；二是有明确的被投诉人、具体的投诉请求、事实和理由。

《旅游投诉处理办法》二维码

旅游投诉一般应当采取书面形式，一式两份，并载明下列事项：

(1) 投诉人的姓名、性别、国籍、通讯地址、邮政编码、联系电话及投诉日期；

(2) 被投诉人的名称、所在地；

(3) 投诉的要求、理由及相关的事实根据等。

投诉事项比较简单的，投诉人可以口头投诉，由旅游投诉处理机构进行记录或者登记，并告知被投诉人；对于不符合受理条件的投诉，旅游投诉处理机构可以口头告知投诉人不予受理及其理由，并进行记录或者登记。

投诉人委托代理人进行投诉活动的,应当向旅游投诉处理机构提交授权委托书,并载明委托权限。

投诉人 4 人以上,以同一事由投诉同一被投诉人的,为共同投诉。共同投诉可以由投诉人推选 1~3 名代表进行投诉。代表人参加旅游投诉处理机构处理投诉过程的行为,对全体投诉人发生效力,但代表人变更、放弃投诉请求或者进行和解,应当经全体投诉人同意。

五、旅游投诉的处理

旅游投诉处理机构处理旅游投诉,除本办法另有规定外,实行调解制度。旅游投诉处理机构应当在查明事实的基础上,遵循自愿、合法的原则进行调解,促使投诉人与被投诉人相互谅解,达成协议。

旅游投诉处理机构处理旅游投诉,应当立案办理,填写《旅游投诉立案表》,并附有关投诉材料,在受理投诉之日起 5 个工作日内,将《旅游投诉受理通知书》和投诉书副本送达被投诉人。对于事实清楚、应当即时制止或者纠正被投诉人损害行为的,可以不填写《旅游投诉立案表》和向被投诉人送达《旅游投诉受理通知书》,但应当对处理情况进行记录存档。

在投诉处理过程中,投诉人与被投诉人自行和解的,应当将和解结果告知旅游投诉处理机构;旅游投诉处理机构在核实后应当予以记录并由双方当事人、投诉处理人员签名或者盖章。

旅游投诉处理机构应当在受理旅游投诉之日起 60 日内,作出以下处理:

(1)双方达成调解协议的,应当制作《旅游投诉调解书》,载明投诉请求、查明的事实、处理过程和调解结果,由当事人双方签字并加盖旅游投诉处理机构印章;

(2)调解不成的,终止调解,旅游投诉处理机构应当向双方当事人出具《旅游投诉终止调解书》。

调解不成的,或者调解书生效后没有执行的,投诉人可以按照国家法律法规的规定,向仲裁机构申请仲裁或者向人民法院提起诉讼。

在下列情形下,经旅游投诉处理机构调解,投诉人与旅行社不能达成调解协议的,旅游投诉处理机构应当作出划拨旅行社质量保证金赔偿的决定,或向旅游行政管理部门提出划拨旅行社质量保证金的建议:

(1)旅行社因解散、破产或者其他原因造成旅游者预交旅游费用损失的;

(2)因旅行社中止履行旅游合同义务、造成旅游者滞留,而实际发生了交通、食宿或返程等必要及合理费用的。

知识模块 3-3　不文明旅游行为要受处罚啦

第一节　关于旅游不文明行为记录管理暂行办法

一、旅游者不文明行为

根据《国家旅游局关于旅游不文明行为记录管理暂行办法》(以下简称《暂行办法》)第二条,中国游客在境内外旅游过程中发生的因违反境内外法律法规、公序良俗,造成严重社会不良影响的行为,纳入"旅游不文明行为记录"。主要包括:

《国家旅游局关于旅游不文明行为记录管理暂行办法》二维码

(1) 扰乱航空器、车船或者其他公共交通工具秩序;
(2) 破坏公共环境卫生、公共设施;
(3) 违反旅游目的地社会风俗、民族生活习惯;
(4) 损毁、破坏旅游目的地文物古迹;
(5) 参与赌博、色情、涉毒活动;
(6) 不顾劝阻、警示从事危及自身以及他人人身财产安全的活动;
(7) 破坏生态环境,违反野生动植物保护规定;
(8) 违反旅游场所规定,严重扰乱旅游秩序;
(9) 国务院旅游主管部门认定的造成严重社会不良影响的其他行为。

因监护人存在重大过错导致被监护人发生旅游不文明行为,将监护人纳入"旅游不文明行为记录"。

二、旅游从业人员不文明行为

《暂行办法》不仅对游客的不文明行为进行记录,而且对旅游从业人员也有严格要求。根据《暂行办法》第三条,从事旅游经营管理与服务的工作人员(以下简称"旅游从业人员")在从事旅游经营管理和服务过程中因违反法律法规、工作规范、公序良俗、职业道德,造成严重社会不良影响的行为,纳入"旅游不文明行为记录"。主要包括:

(1) 价格欺诈、强迫交易、欺骗诱导游客消费;
(2) 侮辱、殴打、胁迫游客;
(3) 不尊重旅游目的地或游客的宗教信仰、民族习惯、风俗禁忌;
(4) 传播低级趣味、宣传迷信思想;

项目三　旅游者相关法律制度

55

（5）国务院旅游主管部门认定的其他旅游不文明行为。

三、旅游不文明行为的评审、记录与核实

（一）旅游不文明行为的评审

根据《暂行办法》第八条，"旅游不文明行为记录"形成前应经旅游不文明行为记录评审委员会评审通过。旅游不文明行为记录评审委员会由政府部门、法律专家、旅游企业、旅游者代表组成，评审主要事项包括：

（1）不文明行为事件是否应当纳入"旅游不文明行为记录"；

（2）确定"旅游不文明行为记录"的信息保存期限；

（3）"旅游不文明行为记录"是否通报相关部门；

（4）对已经形成的"旅游不文明行为记录"的记录期限进行动态调整。

（二）旅游不文明行为的记录

国务院旅游主管部门建立全国"旅游不文明行为记录"。省级旅游行政主管部门可设立本行政区域内的"旅游不文明行为记录"。"旅游不文明行为记录"信息内容包括：

（1）不文明行为当事人的姓名、性别、户籍省份；

（2）不文明行为的具体表现、不文明行为所造成的影响和后果；

（3）对不文明行为的记录期限。

（三）旅游不文明行为记录的核实

地方各级旅游主管部门应联合相关部门、整合社会资源，对本行政区域内发生的、户籍所在地或经常居住地在本行政区域内的人员产生的旅游不文明行为进行调查核实，并及时向上一级旅游主管部门报告。

媒体报道或社会公众举报的旅游不文明行为，由不文明行为发生地的旅游主管部门予以调查核实，当事人居住地或户籍所在地旅游主管部门应予以配合。

发生在境外的旅游不文明行为，由国务院旅游主管部门或当事人户籍所在地或经常居住地旅游主管部门通过外交机构、旅游驻外办事机构等途径进行调查核实。

四、旅游不文明行为记录的动态管理

各级旅游主管部门对举报人的相关信息应予保密。鼓励和支持

社会公众、新闻媒体以及旅游交通、餐饮、购物、娱乐休闲等经营单位向旅游主管部门举报旅游不文明行为。

根据《暂行办法》第九条,"旅游不文明行为记录"信息保存期限为1年至5年,实行动态管理。

(1)旅游不文明行为当事人违反刑法的,信息保存期限为3年至5年;

(2)旅游不文明行为当事人受到行政处罚或法院判决承担责任的,信息保存期限为2年至4年;

(3)旅游不文明行为未受到法律法规处罚,但造成严重社会影响的,信息保存期限为1年至3年。

五、旅游不文明行为记录信息的公布

根据《暂行办法》第十条,"旅游不文明行为记录"形成后,国务院旅游主管部门可将"旅游不文明行为记录"信息向社会公布。同时,旅游主管部门应当将相关信息通报或送达当事人本人,并告知其有申辩的权利,当事人在接到申辩通知后30个工作日内,有权利进行申辩。旅游主管部门在接到申辩后30个工作日内予以书面回复。申辩理由被采纳的,可依据当事人申辩的理由调整记录期限或取消记录。当事人申辩期间不影响信息公布。

六、旅游不文明行为记录信息的调整

根据《暂行办法》第十二条,"旅游不文明行为记录"形成后,根据被记录人采取补救措施挽回不良影响的程度、对文明旅游宣传引导的社会效果,经评审委员会审议后可缩短记录期限。

但是,国家工作人员故意提供错误信息或篡改、损毁、非法使用、发布"旅游不文明行为记录"信息,按照有关规定对相关责任人员进行行政处分;情节严重的,依法追究法律责任。

第二节 《中华人民共和国治安管理处罚法》

一、治安管理处罚的概念与特征

治安管理处罚,是指公安机关对违反治安管理、尚不够刑事处罚的行为人依法剥夺其人身自由、财产或其他权利的行政处罚。在中华人民共和国领域内发生的违反治安管理行为(除法律有特别规定的外)和中华人民共和国船舶和航空器内发生的违反治安管理行为(除法律有特别规定的外),适用本法。

《中华人民共和国治安管理处罚法》二维码

治安管理处罚具有以下几个特征：
(1) 性质是行政处罚。
(2) 适用主体是公安机关。
《中华人民共和国治安管理处罚法》第九十一条规定，治安管理处罚由县级以上人民政府公安机关决定；其中警告、500元以下的罚款可以由公安派出所决定。
(3) 对象是违反治安管理、尚不够刑事处罚的行为人，包括自然人和法人。
(4) 内容是依法剥夺违反治安管理行为人的人身自由、财产或其他权利。

二、治安管理处罚的种类

治安处罚共有四个主罚种类和一个附加罚种类。

(一) 警告

警告是指公安机关对违反治安管理行为人以书面形式提出谴责和告诫，指出其行为违法，教育行为人不得再犯的一种治安管理处罚。警告更多体现出的是教育的功能，但又不同于一般的批评教育，仍属行政处罚，不论受处罚者是否同意，具有强制性，并遵循处罚程序。

适用条件：① 初犯、偶犯；② 违反治安管理情节轻微、认错态度好的情形；③ 违反治安管理行为人具有法定从轻、减轻处罚的情节的情况。

(二) 罚款

罚款是指公安机关对违反治安管理行为人依法责令其在一定期限内向国家缴纳一定数额的金钱。罚款是最常见的行政处罚，适用范围较广。

罚款具有如下处罚幅度：200元以下、200元以上、500元以下、500元以上1 000元以下、500元以上2 000元以下、500元以上3 000元以下、1 000元以下、1 000元以上3 000元以下、1 000元以上5 000元以下、2 000元以下、3 000元以下和5 000元以下。

(三) 行政拘留

也称治安拘留，是指公安机关对违反治安管理行为人依法剥夺其一定时间的人身自由。行政拘留是最严厉的行政处罚，针对的是违反治安管理行为情节较为严重的人。

处罚幅度。行政拘留最多15天，包括三个幅度。5日以下；5日以上10日以下；10日以上15日以下；对于数种违反治安管理的行为，分别决定,合并执行。合并执行时最长不超过 20 日。

(四) 吊销公安机关发放的许可证

吊销公安机关发放的许可证,是指公安机关在一定时间内或永久剥夺违反治安管理行为人从事某项特殊活动的权利或资格的治安管理处罚。针对的是由公安机关发放许可证的、严重违反治安管理的行为人,主要限于一些特种行业,如旅馆业、典当业、印章刻制业、废旧金属收购业等领域。在处罚性质上属于资格罚的范畴,被处罚的主体因此失去了继续进行某种活动的资格。

(五) 对违反治安管理的外国人,限期出境或者驱逐出境

一般不得独立适用,驱逐出境的程度强于限期出境,不履行限期出境的,可再行驱逐出境。

三、违反治安管理的行为

(一) 违反治安管理的行为的概念

扰乱公共秩序,妨害公共安全,侵犯人身权利、财产权利,妨害社会管理,具有社会危害性,尚不够刑事处罚的行为。

(二) 违反治安管理的行为的特征

(1) 一定的社会危害性。(本质特征)
(2) 治安违法性。(法律特征)
(3) 情节的轻微性。(划清与犯罪行为的界限)
(4) 应受治安管理处罚性。

(三) 违反治安管理的行为的种类

《中华人民共和国治安管理处罚条例》规定了七十三项具体的违反治安管理的行为,共分为十一大类:① 扰乱公共秩序;② 妨害公共安全;③ 侵犯他人人身权利;④ 侵犯公私财物;⑤ 妨害社会管理秩序;⑥ 违反消防管理秩序;⑦ 违反交通管理;⑧ 违反居民户口和身份证管理;⑨ 卖淫、嫖宿暗娼以及介绍或容留卖淫、嫖娼;⑩ 种植毒品原植物;⑪ 赌博和制作出售淫秽物品。

四、违反治安管理行为的构成要件

所谓治安管理行为构成要件,通俗的解释,是指认定违反治安管理行为的具体标准和规格。它包括了违反治安管理行为所必需的一

切主观客观要件的总和。即行为客体、行为的客观方面、行为主体、行为的主观方面等四个方面。

(一) 违反治安管理行为的客体

违反治安管理行为的客体,是指我国治安管理法律法规所保护的,而被违反治安管理行为所侵害的社会关系,包括公共秩序、公共安全、人身权利、财产权利、社会管理秩序等。

(二) 违反治安管理行为的客观方面

违反治安管理行为的客观方面,是指治安管理法律法规规定的,说明侵犯某种客体的行为及其危害结果的诸客观事实,包括危害行为(必须具备),危害结果,实施危害行为的时间、地点、方法、对象。

(三) 违反治安管理行为的主体

违反治安管理行为主体,可以分为公民和单位两种。

1. 自然人

违反治安管理行为的公民,是指达到法定年龄,具有责任能力,实施了违反治安管理行为的自然人。公民作为违反治安管理行为的主体承担法律责任,应当具备达到法定责任年龄和具有责任能力条件。

2. 单位

单位违反治安管理,是指机关、团体、公司、企业、事业单位实施了依法应当给予治安管理处罚的危害社会的行为。《中华人民共和国治安管理处罚法》第十八条规定:单位违反治安管理的,对其直接负责的主管人员和其他直接责任人员依照治安管理处罚法的规定处罚。其他法律、行政法规对同一行为规定给予单位处罚的,依照其规定处罚。

(四) 违反治安管理行为的主观方面

也称违反治安管理行为的主观要件,指违反治安管理的主体对其实施的违反治安管理行为所持的故意或者过失的心理态度。故意:明知自己的行为会发生违反治安管理的事实,并且希望或放任其发生的心理态度。过失:应当预见自己的行为可能发生违反治安管理的事实,但是由于疏忽大意而没有预见,或者已经预见而轻信能够避免的心理态度。

五、治安管理处罚程序

治安管理处罚程序是法律规定的公安机关在治安管理领域实施行政处罚时所必须遵守的步骤、方式、期限以及可以采取的方法、手段和措施的总称,具体包括三大环节:调查(核心)、决定、执行。

治安调解会留下案底吗?

1. 不会有案底。签了治安调解协议书,而且没有刑事处罚,代表没有立案,所以不会有案底。

2. 案底:一般指某人过去犯法或犯罪行为的记录。又称犯罪人员犯罪记录制度,在我国法律中一般指刑事犯罪前科的档案记录,而该犯罪档案一般存放至公安部门。

六、治安行政管理执法监督

治安行政监督,是指治安行政管理机关为维护公共秩序和社会治安而进行的监督活动。监督范围包括户口管理、特种行业管理、交通管理、消防管理、维护公共秩序、危险物品管理、枪支弹药管理等。监督方式主要有:

(1) 登记许可批准行为,如户口登记、易燃易爆物品准运证、特种行业开办的批准等,借此了解社会情况,对某些活动施行控制,为社会秩序的稳定提供条件。

(2) 检查。通过日常性的检查活动,查验当事人遵守国家法律法规的情况,维持正常的公共秩序、治安秩序,如交通警察对交通秩序的维持。

(3) 治安行政处罚。对违反国家治安法律法规的行为,治安行政机关依法给予必要的惩戒与制裁。处罚主要有警告、罚款和拘留等。

1.3 实训指导

一、实训任务

将学生进行编组,每组 4~8 名同学,组内由学生自行分工合作,进行资料收集、整理、制作、美化、展示、汇报等工作。教师可以发布实训任务一览表中的任务,每组同学以此任务作为主题,利用课余时间进行展示材料的整理与制作。在此基础上,教师将利用 2~6 课时时间,用于学生自行汇报展示其工作成果。任务目的在于熟悉《消费者权益保护法》的主要条款、旅游纠纷处理办法,提倡文明旅游行为。

实训任务一览表

序号	实训任务名称	实训学时
01	案例解读《消费者权益保护法》条款	2~6
02	举例说明旅游纠纷处理的法律规定	
03	不文明旅游行为及违反治安管理行为的案例	

注:教师可根据需要选用实训项目和学时。

项目拓展:

文明旅游十大提醒语

知识自检 3:

二、成果要求

每组同学制作完成一份 WORD 文档和一份展示 PPT,WORD 文档用于图文资料的整理汇总,PPT 文件用于课堂汇报展示,并将上述两个文件放入文件夹,命名规则为"班级名称+小组编号+任务名称"。

三、考核标准

评价标准与打分

项目	考核内容和要求	分值	得分	备注
态度	能够按时完成,积极主动,组内分工合作	20		
内容	导向正确,内容完整、准确,逻辑清晰	20		
形式	格式规范、语言简洁、图表样式美观	20		
展示	仪态形象得当,表达清楚,语言流畅	20		
创新	内容、格式、展示过程有创意,特色明显	20		
	小计	100		

项目四

导游人员管理法规

【内容框架】

1.1 项目导例
　　做好导游工作要下大力气
1.2 知识平台
　　知识模块 4-1　怎样才能成为一名导游人员
　　知识模块 4-2　导游执业必须知道的法律知识
1.3 实训指导

【学习目标】

思政要点:"善气迎人,亲如弟兄;恶气迎人,害于戈兵。"用良好的品性去面对人,可以像兄弟一样亲热;用卑劣的品行去面对人,必然将来会兵戈相向。

知识目标:了解导游人员的界定、要求及相关规定;熟悉导游人员的资格考试制度、等级考核制度的内容;掌握导游人员的权利和义务及其相关法律责任,掌握导游执业许可和导游执业管理制度,以及导游执业保障与激励。

技能目标:收集、整理、分析相关案例和资料,通过制作、美化、展示、汇报等工作,掌握导游人员考试及等级考核制度,掌握导游执业的许可制度,做一名合格的导游人员。

1.1 项目导例 做好导游工作要下大力气

导游是第一线接待人员,整体素质的好坏、服务质量的高低,严重影响旅游企业的社会声誉,也直接关系到一个国家或地区的形象。做好导游工作需要旅游行政管理部门、旅游院校、游客和旅行社企业等各方面进行综合监管、教育培训和协调配合,尤其需要导游本人时刻以游客需求为中心,下大力气提升自身综合素质。导游要带好团队,必须有一定的威信做基础。威信是由导游的个人道德品质和人格魅力铸成的,而人格魅力是感染游客的法宝。导游想要具有感染游客的人格魅力,必须做好四个方面:

一是把握价值取向,具有向心力。导游人员对旅游团队的吃、住、行、游、购、娱等活动全面负责,必须当好游客的主心骨,始终站在游客立场上,明辨是非曲直、认准价值取向,不随波逐流。

二是牢记岗位责任,具有免疫力。能不能过好金钱关是检验原则性强弱的试金石,是掂量其人格魅力的定盘星。关键在于慎独,时刻告诫自己事事出于游客心。

三是强化职业素质,具有自控力。个别导游知错犯错的根源在于经不起种种诱惑,缺乏内在的定力。要加强道德修养和世界观改造,牢守游客原则防线、思想道德防线和法律法规防线,不伸手、不越轨,处处体现职业道德高境界,时时显示服务技能真水平,才能真正赢得游客的信赖。

四是待客公正平等,具有亲和力。导游要为游客进行长时间面对面的服务工作,摆正心态和妥善处理各种关系十分重要,要学会尊重、体贴和关心每一位游客,要做到服务全面性和针对性的有机结合。对部分游客出现的思想波动不横加指责,对少数游客存在的缺点不讽刺挖苦,对个别游客遇到的困难不袖手旁观。

1.2　知识平台

知识模块 4-1　怎样才能成为一名导游人员

第一节　导游人员资格考试制度

实行统一的导游人员资格考试,是世界上许多旅游业发达国家的通行做法,而且都是以法律形式明确加以规定。依据《导游人员管理条例》规定,我国也实行全国统一的导游人员资格考试制度,经考试合格者,方可取得"导游人员资格证书"。鉴于导游在旅游工作中所处的重要位置,为保证和提高我国导游人员队伍的素质,为旅游者提供高质量的导游服务,树立我国旅游业的良好形象,2000年9月27日,国家旅游局根据《旅行社管理条例》《导游人员管理条例》发布了《关于改革导游人员资格考试、等级考核及旅行社经理资格认证工作的意见》,对导游人员,国家实行资格考试和等级考核制度,同时对导游证的取得与管理作出了明确规定。

《导游人员管理条例》二维码

一、全国导游人员资格考试

《导游人员管理条例》第二条规定:导游人员是指依照本条例的规定取得导游证,接受旅行社委派,为旅游者提供向导、讲解及相关旅游服务的人员。

导游人员资格证书是指导游人员资格考试合格后,由旅游行政管理部门颁发的,标志着获证人员具备从事导游职业的资格的证明。导游人员资格证书属于职业资格证书的一种,它是从事导游职业的必备证书,表明从业者具有从事导游职业所必备的学识和技能的证明,反映导游职业的实际工作标准和规范,以及从业者从事这种职业所达到的实际能力水平,是从业者求职、任职的资格凭证,是用人单位招聘、录用从业者的主要依据。

(一) 报名条件

《导游人员管理条例》第三条规定:具有高级中学、中等专业学校或者以上学历,身体健康,具有适应导游需要的基本知识和语言表达能力的中华人民共和国公民,可以参加导游人员资格考试;经考试合格的,由国务院旅游行政部门或者国务院旅游行政部门委托省、自治区、直辖市人民政府旅游行政部门颁发导游人员资格证书。因此,符合以下四个条件可以报名参加导游人员资格考试:

1. 国籍条件

我国法律规定导游人员只能由中国公民担任。外国人、无国籍的人,不能在我国担任导游工作。

2. 学历条件

报考者必须具有高级中学、中等专业学校或者以上学历。由于导游职业的特点,导游人员必须具备较广泛的文化知识,高级中学、中等专业学校以下学历很难达到这一要求。

3. 健康条件

导游工作是复杂的脑力劳动和艰苦的体力劳动的结合,同时由于各地气候条件、生活习惯等不同,导游人员经常处于精神和肉体的高度紧张状态,报考者必须具有良好的身体素质,能适应导游工作的需要。

4. 业务能力条件

基本知识主要是指具有《导游人员管理条例》规定的文化程度和学历证明;语言表达能力体现在对景观风物知识的介绍、与旅游者和其他部门的交流沟通等方面。同时,还应当参加国家统一部署而组织的导游人员资格考试和必要的培训。

(二) 导游资格考试的内容

1. 考试的科目及语种

根据国家旅游局2015年8月印发的《关于完善"导游人员从业资格证书核发"行政审批事项有关工作的通知》(旅办发〔2015〕202号),明确从2016年起,实行全国统一的导游人员资格考试。

全国导游人员资格考试科目包括:科目一"政策与法律法规"、科目二"导游业务"、科目三"全国导游基础知识"、科目四"地方导游基础知识"、科目五"导游服务能力"。

考试语种分为中文和外语两类,其中外语类包括英语、日语、俄语、法语、德语、西班牙语、朝鲜语、泰语等。

上述科目内容,分别从了解、熟悉、掌握三个层次对考生进行考查。

2. 考试方式

考试形式分闭卷考试与现场考试(面试)两种,科目一、科目二、科目三、科目四为闭卷考试,科目五为现场考试(面试)。闭卷考试实行全国统一的计算机考试。现场考试(面试)以模拟考试方式进行,由省级考试单位根据考试大纲和《全国导游资格考试现场考试工作标准

《2020年全国导游资格考试大纲》二维码

(试行)》组织。

(1) 闭卷考试及分值结构。

科目一、科目二合并为一张试卷进行测试,其中科目一、科目二分值所占比例各为50%;科目三、科目四合并为一张试卷进行测试。考试题型包括判断题、单项选择题、多项选择题。每张试卷考试时间为90分钟,含165题,共100分,其中判断题40题(每题0.5分,共20分),单项选择题90题(每题0.5分,共45分),多项选择题35题(每题1分,共35分)。

(2) 现场考试及评价指标。

科目五为现场考试(面试),以模拟考试方式进行。中文类考生每人不少于15分钟,备考旅游景区不少于12个;外语类考生每人不少于25分钟,备考旅游景区不少于5个。考试成绩采用百分制,中文类分值比例为:礼貌礼仪占5%,语言表达占20%,景点讲解占45%,导游服务规范占10%,应变能力占10%,综合知识占10%;外语类分值比例为:礼貌礼仪占5%,语言表达占25%,景点讲解占30%,导游服务规范占10%,应变能力占5%,综合知识占5%,口译占20%。

(三) 导游人员资格证书的取得与管理

1. 导游人员资格考试的管理部门及其职责

根据《导游人员管理条例》规定,经考试合格的,由国务院旅游行政管理部门或国务院旅游行政管理部门委托省、自治区、直辖市人民政府旅游行政管理部门颁发"导游人员资格证书"。所谓国务院旅游行政管理部门是指国家旅游局;而各省、自治区、直辖市人民政府旅游行政管理部门则是指各省、自治区、直辖市旅游局或旅游委员会。

国家旅游局负责制定全国导游人员资格考试的政策、标准和对各地考试工作的监督管理。省级旅游行政管理部门负责组织、实施本行政区域内导游人员资格考试工作。

导游人员资格考试应当坚持考试和培训分开、培训自愿的原则,不得强迫考生参加培训。

2. 导游人员资格证书的取得与管理

参加导游人员资格考试合格的人员,由组织考试的旅游行政管理部门在考试结束之日起30个工作日内颁发导游人员资格证书。导游人员资格证书由国家旅游局统一印制,在中华人民共和国范围内使用。

(四) 导游证的取得

导游人员执业必须具有导游人员资格证书,简称"导游证",导游证是持证人依法进行导游员注册、能够从事导游活动的法定证件。要求导游人员执业必须具有导游证,是为了维护旅游声誉,保证导游服务质量,便于旅游行政管理人员的监督检查。因此,《导游人员管理条例》规定:在中华人民共和国境内从事导游活动,必须取得导游证。通过导游人员资格考试获得旅游行政管理部门颁发的导游资格证书是申请领取导游证的前提条件。

结合《导游管理办法》第十二条和《导游人员管理条例》第五条规定,有下列情形之一的,不得颁发导游证:

(1) 无民事行为能力或者限制民事行为能力的。

具有行为能力的公民必须具备两个条件:一是达到一定的年龄,具有一定的社会活动经验和判断是非的能力;二是有正常的精神状态,能够理智地进行民事活动。根据《导游人员管理条例》规定,对无民事行为能力或限制民事行为能力的人,不得颁发导游证,也就是说,无民事行为能力的人和限制民事行为能力的人,不得充任导游人员,只有具有完全民事行为能力的公民,才能申请领取导游证,从事导游职业。

(2) 患有甲类、乙类以及其他可能危害旅游者人身健康安全的传染性疾病的。

对患有传染疾病的人员,不得颁发导游证,是由导游这一职业的特性所决定的。因为导游是与旅游者生活在一起的,如果患有传染疾病,就有可能将其疾病传染给旅游者,造成交叉传染。如:肺结核、病毒性肝炎、伤寒、天花、麻风等。一个人是否有传染疾病,应当由医疗机构出具诊断证明。

(3) 受过刑事处罚的,过失犯罪的除外。

所谓受过刑事处罚的人员,是指因其行为触犯了国家刑法而受到刑罚制裁的人。对受过刑事处罚的人,不得颁发导游证。但是,《导游人员管理条例》规定,对于过失犯罪的人,尽管其也受过刑事处罚,但仍然可以申请领取导游证,旅游行政管理部门也可以颁发给其导游证。

(4) 被吊销导游证之日起未逾3年的。

《旅游法》第一百零三条规定:"违反本法规定被吊销导游证、领队证的导游、领队和受到吊销旅行社业务经营许可证处罚的旅行社的有关管理人员,自处罚之日起未逾三年的,不得重新申请导游证、领队证或者从事旅行社业务。"

二、景区(点)导游员资格考试

根据《关于改革导游人员资格考试、等级考核及旅行社经理资格认证工作的意见》规定,景区(点)导游员资格考试考核管理办法由省级旅游局制定,景区(点)所在地旅游行政部门会同景区(点)主管部门具体组织考试工作。景区(点)导游员资格证书由国家旅游局统一印制,省级旅游局核发证书。证书在本景区(点)有效。

三、旅行社经理资格考试

(一)考试科目、考试大纲和教材

考试科目:"旅行社经营管理""旅游法规";考试大纲及教材可参考使用国家文化与旅游部门主编的《旅行社经营管理》和《旅游法规》。

(二)命题和考试形式

各省级旅游局负责组织命题,考试采取开卷与闭卷相结合的方式进行。

《国家旅游局关于改革导游人员资格考试、等级考核及旅行社经理资格认证工作的意见》二维码

(三)考试日期和时间

考试日期、时间和每年考试次数由省级旅游局根据本地区情况确定。

(四)考试组织和评卷

考试组织及评卷工作由省级旅游局负责,各科合格成绩标准由省级旅游局自行确定。

(五)证书核发与管理

旅行社经理资格证书由国家旅游局统一印制。各省级旅游局将考试通过人员名单及证书编号报国家旅游局,由国家旅游局核发证书。

已获资格认证的旅行社部门经理和总经理在不同社别间流动,可以向省级旅游局申请换发经理资格证书;但由部门经理晋升为总经理必须重新考取总经理资格证书。

第二节　导游人员等级考核制度

为了加强导游员队伍建设,提高导游员素质和接待服务水平,客观、公正地评价和选拔人才,调动导游员钻研业务和努力工作的积极性,引入竞争机制,国家旅游局于1994年发布了《关于对全国导游人员实行等级评定的意见》和《导游人员职业等级标准》,开始了导游人员等级考核评定工作。

一、导游人员等级考核评定部门

国家旅游局组织设立全国导游人员等级考核评定委员会。全国导游人员等级考核评定委员会负责全国导游人员等级考核评定的组织实施。省、自治区、直辖市旅游行政管理部门组织设立导游人员等级考核评定办公室,在全国导游人员等级考核评定委员会的授权和指导下开展相应的工作。

参加省部级以上单位组织的导游技能大赛获得最佳名次的导游员,报全国导游人员等级考核评定委员会批准后,可晋升一级导游员等级。一人多次获奖只能晋升一次,晋升的最高等级为高级。

二、导游人员登记考核的划分及适用范围

导游员等级分为 2 个系列、4 个等级。所谓 2 个系列是指等级考核分为外语导游系列和中文导游系列;4 个等级是指通过考试考核,将导游员划分为初级导游员、中级导游员、高级导游员和特级导游员。

三、导游人员等级考核评定的标准和方法

对不同等级的导游员实行不同的考核方式,具体办法如下:

(1) 对初级导游员采取考核方式。凡取得"导游员资格证书"后工作满 1 年的导游员,经考核合格,即可成为初级导游员。

(2) 对中级导游员的考核采取笔试和面试相结合的方式。其中,中文导游员考试科目为"导游知识专题"和"汉语言文学知识";外语导游员考试科目为"导游知识专题"和"外语"。

(3) 对高级导游员的考核采取笔试方式,考试科目为"导游案例分析"和"导游词创作"。

(4) 对特级导游员的考核采取论文答辩方式。

导游员的 4 个等级考核在中文导游员和外语导游员 2 个系列中同时进行。导游人员等级考核评定工作,按照"申请、受理、考核评定、告知、发证"的程序进行。

四、导游人员等级的管理

导游人员等级考核评定工作,遵循自愿申报、逐级晋升、动态管理的原则。国家旅游局负责导游人员等级考核评定标准、实施细则的制定工作,负责对导游人员等级考核评定工作进行监督检查。

导游人员等级证书由全国导游人员等级考核评定委员会统一印制。各等级资格有效期一般为 5 年。导游人员获得导游员资格证书和中级、高级、特级导游员证书后,可通过省、自治区、直辖市旅游行政

管理部门申请办理相应等级的导游证。

旅行社和导游管理服务机构应当采取有效措施,鼓励导游员积极参加导游人员等级考核评定。

知识模块 4-2　导游执业必须知道的法律知识

一、出台背景及目的

多年来,导游为展示旅游形象、传播先进文化、促进中外交流、推动旅游业发展做出了积极贡献。但近年来导游群体在"不合理低价"的恶性竞争中,一方面自身合法权益得不到保障,另一方面辱骂游客、强迫消费等损害游客利益的案件时有发生,社会反响较大,影响了导游队伍的形象,成为旅游市场的顽疾。

为破解导游执业难题,保障导游合法权益,维护旅游市场秩序,顺应大众旅游时代的市场需求,认真贯彻落实党中央、国务院"放管服"改革要求,全面推进导游体制改革工作。2016年9月,国家旅游局废止了2001年颁布实施的《导游人员管理实施办法》,停止实施导游岗前培训考核、计分管理、年审管理和导游人员资格证3年有效等不符合上位法要求、不适应改革发展需要的制度,并于2017年10月16日国家旅游局第17次局长办公会议审议通过了新的《导游管理办法》(以下简称《办法》),详细规定了导游执业的许可、管理、保障与激励等制度,旨在逐步形成"社会化、扁平化、实时化、常态化"的导游管理体制。

《导游管理办法》二维码

二、主要举措

(一)明确"导游身份标识"制度

《办法》规定,取得导游人员资格证,并与旅行社订立劳动合同或者在旅游行业组织注册的人员,可以通过全国旅游监管服务信息系统向所在地旅游主管部门申请取得导游证。导游证采用电子证件形式,电子导游证以电子数据形式保存于导游个人移动电话等移动终端设备中。

"电子导游证"的设计开发集导游基本信息、执业信息、社会评价于一体,代替了原有IC卡导游证的外在标识作用,便于旅游者和执法人员识别导游身份,以此规范导游执业证件和执业行为管理。

"电子导游证"可以实现导游证网上审批。导游可以直接通过"全国旅游监管服务平台"进行网上申请、变更、注销导游证,大大缩短了审批期限,减少了审批流程,降低了审批成本;同时,网上审批痕迹实时可监控,既明确了旅游部门的审批职责,规范了审批行为,又使导游可实时查询审批进度,了解审批情况。

(二) 下放了导游证审批层级

为方便导游申请取得导游证,《办法》第三十九条第(一)项通过定义的方式,将核发导游证的部门明确为旅行社(含旅行社分社)或者旅游行业组织所在地的省、自治区、直辖市旅游主管部门或者其委托的设区的市级旅游主管部门、县级旅游主管部门。至于委托至设区的市级旅游主管部门还是县级旅游主管部门负责审核和核发导游证,可由各省级旅游主管部门根据本地实际自行确定。

(三) 明确了审批需要提交的材料

减少了无谓的证明材料。《办法》第八条规定,在旅游行业组织注册并申请取得导游证的人员,应当向所在地旅游行业组织提交下列材料:身份证、导游人员资格证、本人近期照片和注册申请;第十条明确规定申请取得导游证,申请人应当通过全国旅游监管服务信息系统填写申请信息,并提交下列申请材料:身份证的扫描件或者数码照片等电子版、未患有传染性疾病的承诺、无过失犯罪以外的犯罪记录的承诺、与经常执业地区的旅行社订立劳动合同或者在经常执业地区的旅游行业组织注册的确认信息。并规定一次性告知制度,使导游申请导游证有据可查、有章可循。

同时,为落实国务院取消审批证明有关要求,将导游需提供未患有传染性疾病、无过失犯罪以外的犯罪记录的证明改为承诺,身份证只需首次申请时提交扫描件或者数码照片电子版,大大减轻申请人负担。但申请人要对自己提交材料的真实性负责,如果以隐瞒有关情况、提供虚假材料或者欺骗、贿赂等不正当手段申请取得导游人员资格证、导游证的,除不予受理、不予许可或者撤销许可并给予警告等处罚外,申请人在一年内或者三年内不得再次申请执业。

(四) 明确了导游证的审批时限及收费要求

《办法》明确了旅游部门受理申请、核发和变更导游证的期限,以及旅行社和旅游行业组织确认相关信息的期限,规范了审批行为。明确核发导游证不得收费。当前,旅游部门办理导游证不收取任何费用。同时,《办法》进一步在第八条第二款规定,旅游行业组织在接受申请人取得导游证的注册时,不得收取注册费;旅游行业组织收取会员会费的,应当符合《社会团体登记条例》等法律法规的规定,不得以导游证注册费的名义收取会费。

（五）明确导游证可以在旅行社分社所在地申领

鉴于旅行社分社虽不具有独立法人资格，但与旅行社具有一样的经营范围，可以直接组织旅游者出行。因此，为方便主要接受旅行社分社委派的导游申请取得导游证，《办法》第十八条专门规定，导游证申请人的经常执业地区在旅行社分社所在地的，可以由旅行社分社所在地旅游主管部门负责导游证办理相关工作。

（六）为进一步推进导游体制改革预留空间

现行旅游法律法规规定导游为旅游者提供服务应当接受旅行社委派。在《办法》第十九条增加了"但另有规定的除外"的表述，为进一步开展导游执业改革预留了空间。

（七）明确了《旅游法》规定的旅游行业组织的范围

旅游行业组织的范围具体指依照《社会团体登记管理条例》成立的导游协会，以及在旅游协会、旅行社协会等旅游行业社会团体内设立的导游分会或者导游工作部门。具体是在省一级设立的旅游行业组织还是在市一级设立的旅游行业组织，以及是哪些符合条件的旅游行业组织，由所在地旅游主管部门确定。

（八）建立导游星级评价制度

导游队伍素质参差不齐，迫切需要研究设计一种与导游服务质量直接相关、通过市场化方式对导游服务水平进行标识的评价模式，便于旅行社、旅游消费者对导游的识别选择。正是基于此，在认真调研并借鉴相关行业有关制度的基础上，推动建立了导游星级评价制度。导游等级评定制度与星级评价制度都是为便于旅游者和社会各方面对导游水平能力的识别，并激励导游自我提升导游执业素养而确立的制度，二者互为补充，但也存在着明显的区别。

1. 评价功能不同

导游等级评定制度是对导游职业技能水平的评价，侧重的是技能水平，相对是静态的，等级一般只升不降；导游星级评价制度侧重对导游执业服务能力、质量和信用水平的评价，侧重的是服务水平，相对是动态的，星级有升有降。

2. 评价方式不同

导游等级评定主要通过考试方式，对导游技能大赛获得最佳名次的导游也可以晋升等级；导游服务星级评价主要基于旅游者对导游服务的客观评价，不组织考试、不设评定机构，通过"全国旅游监管服务平台"自动计分生成导游服务星级。

3. 评价内容不同

导游等级评定中，中级导游员考核内容主要为"导游知识专题"和"汉语言文学知识"，高级导游员考核内容主要为"导游案例分析"和"导游词创作"，特级导游员的考核采取论文答辩方式；导游服务星级主要以游客对导游服务的满意度为导向，对导游服务水平进行综合评价，指标包括社会评价、技能水平、执业经历、学习培训和奖惩情况等，促进导游以诚实劳动、至诚服务赢得更好社会评价，取得更高服务星级，获取更多就业机会。

三、导游权益的保障措施

（一）导游执业权利

针对导游在执业活动中住宿、餐饮等条件较差和人身财产安全无法得到足够保障的情况，根据《劳动法》《劳动合同法》对用人单位执行国家劳动标准、提供安全设施和劳动卫生等条件、劳动防护用品和劳动保护设施，特别是对女职工实行特殊劳动保护的规定，《办法》第二十六条明确，旅行社等用人单位应当维护导游执业安全、提供必要的职业安全卫生条件，并为女性导游提供执业便利、实行特殊劳动保护。

（二）导游劳动保障制度

根据《劳动合同法》的规定，用人单位自用工之日起即与劳动者建立劳动关系，建立劳动关系应当订立书面劳动合同，及时足额支付不得低于当地最低工资标准的劳动报酬，并依法为劳动者缴纳社会保险费；用人单位招用劳动者，不得扣押劳动者的居民身份证和其他证件，不得要求劳动者提供担保或者以其他名义向劳动者收取财物；劳动行政部门负责全国劳动合同制度实施的监督管理，劳动者合法权益受到侵害的，有权要求有关部门依法处理，或者依法申请仲裁、提起诉讼。

据此，《办法》作了衔接性规定，鼓励导游对旅行社违反劳动法律法规的行为进行投诉举报，依法维权。同时，细化《旅游法》的规定，从旅行社聘用专职导游和兼职导游两方面，对旅行社支付劳动报酬和导游服务费用、缴纳社会保险作出规定，并要求"旅行社应当与通过其取得导游证的导游订立不少于1个月期限的固定期限或者无固定期限劳动合同"，"旅行社临时聘用的导游与其他单位不具有劳动关系或者人事关系的，旅行社应当与其订立劳动合同"。《旅行社条例》第三十四条规定，"旅行社不得要求导游人员和领队人员接待不支付接待和服务费用或者支付的费用低于接待和服务成本的旅游团队，不得要求导游人员和领队人员承担接待旅游团队的相关费用"，《办法》据此规定,"旅行社要求导游接待以不合理低价组织的旅游团队或者承担接待旅游团队的相关费用的,导游有权向旅游主管部门投诉举报"。

(三) 导游专座制度

近年来,旅游大巴导游座位设置不当而造成导游人员伤亡的事件频发。为保障导游安全执业,国家旅游局与交通运输部就设置导游专座事宜,联合下发了《关于进一步规范导游专座等有关事宜的通知》(以下简称《通知》)。

《通知》要求旅游客运车辆需设置"导游专座"并配备印有"导游专座"字样的座套。《通知》还回答了两个最基本的问题——什么是"导游专座"？导游专座设置在哪里？

《通知》还明确了导游有关主体如旅行社、汽车生产商、旅游客运企业以及行政管理部门的责任,类似于导游在旅游客车工作期间安全保障的"责任清单"。

1. 导游

导游是这个通知的最大受益者,所有规定都是围绕导游安全保障来设计的,导游自身的思想自觉、行为自觉才是核心。《通知》规定:第一,导游应自觉系好安全带,避免站立讲解,并配合司机督促游客系好安全带;第二,鼓励导游和广大游客对不按规定设置导游专座等不安全行为进行举报。

2. 旅行社

《通知》规定:首先,旅行社制定团队旅游计划时,应根据车辆座位数和团队人数,统筹考虑,游客与导游总人数不得超过车辆核定乘员数。其次,旅行社应要求导游熟悉旅游行程计划,在车辆启动之前与司机充分沟通行车路线、停靠站点等,避免在行车过程中影响司机正常驾驶。再次,逾期未予整改的旅游客运企业,旅行社不得租用其旅游客运车辆。

3. 汽车生产商

《通知》规定:自2016年8月1日起,新进入道路运输市场的营运客车不得在车厢内任何位置设置折叠座椅,在用营运客车的折叠座椅不得使用。也就是强制旅游客车生产商以后不许设置折叠座椅,这就从源头上杜绝了不安全的导游座位。

4. 旅游客运企业

《通知》规定:旅游客运企业在旅游服务过程中,应配备印有"导游专座"字样的座套;旅游客运企业应督促司机严格遵守道路交通安全和道路运输管理法律法规,不超员、不超速,安全文明驾驶,行车之前播放《游客安全乘车温馨提示》宣传片;车内通道不得堆放行李和其他障碍物,逃生装置要定期维护、标识清晰,确保正常使用;逾期未予整

> "导游专座"是指旅游客运车辆在提供旅游服务时,为导游人员设置的专用座位,导游专座设置在旅游客运车辆前乘客门侧第一排乘客座椅靠通道侧位置。

改的旅行社,旅游客运企业可以拒绝为其提供服务。

5. 其他行政管理部门

《通知》规定:第一,各级交通运输部门在开展客车等级评定时,不再对客车折叠座椅进行核定;第二,各地旅游主管及交通运输部门应按照《通知》要求,立即督促旅行社及旅游客运企业开展自查自纠,并加强对旅游客运车辆"导游专座"设置及安全运营情况的监督检查。

(四) 导游培训制度

明确旅游主管部门免费进行导游培训的制度,提升导游服务能力和水平。培训方式可以包括培训班、专题讲座、网络在线培训等,每年为导游提供的免费培训时间累计不得少于 24 小时。此外,考虑到导游除了日常带团需要进入景区外,还有在踩点、学习等与执业相关的活动中有进入景区的需要,但旅游部门不能强制要求景区免除门票。据此,《办法》从鼓励和倡导的角度作出相应规定。

1.3 实训指导

一、实训任务

将学生进行编组,每组 4～8 名同学,组内由学生自行分工合作,进行资料收集、整理、制作、美化、展示、汇报等工作。教师可以发布实训任务一览表中的任务,每组同学以此任务作为主题,利用课余时间进行展示材料的整理与制作。在此基础上,教师将利用 2～4 课时时间,用于学生自行汇报展示其工作成果。任务目的在于帮助学生掌握导游人员考试及等级考核制度,掌握导游执业的许可制度,努力做一名合格的导游人员。

实训任务一览表

序号	实训任务名称	实训学时
01	导游人员资格考试及等级考核制度	2～4
02	导游执业的许可、管理、保障与激励等制度	

注:教师可根据需要选用实训项目和学时。

二、成果要求

每组同学制作完成一份 WORD 文档和一份展示 PPT,WORD 文档用于图文资料的整理汇总,PPT 文件用于课堂汇报展示,并将上述两个文件放入文件夹,命名规则为"班级名称+小组编号+任务名称"。

三、考核标准

评价标准与打分

项目	考核内容和要求	分值	得分	备注
态度	能够按时完成,积极主动,组内分工合作	20		
内容	导向正确,内容完整、准确,逻辑清晰	20		
形式	格式规范、语言简洁、图表样式美观	20		
展示	仪态形象得当,表达清楚,语言流畅	20		
创新	内容、格式、展示过程有创意,特色明显	20		
	小计	100		

项目拓展:

全国旅游监管服务平台——导游之家

知识自检 4:

项目五

旅行社管理法规

【内容框架】

1.1 项目导例
　　《旅游市场黑名单管理办法》解读
1.2 知识平台
　　知识模块5-1　如何成立一家旅行社
　　知识模块5-2　如何经营管理一家旅行社
1.3 实训指导

【学习目标】

思政要点:"伪诈不可长,空虚不可守,朽木不可雕,情亡不可久。"企业应担负起社会责任,探索可持续发展之道。

知识目标:了解旅行社设立、经营及变更的规定,了解旅游市场黑名单管理及其适用范围的规定;熟悉责任保险及其旅游意外保险的相关规定;掌握旅行社经营规范、旅行社权利和义务等规定;掌握列入旅游市场黑名单情形的规定。

技能目标:收集、整理、分析相关案例和资料,通过制作、美化、展示、汇报等工作,了解旅行运营规范,掌握旅游责任险、服务质量保证金、旅游市场黑名单等制度。

1.1 项目导例 《旅游市场黑名单管理办法》解读

2018年12月,文化和旅游部印发了《旅游市场黑名单管理办法(试行)》(以下简称《办法》)。针对旅游市场秩序的新情况新问题和市场监管的新要求,《办法》立足文化和旅游行业管理职能,明确了适用范围、分级管理和联合惩戒等相关事项,建立了一整套管理流程。……《办法》的出台,弥补了此前信用监管制度的短板和不足,具有以下特点。

一是线上线下同步纳入管理。《办法》适用主体既包括传统的旅行社、景区、旅游住宿等从事旅游经营服务的企业、个体工商户及导游等从业人员,也包括新兴的通过互联网等信息网络提供在线旅游服务或者产品的经营者(即在线旅游企业和平台)及从业人员,上述市场主体和从业人员具有《办法》规定七类严重违法失信情形之一的,就要被列入旅游市场黑名单实施惩戒。同时还将人民法院认定的失信被执行人纳入黑名单管理,实施联合惩戒。

二是实行分级管理。文化和旅游部负责制定旅游市场黑名单管理办法,指导各地旅游市场黑名单管理工作;省级、地市级文化和旅游行政部门按照《办法》统一的认定标准,制定本级黑名单管理工作细则及流程,明确了文化和旅游部以及省级、地市级文化和旅游行政部门的职责分工,有助于实现对旅游领域严重失信行为的精准打击,避免监管盲区。

三是与"备忘录"实现有效衔接。《办法》明确了六大惩戒措施,其中,对被纳入黑名单的旅游市场主体和从业人员,将在参与评比表彰、政府采购、财政资金扶持、政策试点等方面予以限制,向相关部门通告其严重违法失信信息,实施联合惩戒,该条款与此前文化和旅游部等26个部门联合签署的《关于对旅游领域严重失信相关责任主体实施联合惩戒的合作备忘录》实现了有效衔接。对被纳入黑名单的失信被执行人,将实行限制高消费旅游惩戒,即限制失信被执行人及其法定代表人等四类人员参加旅行社组织的团队出境旅游。政策的关联与协同最大限度地确保联合惩戒落地落实。

四是明确了标准化的管理体系。《办法》提出建立列入、告知、发布、惩戒、信用修复、移出等一整套管理流程,实行动态管理,使黑名单管理更加讲究程序正当,让惩戒真正实现"惩前毖后,治病救人"的目的。

(来源:文化和旅游部网站)

1.2 知识平台

知识模块 5-1　如何成立一家旅行社

第一节　旅行社的概念及内涵

一、旅行社的概念及其特征

（一）概念

《旅行社条例》二维码

《旅行社条例》规定：本条例所称旅行社，是指从事招徕、组织、接待旅游者等活动，为旅游者提供相关旅游服务，开展国内旅游业务、入境旅游业务或者出境旅游业务的企业法人。旅行社是旅游消费者与各种旅游服务供应（或生产）者之间的中介，它把旅游者需要的多种服务集中起来，一次性地销售给旅游者。同时，旅行社又对不同的旅游服务供应者（如饭店、餐馆、车船公司、旅游景点）的产品进行推销，为各类旅游服务供应者招徕旅游者。

（二）法律特征

1. **旅行社是经旅游行政管理部门审批依法设立的**

从新《旅行社条例》的规定分析，旅行社是从事旅游业务经营、获取有偿服务、实现经营利润的社会经济组织；是从事旅游服务，属于许可经营的行业。

《旅行社条例实施细则》二维码

2. **旅行社的业务是从事招徕、组织和接待旅游者，为旅游者提供相关旅游服务**

招徕，是指旅行社按照法律规定并在经主管部门批准的经营范围内开展宣传营销活动，组织招徕游客的工作。组织和接待，是指旅行社根据与旅游者（团）的约定，安排食宿、交通、游览、导游、购物、娱乐等活动，组织旅行游览。为了实现招徕和接待旅游者的业务，旅行社也为旅游者代办出境、入境和签证手续。

3. **旅行社是以营利为目的，实行独立核算的经济实体**

旅行社作为独立的企业法人，应当自主经营、自负盈亏，以自己的名义独立承担民事责任，依法享有权利和承担相应的义务。

可以看出，必须同时具备经旅游行政管理部门审批并获得旅行社业务经营许可证、从事旅游业务、有营利目的这三个要件的企业，才可以称之为旅行社。

二、旅行社的业务经营范围

（一）业务范围

《旅行社条例实施细则》（以下简称《实施细则》）第二条规定，所称招徕、组织、接待旅游者提供的相关旅游服务，主要包括：

（1）安排交通服务；
（2）安排住宿服务；
（3）安排餐饮服务；
（4）安排观光游览、休闲度假等服务；
（5）导游、领队服务；
（6）旅游咨询、旅游活动设计服务。

旅行社还可以接受委托，提供下列旅游服务：

（1）接受旅游者的委托，代订交通客票、代订住宿和代办出境、入境、签证手续等。
（2）接受机关、事业单位和社会团体的委托，为其差旅、考察、会议、展览等公务活动，代办交通、住宿、餐饮、会务等事务。
（3）接受企业委托，为其各类商务活动、奖励旅游等，代办交通、住宿、餐饮、会务、观光游览、休闲度假等事务。
（4）其他旅游服务。前款所列出境、签证手续等服务，应当由具备出境旅游业务经营权的旅行社代办。

> 这里所称的旅行社，还包括了依法设立的从事旅游业务的旅游公司、旅游服务公司、旅行服务公司、旅游咨询公司和其他同类性质的企业。

（二）业务界定

《实施细则》第三条规定：

国内旅游业务，是指旅行社招徕、组织和接待中国内地居民在境内旅游的业务。

入境旅游业务，是指旅行社招徕、组织、接待外国旅游者来我国旅游，香港特别行政区、澳门特别行政区旅游者来内地旅游，台湾地区居民来大陆旅游，以及招徕、组织、接待在中国内地的外国人，在内地的香港特别行政区、澳门特别行政区居民和在大陆的台湾地区居民在境内旅游的业务。

出境旅游业务，是指旅行社招徕、组织、接待中国内地居民出国旅游，赴香港特别行政区、澳门特别行政区和台湾地区旅游，以及招徕、组织、接待在中国内地的外国人，在内地的香港特别行政区、澳门特别行政区居民和在大陆的台湾地区居民出境旅游的业务。

项目五　旅行社管理法规

第二节　旅行社的设立

旅行社同其他企业一样,是国民经济的一个基层单位和经济实体,任何单位或个人建立旅行社都必须具备一定的条件。从外部条件来说,旅行社的开办要受到由旅游供给与旅游需求共同构成的旅游市场的制约,受到国家对旅行社行业管理所制定的有关政策与法规的规范;从内部条件来说,旅行社的开办要受到自身的人力、物力、财力和组织管理诸因素的影响。

一、旅行社的设立条件

《旅游法》第二十八条规定:设立旅行社,招徕、组织、接待旅游者,为其提供旅游服务,应当具备下列条件,取得旅游主管部门的许可,依法办理工商登记:

(一) 有固定的营业场所

《旅行社条例》中所称的固定的营业场所,是指在较长的一段时间里为旅行社拥有或能为旅行社所使用的固定的营业场所。《实施细则》第6条规定,旅行社的经营场所应当符合下列要求:

(1) 申请者拥有产权的营业用房,或者申请者租用的、租期不少于1年的营业用房;

(2) 营业用房应当满足申请者业务经营的需要。

(二) 有必要的营业设施

《旅行社实施细则》第七条规定,旅行社的营业设施应当至少包括下列设施、设备:

(1) 2部以上的直线固定电话;

(2) 传真机、复印机;

(3) 具备与旅游行政管理部门及其他旅游经营者联网条件的计算机。

(三) 有符合规定的注册资本

> 注册资本是指旅行社用于正常经营活动所应拥有的固定资金和流动资金。

《旅行社条例》规定,经营国内旅游业务和入境旅游业务的旅行社,注册资本不得少于300 000元人民币。

(四) 有必要的经营管理人员和导游

根据《旅游法》的规定,设立旅行社应有经培训并持有省、自治区、直辖市以上人民政府旅游行政管理部门颁发的资格证书的经营人员。这项规定要求旅行社高级管理人员和重要部门的中层管理人员必须经过培训,持证上岗。凡是不具有旅游行政管理部门规定的任职资格的人员,不得担任旅行社的高级管理职务。

(五) 法律、行政法规规定的其他条件

《旅行社条例》第七条规定,申请经营国内旅游业务和入境旅游业务的,应当向所在地省、自治区、直辖市旅游行政管理部门或者其委托的设区的市级旅游行政管理部门提出申请,并提交符合本条例第六条规定的相关证明文件。申请获得批准后,申请人持旅行社业务经营许可证向工商行政管理部门领取营业执照。

《旅行社条例》规定:旅行社取得经营许可满两年,且未因侵害旅游者合法权益受到行政机关罚款以上处罚的,可以申请经营出境旅游业务。

《旅行社条例》规定:经营国内旅游业务和入境旅游业务的旅行社,应存入 200 000 元质量保证金,增设一个分社增加 50 000 元。经营出境旅游业务的,需增存 1 200 000 元质量保证金,增设一个分社增加 300 000 元。

二、旅行社的设立程序

我国旅行社业属于进行前期归口审批、实行业务许可证制的行业。凡拟设立旅行社的单位,都必须严格按照《旅行社条例》的规定,经申请、审批、核准、登记后,方可正式成立旅行社。

(一) 申请开办旅行社应提交的文件

《实施细则》第八条规定,申请设立旅行社,经营国内旅游业务和入境旅游业务的,应当向省、自治区、直辖市旅游行政管理部门(以下简称"省级旅游行政管理部门")提交下列文件:

(1) 设立申请书。内容包括申请设立的旅行社的中英文名称及英文缩写,设立地址,企业形式、出资人、出资额和出资方式,申请人、受理申请部门的全称、申请书名称和申请的时间;

(2) 法定代表人履历表及身份证明;

(3) 企业章程;

(4) 经营场所的证明;

(5) 营业设施、设备的证明或者说明;

(6) 工商行政管理部门出具的企业法人营业执照。

(二) 设立旅行社的审批程序

1. 经营国内和入境旅游业务的旅行社

应当向所在地省、自治区、直辖市旅游行政管理部门或者其委托的设区的市级旅游行政管理部门提出申请,并提交符合《旅行社条例》第七条规定的相关证明文件。

受理申请的旅游行政管理部门应当自受理申请之日起 20 个工作日内作出许可或者不予许可的决定。

申请人应当在收到旅行社业务经营许可证后,持许可证到工商行政管理部门办理注册登记。工商行政管理部门应当在受理申请后 30 个工作日内作出核准登记或不予核准登记的决定。旅行社领取营业执照后,即告成立。

旅行社成立后,申请人应当在 30 个工作日内,到当地税务部门办理开业税务登记,手续完清后才能对外营业。

2. 经营出境旅游业务的旅行社

《旅行社条例》规定,旅行社取得经营许可满两年,且未因侵害旅游者合法权益受到行政机关罚款以上处罚的,可以申请经营出境旅游业务。

旅行社申请出境旅游业务的,应当向国务院旅游行政主管部门或者其委托的省、自治区、直辖市旅游行政管理部门提交原许可的旅游行政管理部门出具的,证明其经营旅行社业务满两年且连续两年未因侵害旅游者合法权益受到行政机关罚款以上处罚的文件。

旅游行政管理部门应当自收到申请之日起 20 个工作日内,作出批准或不批准的决定,取得出境旅游经营业务许可的,由国务院旅游行政主管部门换发旅行社业务经营许可证。

旅行社持旅行社业务经营许可证向工商行政管理部门办理经营范围变更登记。

(三) 旅行社的变更和终止

旅行社变更名称、经营场所、法定代表人等登记事项或者终止经营的,应当到工商行政管理部门办理相应的变更登记或者注销登记,并在登记办理完毕之日起 10 个工作日内,向原许可的旅游行政管理部门备案,换领或者交回旅行社业务经营许可证。

三、旅行社分支机构的设立

《实施细则》第十八条规定,旅行社分社(以下简称"分社")及旅行社服务网点(以下简称"服务网点")不具有法人资格,以设立分社、服务网点的旅行社(以下"简称设立社")的名义从事《条例》规定的经营

旅行社业务经营许可证是旅行社经营旅游业务的资格证明,它表明设立申请者已经具备了经营旅游业务的条件。未取得许可证的单位,一律不得从事旅游业务。

活动,其经营活动的责任和后果,由设立社承担。

设立社应当加强对分社和服务网点的管理,对分社实行统一的人事、财务、招徕、接待制度规范,对服务网点实行统一管理、统一财务、统一招徕和统一咨询服务规范。

(一) 旅行社分社的设立

《实施细则》第十九条规定,设立社向分社所在地工商行政管理部门办理分社设立登记后,应当持下列文件向分社所在地与工商登记同级的旅游行政管理部门备案:

(1) 分社的营业执照;
(2) 分社经理的履历表和身份证明;
(3) 增存质量保证金的证明文件。

没有同级的旅游行政管理部门的,向上一级旅游行政管理部门备案。

《实施细则》第二十条规定,分社的经营场所、营业设施、设备,应当符合本实施细则第六条、第七条规定的要求。分社的名称中应当包含设立社名称、分社所在地地名和"分社"或者"分公司"字样。

(二) 旅行社服务网点的设立

根据《实施细则》第二十一条,服务网点是指旅行社设立的,为旅行社招徕旅游者,并以旅行社的名义与旅游者签订旅游合同的门市部等机构。设立社可以在其所在地的省、自治区、直辖市行政区划内设立服务网点;设立社在其所在地的省、自治区、直辖市行政区划外设立分社的,可以在该分社所在地设区的市的行政区划内设立服务网点。分社不得设立服务网点。设立社不得在前款规定的区域范围外,设立服务网点。

根据《实施细则》第二十二条,服务网点应当设在方便旅游者认识和出入的公众场所。服务网点的名称、标牌应当包括设立社名称、服务网点所在地地名等,不得含有使消费者误解为是旅行社或者分社的内容,也不得作易使消费者误解的简称。服务网点应当在设立社的经营范围内,招徕旅游者、提供旅游咨询服务。

四、外商投资旅行社的有关规定

外商投资旅行社,包括外国旅游经营者同中国投资者依法共同投资设立的中外合资经营旅行社、中外合作经营旅行社和外国旅游经营者依法设立的外商独资旅行社。

设立外商投资旅行社,由投资者向国务院旅游行政主管部门提出申请,并提交符合《旅行社条例》第六条、第十八条规定的相关证明文

外商投资旅行社不得经营中国内地居民出国旅游业务以及赴中国香港特别行政区、中国澳门特别行政区和中国台湾地区旅游的业务,但是国务院决定或者我国签署的自由贸易协定另有规定的除外。

项目五 旅行社管理法规 | **85**

件。国务院旅游行政主管部门应当自受理申请之日起30个工作日内审查完毕。

申请人持外商投资旅行社业务许可审定意见书、章程以及合资、合作双方签订的合同向国务院商务主管部门提出设立外商投资企业的申请。国务院商务主管部门应当依照有关法律、行政法规的规定,作出批准或者不予批准的决定。

申请人持旅行社业务经营许可证和外商投资企业批准证书向工商行政管理机关办理工商设立登记。

知识模块 5-2　　如何经营管理一家旅行社

第一节　旅行社业务经营许可证制度

一、旅行社业务经营许可证制度概述

旅行社经营许可证制度所指的许可证,是经营旅游业务的资格证明,由旅游局统一印制,具有审批权的旅游行政管理部门颁发。旅行社业务经营许可证不得转让、出租或出借。许可证有效期为三年,旅行社应当在许可证到期前三个月内,持许可证到原颁证单位换发。许可证及副本毁损或遗失的,旅行社应当向原许可的旅游行政管理部门申请换发或补办。

二、旅行社持证经营规定

(一) 未取得旅行社业务经营许可证的,不得从事旅游业务

1. 经营许可证的取得

《旅游法》第二十八条规定:设立旅行社,招徕、组织、接待旅游者,为其提供旅游服务,应当具备下列条件,取得旅游主管部门的许可,依法办理工商登记。

2. 经营许可证的使用

根据《实施细则》,旅行社及其分社、服务网点,应当将旅行社业务经营许可证、旅行社分社备案登记证明,或者旅行社服务网点备案登记证明,与营业执照一起,悬挂在经营场所的显要位置。

旅行社设立的办事处、代表处或者联络处等办事机构,不得从事旅行社业务经营活动。旅行社以互联网形式经营旅行社业务的,除符

合法律法规规定外,其网站首页应当载明旅行社的名称、法定代表人、许可证编号和业务经营范围,以及原许可的旅游行政管理部门的投诉电话。

3. **法律责任**

对未经许可经营旅行社业务的单位和个人,《旅游法》第九十五条规定:违反本法规定,未经许可经营旅行社业务的,由旅游主管部门或者工商行政管理部门责令改正,没收违法所得,并处 10 000 元以上 100 000 元以下罚款;违法所得 100 000 元以上的,并处违法所得 1 倍以上 5 倍以下罚款;对有关责任人员,处 2 000 元以上 20 000 元以下罚款。

《实施细则》第五十七条规定,擅自引进外商投资、设立服务网点未在规定期限内备案,或者旅行社及其分社、服务网点未悬挂《旅行社业务经营许可证》《备案登记证明》的,由县级以上旅游行政管理部门责令改正,可以处 1 万元以下的罚款。

(二) 未经许可不能经营出境旅游业务、边境旅游业务

《旅游法》第二十九条规定旅行社可以经营下列业务:境内旅游、出境旅游、边境旅游、入境旅游、其他旅游业务。但旅行社经营出境旅游、边境旅游业务,应当取得相应的业务经营许可,具体条件由国务院规定。

《旅行社条例》第八条规定:旅行社取得经营许可满两年,且未因侵害旅游者合法权益受到行政机关罚款以上处罚的,可以申请经营出境旅游业务。

对未经许可经营出境旅游业务、边境旅游业务的旅行社,《旅游法》第九十五条规定:旅行社未经许可经营出境旅游、边境旅游业务,或者出租、出借旅行社业务经营许可证,或者以其他方式非法转让旅行社业务经营许可的,除依照前款规定处罚外,并责令停业整顿;情节严重的,吊销旅行社业务经营许可证;对直接负责的主管人员,处 2 000 元以上 20 000 元以下罚款。

《旅行社条例》第二十三条规定:外商投资旅行社不得经营中国内地居民出国旅游业务以及赴香港特别行政区、澳门特别行政区和台湾地区旅游的业务,但是国务院决定或者我国签署的自由贸易协定和内地与香港、澳门关于建立更紧密经贸关系的安排另有规定的除外。

《旅行社条例》第五十一条规定:外商投资旅行社经营中国内地居民出国旅游业务以及赴香港特别行政区、澳门特别行政区和台湾地区旅游业务的,由旅游行政管理部门责令改正,没收违法所得,违法所得 100 000 元以上的,并处违法所得 1 倍以上 5 倍以下的罚款;违法所得不足 100 000 元或者没有违法所得的,并处 100 000 元以上 500 000 元

以下的罚款;情节严重的,吊销旅行社业务经营许可证。

(三) 旅行社不得非法转让经营许可证

《旅游法》第三十条规定:旅行社不得出租、出借旅行社业务经营许可证,或者以其他形式非法转让旅行社业务经营许可。

对此,《实施细则》进一步说明,旅行社的下列行为属于转让、出租或者出借旅行社业务经营许可证的行为:

(1) 除招徕旅游者和符合本实施细则第四十条第一款规定的接待旅游者的情形外,准许或者默许其他企业、团体或者个人,以自己的名义从事旅行社业务经营活动的;

(2) 准许其他企业、团体或者个人,以部门或者个人承包、挂靠的形式经营旅行社业务的。

对出租、出借旅行社业务经营许可证,或者以其他形式非法转让旅行社业务经营许可的旅行社,《旅行社条例》第四十七条规定:旅行社转让、出租、出借旅行社业务经营许可证的,由旅游行政管理部门责令停业整顿1个月至3个月,并没收违法所得;情节严重的,吊销旅行社业务经营许可证。受让或者租借旅行社业务经营许可证的,由旅游行政管理部门责令停止非法经营,没收违法所得,并处 100 000 元以上 500 000 元以下的罚款。

第二节 旅游服务质量保证金制度

一、旅游服务质量保证金制度概述

为加强对旅行社服务质量的监督和管理,保护旅游者的合法权益,保障旅行社规范经营,维护我国旅游业声誉,国家旅游局根据《旅行社管理条例》的有关规定,按照旅行社的经营特点,参照国际惯例,经国务院批准,对旅行社实行质量保证金制度。

(一) 旅游服务质量保证金的概念

《旅游服务质量保证金存取管理办法》第二条规定:旅游服务质量保证金(以下简称"保证金")是指根据《中华人民共和国旅游法》及《旅行社条例》的规定,由旅行社在指定银行缴存或由银行担保提供的一定数额用于旅游服务质量赔偿支付和团队旅游者人身安全遇有危险时紧急救助费用垫付的资金。

旅行社缴纳的保证金为现金形式,其他有价证券无效。根据规定,旅行社缴纳保证金的金额为:

(1) 经营国内旅游业务的和入境旅游业务的旅行社 200 000 元人民币。

《旅游服务质量保证金存取管理办法》二维码

(2) 特许经营出国(出境)旅游业务的旅行社增存 1 200 000 元人民币。

(3) 设立分社：经营国内和入境旅游业务的旅行社每设一个分社，增存 50 000 元。经营出境旅游业务的每增设一个分社，增存 300 000 元。

《旅行社条例》第十三条的规定，旅行社应当自取得旅行社业务经营许可证之日起 3 个工作日内，在国务院旅游行政主管部门指定的银行开设专门的质量保证金账户，存入质量保证金，或者向作出许可的旅游行政管理部门提交依法取得的担保额度不低于相应质量保证金数额的银行担保。

(二) 保证金的管理

1. 所有权属于旅行社所有(包括利息在内)

质量保证金属于缴纳的旅行社所有。旅游行政管理部门按规定比例从其利息中提取管理费。

2. 管理权属于旅游行政管理部门

保证金的管理实行"统一制度、统一标准、分级管理"的原则，国家旅游局统一制定保证金的制度、标准和具体办法。各级旅游行政管理部门按照规定的权限实施管理，依据有关法规、规章和程序，作出支付保证金赔偿的决定。

3. 质量保证金应设立独立账户，存期不得少于一年

《旅行社条例》规定，为旅行社开设保证金专用账户或提供保证金担保业务的银行，由国家旅游主管部门指定。

4. 质量保证金必须满额

《旅行社条例》第十八条规定，旅行社在旅游行政管理部门使用质量保证金赔偿旅游者的损失，或者依法减少质量保证金后，因侵害旅游者合法权益受到行政机关罚款以上处罚的，应当在收到旅游行政管理部门补交质量保证金的通知之日起 5 个工作日内补足质量保证金。

5. 质量保证金缴纳标准的降低

《旅行社条例》第十七条规定，旅行社自交纳或者补足质量保证金之日起三年内未因侵害旅游者合法权益受到行政机关罚款以上处罚的，旅游行政管理部门应当将旅行社质量保证金的交存数额降低 50%，并向社会公告。旅行社可凭省、自治区、直辖市旅游行政管理部门出具的凭证减少其质量保证金。

二、旅游服务质量保证金的存取

(一) 存款

旅行社需要存缴保证金时，须持营业执照副本、旅行社业务经营

许可证副本到银行办理存款手续。存缴保证金的旅行社须与银行签订《旅游服务质量保证金存款协议书》，并将复印件送许可的旅游行政主管部门备案。

(二) 取款

保证金是专用基金，必须专款专用，只用于对旅游者损失的赔偿。任何单位和个人不得以任何理由把保证金挪作他用。

1. 旅行社提取保证金

旅行社因解散或破产清算、业务变更或撤减分社减交、3年内未因侵害旅游者合法权益受到行政机关罚款以上处罚而降低保证金数额50%等原因，需要支取保证金时，须向许可的旅游行政主管部门提出，许可的旅游行政主管部门审核出具《旅游服务质量保证金取款通知书》。银行根据《旅游服务质量保证金取款通知书》，将相应数额的保证金退还给旅行社。

发生《旅行社条例》第十五条规定的两种情形：① 旅行社违反旅游合同约定，侵害旅游者合法权益，经旅游行政管理部门查证属实的；② 旅行社因解散、破产或者其他原因造成旅游者预交旅游费用损失的。银行应根据旅游行政主管部门出具的《旅游服务质量保证金取款通知书》及《旅游行政主管部门划拨旅游服务质量保证金决定书》，经与旅游行政主管部门核实无误后，在5个工作日内将保证金以现金或转账方式直接向旅游者支付。

2. 旅游垫付保证金

发生《旅游法》第三十一条规定的旅游者人身安全遇有危险时紧急救助费用垫付的情形，旅行社提出申请的，旅游行政主管部门应立即予以审核；旅游行政主管部门决定垫付的，需按实际所需确定垫付额度。申请额度和决定垫付额度均应在保证金账户现有额度内。银行根据旅游行政主管部门出具的《旅游服务质量保证金取款通知书》及《关于使用旅游服务质量保证金垫付旅游者人身安全遇有危险时紧急救助费用的决定书》后24小时内，经与旅游行政主管部门核实无误后，将保证金以现金或转账方式直接向《旅游服务质量保证金取款通知书》中确定的单位或账户提供。

3. 违约侵权导致的赔偿支付

发生《旅行社条例》第十六条规定的情形，即人民法院判决、裁定及其他生效法律文书认定旅行社损害旅游者合法权益，旅行社拒绝或者无力赔偿的，人民法院可以从旅行社的质量保证金账户上划拨赔偿款。银行根据人民法院判决、裁定及其他生效法律文书执行。

提供保证金担保的银行，因发生《旅行社条例》第十五条、第十六条规定的情形，在收到《旅游服务质量保证金取款通知书》及《旅游行政主管部门划拨旅游服务质量保证金决定书》或人民法院判决、裁定及其他生效法律文书5个工作日内履行担保责任；因发生《旅游法》第三十一条旅游者人身安全遇有危险时紧急救助费用垫付的情形，在收到《旅游服务质量保证金取款通知书》及《关于使用旅游服务质量保证金垫付旅游者人身安全遇有危险时紧急救助费用的决定书》24小时内履行担保责任。

（三）不适用质量保证金赔偿的情形

为了维护旅行社质量保证金的严肃性和权威性，保障旅游者的合法权益，2001年1月8日，最高人民法院发布的《关于执行旅行社质量保证金问题的通知》再次强调："人民法院在执行涉及旅行社的案件时，遇有下列情形而旅行社不承担或无力承担赔偿责任的，可以执行旅行社质量保证金：① 旅行社因自身过错未达到合同约定的服务质量标准而造成旅游者经济权益损失的；② 旅行社的服务未达到国家或行业规定的标准而造成旅游者经济权益损失的；③ 旅行社因解散、破产或者其他原因造成旅游者预交旅游费用损失的；④ 人民法院判决、裁定及其他生效法律文书认定的、旅行社损害旅游者合法权益的情形。"除上述情形之外，不得执行旅行社质量保证金。

在实际工作中，仍然有旅行社为了解决与其他旅行社的经济纠纷，向债务人所在的旅游行政管理部门或人民法院提出动用保证金的申请。

三、质量保证金赔偿标准

为提高旅游服务质量，规范旅行社经营，打击违法违规行为，保护旅游者合法权益，在调解旅游纠纷时，以《旅行社服务质量赔偿标准》为调解赔偿依据。旅行社与旅游者以合同约定的方式，解决旅游服务质量纠纷。只有在旅游者和旅行社对旅行社服务质量赔偿没有作出合同约定时，才适用《旅行社服务质量赔偿标准》。

《旅行社服务质量赔偿标准》二维码

（一）旅行社团故意或过失未达到合同约定的服务质量标准的赔偿标准

（1）旅行社与旅游者订立合同或收取旅游者预付旅游费用后，因旅行社原因不能成行的，旅行社应在合理期限内通知旅游者，否则按下列标准承担赔偿责任：

① 国内旅游应提前7日（不含7日）通知旅游者，否则应向旅游者全额退还预付旅游费用，并按下述标准向旅游者支付违约金：出发前7日（含7日）至4日，支付旅游费用总额10%的违约金；出发前3日至1日，支付旅游费用总额15%的违约金；出发当日，支付旅游费用总额20%的违约金。

② 出境旅游（含赴台游）应提前30日（不含30日）通知旅游者，否则应向旅游者全额退还预付旅游费用，并按下述标准向旅游者支付

违约金；出发前30日至15日，支付旅游费用总额2％的违约金；出发前14日至7日，支付旅游费用总额5％的违约金；出发前6日至4日，支付旅游费用总额10％的违约金；出发前3日至1日，支付旅游费用总额15％的违约金；出发当日，支付旅游费用总额20％的违约金。

（2）因旅行社原因造成旅游者未能乘坐预定的公共交通工具的，旅行社应赔偿旅游者的直接经济损失，并支付直接经济损失20％的违约金。

（3）旅行社安排的旅游活动及服务档次与合同不符，造成旅游者经济损失的，旅行社应退还旅游者合同金额与实际花费的差额，并支付同额违约金。

（4）旅行社未经旅游者同意，擅自将旅游者转团、拼团的，旅行社应向旅游者支付旅游费用总额25％的违约金。解除合同的，还应向未随团出行的旅游者全额退还预付旅游费用，向已随团出行的旅游者退还未实际发生的旅游费用。

（二）导游违规的理赔标准

（1）导游或领队未按照国家或旅游行业对旅游者服务标准提供导游或者领队服务，影响旅游服务质量的，旅行社应向旅游者支付旅游费用总额1％至5％的违约金。

（2）导游违反旅行社与旅游者的合同约定，损害了旅游者的合法权益，旅行社应当对旅游者进行赔偿。

①擅自缩短游览时间、遗漏旅游景点、减少旅游服务项目的，旅行社应赔偿未完成约定旅游服务项目等合理费用，并支付同额违约金。遗漏无门票景点的，每遗漏一处旅行社向旅游者支付旅游费用总额5％的违约金。

②未经旅游者签字确认，擅自安排合同约定以外的用餐、娱乐、医疗保健、参观等另行付费项目的，旅行社应承担另行付费项目的费用。

③未经旅游者签字确认，擅自违反合同约定增加购物次数、延长停留时间的，每次向旅游者支付旅游费用总额10％的违约金。

④强迫或者变相强迫旅游者购物的，每次向旅游者支付旅游费用总额20％的违约金。

⑤旅游者在合同约定的购物场所所购物品系假冒伪劣商品的，旅行社应负责挽回或赔偿旅游者的直接经济损失。

⑥私自兜售商品，旅行社应全额退还旅游者购物价款。

（3）导游在旅游行程期间，擅自离开旅游团队，造成旅游者无人负责，旅行社应承担旅游者在被中止旅游服务期间所订的同等级别住宿、用餐、交通等必要费用，并向旅游者支付旅游费用总额30％的违约金。

第三节　旅行社的经营规范

《旅行社条例》规定,旅行社在经营活动中应当遵循自愿、平等、公平、诚实信用的原则,提高服务质量,维护旅游者的合法权益。

一、旅行社的经营规定及相应的法律责任

《旅行社条例》对旅行社的经营活动作了详细的规定:

(1) 向旅游者提供的旅游服务信息必须真实可靠,不得作虚假宣传。

(2) 经营出境旅游业务的旅行社不得组织旅游者到国务院旅游行政主管部门公布的中国公民出境旅游目的地之外的国家和地区旅游。

(3) 旅行社为旅游者安排或者介绍的旅游活动不得含有违反有关法律法规规定的内容。

《旅行社条例》及《实施细则》对旅行社不得安排的活动有详细的规定,主要包括:

① 含有损害国家利益和民族尊严内容的;
② 含有民族、种族、宗教歧视内容的;
③ 含有淫秽、赌博、涉毒内容的;
④ 其他含有违反法律法规规定内容的。

违反本条规定,旅行社为旅游者安排或者介绍的旅游活动含有违反有关法律法规规定的内容的,由旅游行政管理部门责令改正,没收违法所得,并处 20 000 元以上 100 000 元以下的罚款;情节严重的,吊销旅行社业务经营许可证。

(4) 旅行社不得以低于旅游成本的报价招徕旅游者;未经旅游者同意,旅行社不得在旅游合同约定之外提供其他有偿服务。

(5) 旅行社为旅游者提供服务,应与旅游者签订旅游合同并载明下列事项。

① 旅行社的名称及其经营范围、地址、联系电话和旅行社业务经营许可证编号;
② 旅行社经办人的姓名、联系电话;
③ 签约地点和日期;
④ 旅游行程的出发地、途经地和目的地;
⑤ 旅游行程中交通、住宿、餐饮服务安排及其标准;
⑥ 旅行社统一安排的游览项目的具体内容及时间;
⑦ 旅游者自由活动的时间和次数;

⑧ 旅游者应当交纳的旅游费用及交纳方式；

⑨ 旅行社安排的购物次数、停留时间及购物场所的名称；

⑩ 需要旅游者另行付费的游览项目及价格；

⑪ 解除或者变更合同的条件和提前通知的期限；

⑫ 违反合同的纠纷解决机制及应当承担的责任；

⑬ 旅游服务监督、投诉电话；

⑭ 双方协商一致的其他内容。

旅行社在与旅游者签订旅游合同时，应当对旅游合同的具体内容作出真实、准确、完整的说明。旅行社和旅游者签订的旅游合同约定不明确或者对格式条款的理解发生争议的，应当按照通常理解予以解释；对格式条款有两种以上解释的，应当作出有利于旅游者的解释；格式条款和非格式条款不一致的，应当采用非格式条款。

违反本条规定，旅行社有下列情形之一的，由旅游行政管理部门责令改正，处20 000元以上100 000元以下的罚款；情节严重的，责令停业整顿1个月至3个月：

① 未与旅游者签订旅游合同；

② 与旅游者签订的旅游合同未载明《旅行社条例》第二十八条规定的事项；

（6）旅行社不得要求导游人员和领队人员接待不支付接待和服务费用或者支付的费用低于接待和服务成本的旅游团队，不得要求导游人员和领队人员承担接待旅游团队的相关费用。

（7）旅行社违反旅游合同约定，造成旅游者合法权益受到损害的，应当采取必要的补救措施，并及时报告旅游行政管理部门。

（8）旅行社需要对旅游业务作出委托的，应当委托给具有相应资质的旅行社，征得旅游者的同意，并与接受委托的旅行社就接待旅游者的事宜签订委托合同，确定接待旅游者的各项服务安排及其标准，约定双方的权利、义务。

（9）旅行社将旅游业务委托给其他旅行社的，应当向接受委托的旅行社支付不低于接待和服务成本的费用；接受委托的旅行社不得接待不支付或者不足额支付接待和服务费用的旅游团队。

（10）旅行社应当投保旅行社责任险。旅行社责任险的具体方案由国务院旅游行政主管部门会同国务院保险监督管理机构另行制定。

违反本条规定，旅行社不投保旅行社责任险的，由旅游行政管理部门责令改正；拒不改正的，吊销旅行社业务经营许可证。

（11）旅行社对可能危及旅游者人身、财产安全的事项，应当向旅游者作出真实的说明和明确的警示，并采取防止危害发生的必要措施。

（12）旅游者在境外滞留不归的，旅行社委派的领队人员应当及时向旅行社和中华人民共和国驻该国使领馆、相关驻外机构报告；旅行社接到报告后应当及时向旅游行政管理部门和公安机关报告,并协助提供非法滞留者的信息。

(二) 减轻或免除旅行社法律责任的条件

1. 遇到了来自自然和社会的不可抗力

不可抗力是人力不可抗拒的自然灾害或社会重大事件,是当事人不能预见、不可避免并不可克服的客观情况。自然灾害如地震、台风、海啸、山体滑坡等,社会重大事件如战争、罢工等,这些不可抗力的事件若发生在旅游活动过程中,由此给旅游者造成的后果和损害,除了法律有特别规定的外,旅行社可以免除法律责任。

2. 旅游者要求修改旅游内容和日程而造成的损失,由旅游者自己补偿

如旅游团成员都要求增加一天游览内容,可能造成原来预订的交通票需要签字或作废,旅行社向游客讲明后果,旅游团成员仍要求增加一天并愿意承担后果,旅行社可免除与交通部门的合同违约责任。

3. 旅游者自身的过错造成的损失

如旅游者不听从旅行社工作人员的安排和劝阻,擅自从事危险活动或冒险活动,造成人身伤害的,旅行社可以不承担责任。

4. 由于第三方的责任

因民航、铁路、车船等交通部门的原因而被迫变更旅游日程所造成的损失,旅行社可以不承担责任。旅行社带团搭乘飞机、火车、轮船或者在饭店、餐馆等各项旅游设施中受到损害,应当由与旅行社签订服务合同的第三方承担责任。如某旅行社带团下榻于某饭店,饭店失火,造成游客在火灾中受伤和行李物品损失。游客向旅行社起诉索赔,法院判决旅行社不承担责任,最后由饭店赔偿游客损失。由第三方的责任造成旅游者人身权、财产权损害的,在有些情况下,应由旅行社先对旅游者承担责任,然后由旅行社依据其与第三方签订的合同向第三方追赔。

5. 由于混合过错

在有些情况下,旅行社与旅游者之间、旅行社与第三方之间都有过错。在承担法律责任时,对不属于旅行社方面的那部分原因,旅行社不承担责任,即按照各方过错的大小分别承担相应的法律责任。

6. 旅行社工作人员非职务行为造成的损害

对于旅行社工作人员与职务无关的行为,而给对方造成损害的,旅行社可免除责任。如果受损害方提起赔偿请求,应由该工作人员自己承担赔偿责任;其行为构成犯罪的,由司法机关追究刑事责任。

7. 关于擅自改变旅游行程的规定

《实施细则》第四十二条规定,旅行社及其委派的导游人员和领队

人员的下列行为,属于擅自改变旅游合同安排行程:
（1）减少游览项目或者缩短游览时间的;
（2）增加或者变更旅游项目的;
（3）增加购物次数或者延长购物时间的;
（4）其他擅自改变旅游合同安排的行为。

同时,《实施细则》第四十三条规定,在旅游行程中,当发生不可抗力、危及旅游者人身、财产安全,或者非旅行社责任造成的意外情形,旅行社不得不调整或者变更旅游合同约定的行程安排时,应当在事前向旅游者作出说明;确因客观情况无法在事前说明的,应当在事后作出说明。

二、旅行社责任险

为了保障旅游者和旅行社的合法权益,国家旅游局与中国保监会2010年11月25日发布了《旅行社责任保险管理办法》(以下简称《办法》),2011年2月1日施行。同时废止了国家旅游局2001年5月15日发布的《旅行社投保旅行社责任保险规定》。

（一）旅行社责任保险的概念

《办法》所称旅行社责任保险,是指以旅行社因其组织的旅游活动对旅游者和受其委派并为旅游者提供服务的导游或者领队人员依法应当承担的赔偿责任为保险标的的保险。旅行社责任保险具有如下特征:

（1）旅行社责任保险的投保人、被保险人是经营旅游业务的旅行社;

（2）旅行社责任保险是保险公司对应由旅行社承担的责任,承担赔偿保险金责任的行为。

（3）旅行社责任保险属于强制保险。旅行社从事旅游经营活动必须投保旅行社责任保险,否则,将受到旅游行政管理部门依法给予的行政处罚。

（二）旅行社责任保险的投保范围

旅行社责任保险的保险责任,应当包括旅行社在组织旅游活动中依法对旅游者的人身伤亡、财产损失承担的赔偿责任和依法对受旅行社委派并为旅游者提供服务的导游或者领队人员的人身伤亡承担的赔偿责任。具体包括下列情形:

（1）因旅行社疏忽或过失应当承担赔偿责任的;
（2）因发生意外事故旅行社应当承担赔偿责任的;
（3）国家旅游局会同中国保险监督管理委员会规定的其他情形。

> 旅行社责任险与旅游意外险的投保人:旅行社责任险,就是承保旅行社在组织旅游活动过程中因疏忽、过失造成事故所应承担的法律赔偿责任的险种,该险种的投保人为旅行社。而旅游意外险的投保人可以是法人,也可以是自然人,只要被保险人(旅游者)同意投保人为其投保的,就符合要求,可以投保。

(三) 旅行社责任保险期限和保险金额

旅行社责任保险期限为1年。旅行社应当在保险合同期满前及时续保。责任限额可以根据旅行社业务经营范围、经营规模、风险管控能力、当地经济社会发展水平和旅行社自身需要，由旅行社与保险公司协商确定，但每人人身伤亡责任限额不得低于200 000元人民币。

(四) 旅行社责任保险的投保

旅行社投保旅行社责任保险的，应当与保险公司依法订立书面旅行社责任保险合同（以下简称"保险合同"）。保险合同成立后，旅行社按照约定交付保险费。保险公司应当及时向旅行社签发保险单或者其他保险凭证，并在保险单或者其他保险凭证中载明当事人双方约定的合同内容，同时按照约定的时间开始承担保险责任。

(五) 索赔

旅行社在组织旅游活动中发生本办法第四条所列情形的，保险公司依法根据保险合同约定，在旅行社责任保险责任限额内予以赔偿。

旅行社组织的旅游活动中发生保险事故，旅行社按照保险合同请求保险公司赔偿保险金时，应当向保险公司提供其所能提供的与确认保险事故的性质、原因、损失程度等有关的证明和资料。

旅行社对旅游者、导游或者领队人员应负的赔偿责任确定的，根据旅行社的请求，保险公司应当直接向受害的旅游者、导游或者领队人员赔偿保险金。旅行社怠于请求的，受害的旅游者、导游或者领队人员有权就其应获赔偿部分直接向保险公司请求赔偿保险金。

保险公司收到赔偿保险金的请求和相关证明、资料后，应当及时作出核定；情形复杂的，应当在30日内作出核定，但合同另有约定的除外。保险公司应当将核定结果通知旅行社以及受害的旅游者、导游、领队人员；对属于保险责任的，在与旅行社达成赔偿保险金的协议后10日内，履行赔偿保险金义务。

(六) 违法责任

违反本办法的规定，旅行社解除保险合同但未同时订立新的保险合同，保险合同期满前未及时续保，或者人身伤亡责任限额低于200 000元人民币的，由县级以上旅游行政管理部门依照《旅行社条例》第四十九条的规定处罚。

第四节　旅游市场黑名单制度

维护旅游市场秩序,加快旅游领域信用体系建设,促进旅游业高质量发展,依据《中华人民共和国旅游法》《中华人民共和国行政许可法》《中华人民共和国政府信息公开条例》《旅行社条例》和《国务院关于印发社会信用体系建设规划纲要(2014—2020年)的通知》(国发〔2014〕21号)、《国务院关于建立完善守信联合激励和失信联合惩戒制度加快推进社会诚信建设的指导意见》(国发〔2016〕33号)等有关规定,文化和旅游部于2018年12月21日印发了《旅游市场黑名单管理办法(试行)》(以下简称《办法》)。《办法》针对旅游市场秩序出现的新情况新问题和市场监管的新要求,立足文化和旅游行业管理职能,明确了适用范围、分级管理和联合惩戒等相关事项,建立了列入、告知、发布、惩戒、信用修复、移出等一整套管理流程。

《旅游市场黑名单管理办法(试行)》二维码

一、黑名单管理及其分级管理

《办法》第二条规定,旅游市场黑名单管理,是指文化和旅游行政部门或者文化市场综合执法机构将严重违法失信的旅游市场主体和从业人员、人民法院认定的失信被执行人列入全国或者地方旅游市场黑名单,在一定期限内向社会公布,实施信用约束、联合惩戒等措施的统称。

《办法》适用旅游市场主体包括旅行社、景区、旅游住宿等从事旅游经营服务的企业、个体工商户和通过互联网等信息网络从事提供在线旅游服务或者产品的经营者;从业人员包括上述市场主体的法定代表人、主要负责人以及导游等其他从业人员。

旅游市场黑名单实行分级管理。根据《办法》第三条,文化和旅游部负责制定旅游市场黑名单管理办法,指导各地旅游市场黑名单管理工作,建立全国旅游市场黑名单管理系统,向社会公布全国旅游市场黑名单;省级、地市级文化和旅游行政部门按照《办法》认定标准,负责本辖区旅游市场黑名单管理工作,向社会公布本辖区旅游市场黑名单。

二、黑名单管理流程

(一)列入

根据《办法》第四条第一款,地市级及以上文化和旅游行政部门或者文化市场综合执法机构按照属地管理及"谁负责、谁列入,谁处罚、谁列入"的原则,将具有下列情形之一的旅游市场主体和从业人员列入本辖区旅游市场黑名单:

(1) 因侵害旅游者合法权益,被人民法院判处刑罚的;

(2) 在旅游经营活动中因妨害国(边)境管理受到刑事处罚的;

(3) 受到文化和旅游行政部门或者文化市场综合执法机构吊销旅行社业务经营许可证、导游证处罚的;

(4) 旅游市场主体发生重大安全事故,属于旅游市场主体主要责任的;

(5) 因侵害旅游者合法权益,造成游客滞留或者严重社会不良影响的;

(6) 连续12个月内两次被列入旅游市场重点关注名单的(重点关注名单管理办法另行制定);

(7) 法律法规规章规定的应当列入旅游市场黑名单的其他情形。

此外,《办法》第四条第二款规定,将人民法院认定的失信被执行人列入旅游市场黑名单。

(二) 告知

《办法》第七条规定,将旅游市场主体和从业人员列入旅游市场黑名单前,列入机关应履行告知或者公示程序,明确列入的事实、理由、依据、约束措施和当事人享有的陈述、申辩权利。自然人被列入旅游市场黑名单的,应事前告知。

旅游市场主体和从业人员在被告知或者信息公示后的10个工作日内,有权向列入机关提交书面陈述、申辩及相关证明材料,列入机关应当在15个工作日内给予书面答复。陈述、申辩理由被采纳的,不列入黑名单。陈述、申辩理由不予以采纳的,列入黑名单。

列入前,列入机关应将旅游市场主体和从业人员信息与全国信用信息共享平台各领域"红名单"和地方设立的各领域"红名单"进行交叉比对,如"黑名单"主体之前已被列入"红名单",应将相关信息告知"红名单"列入部门,列入部门将其从"红名单"中删除。

《办法》第七条规定,文化和旅游行政部门或者文化市场综合执法机构向严重违法失信当事人下达《行政处罚决定书》时,应当提示其被列入旅游市场黑名单的风险,或者告知其被列入市场黑名单。

《办法》第八条规定,旅游市场主体和导游跨区域从事违法违规经营活动,被违法行为发生地文化和旅游行政部门或者文化市场综合执法机构发现具有本办法第四条第一款第(3)项情形的,应当通报旅游市场主体所在地和导游证核发地同级文化和旅游行政部门或者文化市场综合执法机构,由旅游市场主体所在地和导游证核发地相应机构负责列入旅游市场黑名单。

《办法》第九条规定,旅游市场主体黑名单信息包括:

(1) 基本信息(法人和其他组织名称、统一社会信用代码、全球法人机构识别编码、法定代表人姓名及其身份证件类型和号码);

(2) 列入事由(认定严重违法失信行为的事实、认定部门、认定依据、认定日期、有效期)和其他信息(联合奖惩、信用修复、退出信息等)。

从业人员黑名单信息包括:

(1) 基本信息(姓名、公民身份证号码、港澳台居民的公民社会信用代码、外国籍人身份号码);

(2) 列入事由(认定严重违法失信行为的事实、认定部门、认定依据、认定日期、有效期)和其他信息(联合奖惩、信用修复、退出信息等)。

(三) 信息共享

各级文化和旅游行政部门应当通过其门户网站、地方政府信用网站、全国旅游监管服务平台、国家企业信用信息公示系统、"信用中国"网站等渠道发布本辖区旅游市场黑名单,实现信息共享。但对涉及企业商业秘密和个人隐私的信息,发布前应进行必要的技术处理。

《办法》第六条规定,各级文化和旅游行政部门可以通过政府信息共享机制、人民法院网站等多种渠道获取符合第四条第一款第(1)项、第(2)项和第二款规定情形的信息。

(四) 惩戒

对于列入黑名单的七项情形,《办法》第十三条规定,文化和旅游行政部门、文化市场综合执法机构应当对列入旅游市场黑名单的旅游市场主体和从业人员实施惩戒措施,具体措施如下:

(1) 作为重点监管对象,增加检查频次,加大监管力度,发现再次违法违规经营行为的,依法从重处罚;

(2) 法定代表人或者主要负责人列入黑名单期间,依法限制其担任旅游市场主体的法定代表人或者主要负责人,已担任相关职务的,按规定程序要求变更,限制列入黑名单的市场主体变更名称;

(3) 对其新申请的旅游行政审批项目从严审查;

(4) 对其参与评比表彰、政府采购、财政资金扶持、政策试点等予以限制;

(5) 将其严重违法失信信息通报相关部门,实施联合惩戒。

文化和旅游行政部门应对列入旅游市场黑名单的失信被执行人

及其法定代表人、主要负责人、实际控制人、影响债务履行的直接责任人员在高消费旅游方面实施惩戒,限制其参加由旅行社组织的团队出境旅游。

根据《办法》第十四条,省级、地市级文化和旅游行政部门认为部分违法失信行为确需列入上一级旅游市场黑名单、实施更大范围惩戒的,应向上一级文化和旅游行政部门申请并经其复核确认后列入。省级文化和旅游行政部门可直接将部分严重违法失信行为列入省级旅游市场黑名单,在本省辖区内实施惩戒。文化和旅游部可直接将部分严重违法失信行为列入全国旅游市场黑名单,在全国范围内实施惩戒。

(五) 移出

文化和旅游行政部门或者文化市场综合执法机构应当按照"谁列入、谁负责,谁移出、谁负责"的原则,及时将旅游市场黑名单列入、移出信息录入全国旅游市场黑名单系统。《办法》提出,对旅游市场黑名单实行动态管理,对因不同情形被列入黑名单的主体,制定不同的移出办法,并规定省级、地市级旅游市场黑名单信息移出前,移出机关须向上一级文化和旅游行政部门报告,上级文化和旅游行政部门有权撤销下级文化和旅游行政部门的黑名单移出决定。

(1) 因本办法第四条第一款第(2)项情形列入黑名单的,黑名单信息自公布之日起满5年,由列入机关自届满之日起30个工作日内移出旅游市场黑名单。

(2) 因本办法第四条第二款情形被列入黑名单的,在人民法院将其失信信息删除后10个工作日内由列入机关移出旅游市场黑名单(同时符合本办法第四条第一款情形的除外)。

(3) 因本办法其他情形列入黑名单的,黑名单信息自公布之日起满3年,或者在规定期限内纠正失信行为、消除不良影响的[不含本办法第四条第一款第(3)项规定之情形],由列入机关自届满之日起30个工作日内移出旅游市场黑名单。

省级、地市级旅游市场黑名单信息移出前,移出机关须向上一级文化和旅游行政部门报告。上级文化和旅游行政部门有权撤销下级文化和旅游行政部门的黑名单移出决定。

(六) 信用修复

鼓励黑名单主体通过纠正失信行为、消除不良影响等方式修复信用。黑名单主体修复信用后,文化和旅游行政部门按照相应程序将其移出黑名单。

因本办法第四条第一款第(5)(6)项情形被列入黑名单的,可在列入之日起3个月内向列入机关提出信用修复申请,并在3个月内完成信用修复。

修复信用由列入机关组织,包括以下内容:

1. 公开信用承诺

承诺内容包括依法诚信经营的具体要求、自愿接受社会监督、违背承诺自愿接受联合惩戒等。信用承诺书须通过当地文化和旅游行政部门网站、全国旅游监管服务平台、"信用中国"网站同步向社会公布。

2. 参加信用修复专题培训

培训时长不少于3小时,接受信用修复培训情况记入失信主体信用记录,纳入全国信用信息共享平台。

1.3 实训指导

一、实训任务

将学生进行编组,每组 4~8 名同学,组内由学生自行分工合作,进行资料收集、整理、制作、美化、展示、汇报等工作。教师可以发布实训任务一览表中的任务,每组同学以此任务作为主题,利用课余时间进行展示材料的整理与制作。在此基础上,教师将利用 2~4 课时时间,用于学生自行汇报展示其工作成果。任务目的在于了解旅行社运营规范,掌握旅游责任险、服务质量保证金、旅游市场黑名单等制度。

实训任务一览表

序号	实训任务名称	实训学时
01	案例解读《旅行社条例》主要条款	2~4
02	举例说明旅游市场黑名单制度	

注:教师可根据需要选用实训项目和学时。

二、成果要求

每组同学制作完成一份 WORD 文档和一份展示 PPT,WORD 文档用于图文资料的整理汇总,PPT 文件用于课堂汇报展示,并将上述两个文件放入文件夹,命名规则为"班级名称+小组编号+任务名称"。

项目拓展:

旅行社行业发展现状及趋势分析

三、考核标准

评价标准与打分

项目	考核内容和要求	分值	得分	备注
态度	能够按时完成,积极主动,组内分工合作	20		
内容	导向正确、内容完整、准确,逻辑清晰	20		
形式	格式规范、语言简洁、图表样式美观	20		
展示	仪态形象得当,表达清楚,语言流畅	20		
创新	内容、格式、展示过程有创意,特色明显	20		
	小计	100		

知识自检5:

项目六

旅游资源保护法律制度

【内容框架】

1.1 项目导例

　　中国首批十大国家公园名录

1.2 知识平台

　　知识模块6-1　爱护旅游资源，保护生态环境

　　知识模块6-2　保护自然资源，守护文明成果

　　知识模块6-3　守护人文家园，弘扬中华文化

1.3 实训指导

【学习目标】

思政要点："绿水青山就是金山银山"，建设生态文明是中华民族永续发展的千年大计，要像对待生命一样对待生态环境。

知识目标：了解风景名胜区、自然保护区设立、管理、保护和合理利用的规定及其相关法律责任的规定，了解野生动植物的保护、管理及相关法律责任的规定，了解文物、文物保护及其相关法律责任的规定；熟悉国家级文化生态保护区及其建设理念、申报与设立、建设与管理的规定，熟悉非物质文化遗产保护原则、代表性项目传承与传播及相关法律责任的规定，熟悉世界文化遗产和自然遗产名录、非物质文化遗产名录以及缔约国义务的规定；掌握博物馆设立、管理、社会服务及相关法律责任的规定。

技能目标：收集、整理、分析相关案例和资料，通过制作、美化、展示、汇报等工作，了解旅游资源保护法律法规体系，熟悉自然资源和人文资源保护的相关法律法规。

1.1 项目导例 中国首批十大国家公园名录

国家公园是自然保护地的类型之一,属于禁止开发区域,以保护大面积的自然生态系统为目的。如同美国黄石国家公园、南非克鲁格国家公园、阿根廷冰川国家公园、新西兰峡湾国家公园等这些世界著名的国家公园一样,我国这次选择的试点也是各具特点的自然宝地。

目前首批挑选了10处国家公园体制试点,是我们要留给子孙后代的珍贵自然遗产。让我们一起详细了解这10处"宝地"都在哪儿吧!

1. 三江源国家公园

地处青藏高原的青海省,因属长江、黄河、澜沧江(湄公河)三大水系发源地而得名。该地区平均海拔4 000米以上,作为"中华水塔"的三江源,是我国重要的淡水供给地,维系着全国乃至亚洲水生态安全命脉,是全球气候变化反应最为敏感的区域之一,也是我国生物多样性保护优先区之一。2000年5月青海省成立"三江源自然保护区",2003年1月国务院批准为国家级自然保护区。2016年,该地成为中华人民共和国首个国家公园。

2. 大熊猫国家公园

地跨中国四川省、陕西省和甘肃省的广大地区,以大熊猫的栖息地和繁殖地区为主体。旨在加强大熊猫栖息地廊道建设,连通原本相互隔离的栖息地,以实现隔离大熊猫种群之间的基因交流。2018年10月29日,大熊猫国家公园管理局在四川省成都市正式成立。

3. 东北虎豹国家公园

地跨中国吉林省、黑龙江省广大地区,是东北虎、东北豹的栖息地和繁殖地区。该国家公园旨在有效保护和恢复东北虎豹野生种群,实现其稳定繁衍生息。并有效解决东北虎豹保护与当地发展之间的矛盾。2017年,东北虎豹国家公园管理局在长春挂牌成立。

4. 湖北神农架国家公园

地处湖北省西北部,因相传华夏始祖炎帝神农氏在此搭架采药,亲尝百草而得名。拥有被称为"地球之肺"的亚热带森林生态系统、被称为"地球之肾"的泥炭藓湿地生态系统,是世界生物活化石聚集地和古老、珍稀、特有物种避难所,被誉为北纬31°的绿色奇迹。这里有珙桐、红豆杉等国家重点保护的野生植物,也有金丝猴、金雕等重点保护野生动物。该处保护地同时是世界自然遗产、中国国家级自然保护区、中国国家地质公园和世界地质公园。

5. 浙江钱江源国家公园

位于中国浙江省开化县,是钱塘江的发源地,包括古田山国家级自然保护区、钱江源国家级森林公园、钱江源省级风景名胜区以及连接自然保护地之间的生态区域。是中国特有的世界珍稀濒危物种、国家一级重点保护野生动物白颈长尾雉、黑麂的主要栖息地。

6. 湖南南山国家公园

位于中国湖南省城步苗族自治县,包括南山国家级风景名胜区、金童山国家级自然保护区、两江峡谷国家森林公园、白云湖国家湿地公园以及连接自然保护地之间的生态区域,这里植物区系起源古老,是生物物种遗传基因资源的天然博物馆,生物多样性非常丰富,还是重要的鸟类迁徙通道。

7. 武夷山国家公园

位于中国福建省西北部和江西省东北部交界的武夷山脉中的一片低山丘陵内,是第一批国家重点风景名胜区、联合国教科文组织评定的世界文化与自然双重遗产。该国家公园的范围包括福建武夷山国家级自然保护区、武夷山国家级风景名胜区和九曲溪上游保护地带。这里是全球生物多样性保护的关键地区,保存了地球同纬度最完整、最典型、面积最大的中亚热带原生性森林生态系统,也是珍稀、特有野生动物的基因库。

8. 北京长城国家公园

位于北京市延庆区内,整合了延庆世界地质公园的一部分、八达岭—十三陵国家级风景名胜区的一部分、八达岭国家森林公园和部分八达岭长城世界文化遗产。旨在有效保护当地的人文资源,追求人文与自然资源协调发展。

9. 云南普达措国家公园

位于云南省迪庆藏族自治州香格里拉市境内,最高海拔4 159.1米,是中国云南省林业厅确立的第一个国家公园,国家发展改革委于2016年追认了其地位。普达措拥有丰富的生态资源,拥有湖泊湿地、森林草甸、河谷溪流、珍稀动植物等,至今保持完整的原始森林生态系统。

10. 祁连山国家公园

该国家公园所在的祁连山脉是中国境内主要山脉之一,位于青藏高原北缘、河西走廊南侧,又名南山,地跨甘肃和青海,西接阿尔金山山脉,东至兰州兴隆山,南与柴达木盆地和青海湖相连,山脉西北至东南走向,有山地草原和针叶树林交替分布。是我国生物多样性保护优先区域、世界高寒种质资源库和野生动物迁徙的重要廊道,还是雪豹、白唇鹿等珍稀野生动植物的重要栖息地和分布区。试点旨在推动形成人与自然和谐共生新格局。

(来源:搜狐网、百度网)

1.2 知识平台

知识模块 6-1　爱护旅游资源，保护生态环境

旅游资源是发展旅游业的基础。目前，世界各国在大力发展旅游业，充分开发利用旅游资源的同时，也非常重视旅游资源的保护问题，并将其视为旅游业持续发展的根本保证。

第一节　旅游资源的概念与分类

《旅游资源分类、调查与评价》（GB/T18972 2017版）二维码

一、旅游资源的概念与分类

（一）旅游资源的概念

《旅游资源分类、调查与评价》（GB/T18972—2017）对旅游资源的概念作出了如下表述：自然界和人类社会凡能对旅游者产生吸引力，可以为旅游业开发利用，并可产生经济效益、社会效益和环境效益的各种事物和因素都称为旅游资源。2007年9月4日由国家旅游局发布并实施的《旅游资源保护暂行办法》，第二条规定对旅游资源作了相同的定义。从上述旅游资源的概念可概括其特征：

《旅游资源保护暂行办法》二维码

（1）旅游资源是客观存在的。旅游资源是客观存在的旅游活动的客体，可以是物质的，也可以是精神的、非物质的；可以是已被开发利用的，也可以是尚未被开发利用的。

（2）能对旅游者产生吸引力。旅游资源具有美学特征，能满足旅游者求新、求异、求知、求美等精神需求，吸引旅游者参加旅游活动，是旅游资源的核心特征。

旅游资源是一个发展的概念，随着旅游业的发展和科学技术的进步，资源潜能的不断发挥，人们对旅游资源的内涵会有更深的理解与认识。

（3）旅游资源能被旅游业所利用，产生经济效益、社会效益和环境效益。

（二）旅游资源的分类

《旅游资源分类、调查与评价》依据旅游资源现存状况、形态和特征，把旅游资源分为地文景观、水域风光、生物景观、天象与气候景观、遗址遗迹、建筑与设施、旅游商品和人文活动8个主类、31个亚类、155个基本类型。从属性上来看，这8种主类旅游资源仍然是从自然旅游资源和人文旅游资源的角度进行划分的，前4个主类和后4个主

目前应用最广的分类方法，是按照资源的性质和成因，划分为自然旅游资源和人文旅游资源两大类。

项目六　旅游资源保护法律制度　107

类分属人们已熟知的自然旅游资源与人文旅游资源。自然旅游资源与人文旅游资源的划分不是绝对的,如我国的泰山、黄山,作为世界文化与自然双重遗产,既有自然旅游资源的属性,又有人文旅游资源的属性。

二、旅游资源的保护

旅游资源在遭受不太严重的破坏之后,有些可以自然恢复,例如植被,但需要很长的时间;有些可以利用人力重新复原,例如建筑物等,当然需付出很大的经济代价,也需要相当长的时间。但有些旅游资源,例如山体、洞穴、古生物化石、文物古迹等,一经破坏便不可能恢复。这就使它们具有了不可替代性。近年来重建的历史建筑都属于新建筑,不再属于历史文物,便不再具有历史价值。人们只能从这些新建物中追思其历史风貌而已。当然,很久以后它们会重新获得历史价值,但这要从重建年代开始。

(一) 旅游资源立法

《马尼拉宣言》二维码

世界旅游组织于1980年发表的《马尼拉宣言》指出,各国的旅游资源,由自然财富和物质财富所构成,对这些资源必须加以有控制地利用,否则将有遭受破坏和毁坏的危险,满足旅游需求不应损害旅游地区人民的社会和经济利益,以及环境和重要的自然资源。所有旅游资源都是人类文化遗产的组成部分,各国和整个国际社会都必须采取必要的步骤加以保护。1972年11月联合国教科文组织通过了《保护世界文化和自然遗产公约》,并从1985年开始分批公布了世界遗产目录,强调保护自然和文化遗产对整个人类的重要性。现已有包括中国在内的160多个缔约国。该公约承认所有缔约国对保护独特的文化与自然遗产应承担义务,"考虑到某些文化遗产和自然遗产具有突出的重要性,因而需要作为全人类世界遗产的一部分加以保护"。

我国政府十分重视旅游资源的保护工作,《中华人民共和国文物保护法》《风景名胜区条例》《中华人民共和国环境保护法》《中华人民共和国自然保护区条例》《旅游资源保护暂行办法》《中华人民共和国旅游法》等,使旅游资源的保护逐步走上了法制化的道路。除此以外,我国其他相关的法律法规中也有关于保护旅游资源的相关条款,如《中华人民共和国森林法》《中华人民共和国草原法》《中华人民共和国海洋环境保护法》等。各省、自治区、直辖市也根据当地的具体情况发布了相应的地方法规。在法律的保障下,我国旅游资源的保护工作取得了较大的成绩。

（二）旅游资源保护法规的基本内容

旅游资源包括的范围较广，凡是调整旅游资源开发、利用与保护的法律规范统称为旅游资源法。

旅游资源保护法规的基本内容主要包括：

1. 规定了旅游资源保护的范围

有关旅游资源保护的法律法规，首先确定了要保护的范围。

2007年9月4日由国家旅游局发布并实施的《旅游资源保护暂行办法》第二条规定：旅游资源保护的范围"包括已开发的各类自然遗产、文化遗产、地质、森林、风景名胜、水利、文物、城市公园、科教、工农业、湿地、海岛、海洋等各类旅游资源，也包括未开发的具有旅游利用价值的各种物质和非物质资源"。

2. 规定了旅游资源保护的原则

《旅游法》第二十一条规定：对自然资源和文物等人文资源进行旅游利用，必须严格遵守有关法律法规的规定，符合资源、生态保护和文物安全的要求，尊重和维护当地传统文化和习俗，维护资源的区域整体性、文化代表性和地域特殊性，并考虑军事设施保护的需要。有关主管部门应当加强对资源保护和旅游利用状况的监督检查。

3. 规定了旅游资源管理机构的职权和任务

为了使有关旅游资源开发、利用、保护的各种法律法规得到落实，国家设立了专门的旅游资源保护机构，如文物保护机构、风景名胜区管理机构、自然保护区管理机构、环境保护机构等，对这些机构的组织、职权和任务，都在相应的法律法规中作出了明确的规定。

4. 规定了各级旅游资源管理机构和旅游者的义务

旅游资源各级主管机构和旅游者在享有开发利用旅游资源权利的同时，必须承担相应的保护义务。如《中华人民共和国环境保护法》规定：凡进入或经过中国领土、领水、领空的外国航空器、船舶、车辆、物资、生物等都必须遵守本法及其他有关规定。这样，便可较为有效地防止外来因素对中国旅游资源和环境的破坏。

5. 有关的法律责任

为了保证有关法律法规的实施，对违反法律法规的规定，破坏旅游资源或保护旅游资源失职者，都规定有相应的处罚，违反法律规定的义务时，要承担相应的法律责任。在我国，承担法律责任的方式主要有民事责任、刑事责任、行政责任等。

三、旅游景区质量等级划分与评定

为加强旅游景区质量等级的评定和管理，提升旅游景区服务质量和管理水平，树立旅游景区行业良好形象，促进旅游业可持续发展，依

> 旅游资源法是指在调整旅游资源的开发、利用与保护过程中所形成的各种法律规范的总称。

《旅游景区质量等级的划分与评定》二维码

《旅游景区质量等级管理办法》二维码

据国家有关法律法规和中华人民共和国国家标准《旅游景区质量等级的划分与评定》及相关评定细则,制定《旅游景区质量等级管理办法》(以下简称《办法》)。《办法》分总则、评定机构与证书标牌、申请与评定、检查员、管理与监督、附则六章三十一条,自2012年5月1日起施行。

《办法》规定:旅游景区是指可接待旅游者,具有观赏游憩、文化娱乐等功能,具备相应旅游服务设施并提供相应旅游服务,且具有相对完整管理系统的游览区。可以从以下几个方面来理解这一定义:旅游景区是一个有明确地域范围的区域;以旅游吸引物为依托;从事旅游休闲活动;有统一的管理机构。通常所说的旅游度假区和风景名胜区都是从属于旅游景区的一个亚区。

(一) 旅游景区质量等级的申请与评定

凡在中华人民共和国境内正式开业一年以上的旅游景区,均可申请质量等级。旅游景区质量划分为5个等级,从低到高依次为1A、2A、3A、4A、5A。其中,3A级及以下等级旅游景区由全国旅游景区质量等级评定委员会授权各省级旅游景区质量等级评定委员会负责评定,省级旅游景区评定委员会可向条件成熟的地市级旅游景区评定委员会再行授权。4A级旅游景区由省级旅游景区质量等级评定委员会推荐,全国旅游景区质量等级评定委员会组织评定。5A级旅游景区从4A级旅游景区中产生。被公告为4A级三年以上的旅游景区可申报5A级旅游景区。5A级旅游景区由省级旅游景区质量等级评定委员会推荐,全国旅游景区质量等级评定委员会组织评定。

(二) 5A级旅游景区的评定程序

(1)资料审核。全国旅游景区质量等级评定委员会依据景区评定标准和细则规定,对景区申报资料进行全面审核,通过审核的景区,进入景观评估程序,未通过审核的景区,一年后方可再次申请重审。

(2)景观价值评价。全国旅游景区质量等级评定委员会组建由相关方面专家组成的评议组,听取申报景区的陈述,采取差额投票方式,对景区资源吸引力和市场影响力进行评价,通过景观评价的景区,进入现场检查环节,未通过景观评价的景区,两年后方可再次申请重审。

(3)现场检查。全国旅游景区质量等级评定委员会组织国家级检查员成立评定小组,采取暗访方式对景区服务质量与环境质量进行现场检查,现场检查达标的景区,进入社会公示程序,未达标的景区,一年后方可再次申请现场检查。

(4)社会公示。全国旅游景区质量等级评定委员会对达到标准的申报景区,在中国旅游网上进行七个工作日的社会公示。公示阶段无重大异议或重大投诉的旅游景区通过公示,若出现重大异议或重大投诉的情况,将由全国旅游景区质量等级评定委员会进行核实和调查,作出相应决定。

(5) 发布公告。经公示无重大异议或重大投诉的景区,由全国旅游景区质量等级评定委员会发布质量等级认定公告,颁发证书和标牌。

第二节　风景名胜区的保护与管理

一、风景名胜区的概念与功能

(一) 风景名胜区的概念

风景名胜区的称谓,曾一度比较混乱,如自然风景区、旅游风景区、风景游览区、风景旅游区、风景保护区等。2006年9月19日国务院颁布,2006年12月1日实施的《风景名胜区条例》规定了"风景名胜区"的特有含义:具有观赏、文化或者科学价值,自然景观、人文景观比较集中,环境优美,可供人们游览或者进行科学、文化活动的区域。这是从立法的角度对风景名胜区所作的概括和界定。

《风景名胜区条例》二维码

(二) 风景名胜区的功能

1. 生态功能

风景区有保护自然资源、维护生态平衡、防止自然灾害等生态防护功能。

2. 游憩功能

风景名胜区有良好的生态环境、美丽的自然风光和丰富的文物古迹,有给人提供游憩、陶冶身心、促进人与自然协调发展的游憩健身功能。

3. 景观功能

风景区由自然界中各种物体的形、色、质、光、声、态因素相互影响、相互交织、相互配合而成,使人感受到险、秀、雄、幽、旷、奥、坦等千变万化的自然之美和各种瑰丽多彩的人文之美。

4. 科教功能

风景区内有独特的地形地貌、稀有的生物、历史古迹、宗教与民族乡土建筑,它们都具有一定的文化气息,因此风景区成了科学考察、传播文化和爱国主义教育的重要场所。

项目六　旅游资源保护法律制度

5. 经济性功能

风景区有一、二、三产业的潜能,有推动旅游经济、调节城乡结构、带动地区全面发展的经济催化功能。

二、风景名胜区的设立

(一) 设立风景名胜区的条件

(1) 具有观赏、文化或者科学价值;
(2) 自然景观、人文景观比较集中;
(3) 可供人们游览或者进行科学、文化活动。

(二) 风景名胜区的等级

《风景名胜区条例》规定,风景名胜区按其景物的观赏、文化、科学价值和环境质量、规模大小、游览条件划分为两个等级。

1. 国家级风景名胜区

具有国家代表性的,规模和范围特别宏大,能为人们提供特别优越的游览条件的风景名胜区可以申请设立国家级风景名胜区。设立国家级风景名胜区,由省、自治区、直辖市人民政府提出申请,国务院建设主管部门会同国务院环境保护主管部门、林业主管部门、文物主管部门等有关部门组织论证,提出审查意见,报国务院批准公布。

2. 省级风景名胜区

具有区域代表性的,可以申请设立省级风景名胜区。设立省级风景名胜区,由县级人民政府提出申请,省、自治区人民政府建设主管部门或者直辖市人民政府风景名胜区主管部门,会同其他有关部门组织论证,提出审查意见,报省、自治区、直辖市人民政府批准公布。

三、风景名胜区的规划

《风景名胜区条例》第三条规定:国家对风景名胜区实行科学规划、统一管理、严格保护、永续利用的原则。《风景名胜区条例》第十二条规定:风景名胜区规划分为总体规划和详细规划。

(一) 风景名胜区总体规划

总体规划应当包括下列内容:风景资源评价;生态资源保护措施、重大建设项目布局、开发利用强度;风景名胜区的功能结构和空间布局;禁止开发和限制开发的范围;风景名胜区的游客容量;有关专项规划。

风景名胜区应当自设立之日起2年内编制完成总体规划,总体规划的规划期一般为20年。

> 风景名胜区规划是保护培育、开发利用和经营管理风景名胜区,并发挥其多种功能作用的统筹部署和具体安排。经相应的人民政府审查批准后的风景名胜区规划,具有法律权威性,必须严格执行。

(二)风景名胜区详细规划

风景名胜区详细规划应当根据核心景区和其他景区的不同要求编制,确定基础设施、旅游设施、文化设施等建设项目的选址、布局与规模,并明确建设用地范围和规划设计条件。风景名胜区详细规划,应当符合风景名胜区总体规划。

四、风景名胜区的保护、利用和管理

(一)风景名胜区保护的原则

《风景名胜区条例》规定:国家对风景名胜区实行科学规划、统一管理、严格保护、永续利用的原则。

(二)风景名胜区的利用与管理

保护与开发风景名胜区旅游资源的目的就是更好地利用,充分利用风景名胜区旅游资源的特点,开展健康有益的游览活动,产生可观的经济效益和社会效益。但在充分利用旅游资源的同时,也应加强风景名胜区的管理工作,保证可持续发展。

五、法律责任

《风景名胜区条例》专门设立了"法律责任"一章,对违法行为,给予比较严厉的处罚。

(一)有下列行为之一的,由风景名胜区管理机构责令停止违法行为、恢复原状或者限期拆除,没收违法所得,并处 500 000 元以上 1 000 000 元以下的罚款:

(1)在风景名胜区内进行开山、采石、开矿等破坏景观、植被、地形地貌的活动的;

(2)在风景名胜区内修建储存爆炸性、易燃性、放射性、毒害性、腐蚀性物品的设施的;

(3)在核心景区内建设宾馆、招待所、培训中心、疗养院以及与风景名胜资源保护无关的其他建筑物的。

县级以上地方人民政府及其有关主管部门批准实施本条第一款规定的行为的,对直接负责的主管人员和其他直接责任人员依法给予降级或者撤职的处分;构成犯罪的,依法追究刑事责任。

(二)在风景名胜区内从事禁止范围以外的建设活动,未经风景名胜区管理机构审核的,由风景名胜区管理机构责令停止建设、限期拆除,对个人处 20 000 元以上 50 000 元以下的罚款,对单位处

200 000元以上500 000元以下的罚款。

（三）在国家级风景名胜区内修建缆车、索道等重大建设工程，项目的选址方案未经国务院建设主管部门核准，县级以上地方人民政府有关部门核发选址意见书的，对直接负责的主管人员和其他直接责任人员依法给予处分；构成犯罪的，依法追究刑事责任。

（四）个人在风景名胜区内进行开荒、修坟立碑等破坏景观、植被、地形地貌的活动的，由风景名胜区管理机构责令停止违法行为、限期恢复原状或者采取其他补救措施，没收违法所得，并处1 000元以上10 000元以下的罚款。

（五）在景物、设施上刻划、涂污或者在风景名胜区内乱扔垃圾的，由风景名胜区管理机构责令恢复原状或者采取其他补救措施，处50元的罚款；刻划、涂污或者以其他方式故意损坏国家保护的文物、名胜古迹的，按照治安管理处罚法的有关规定予以处罚；构成犯罪的，依法追究刑事责任。

（六）未经风景名胜区管理机构审核，在风景名胜区内进行下列活动的，由风景名胜区管理机构责令停止违法行为、限期恢复原状或者采取其他补救措施，没收违法所得，并处50 000元以上100 000元以下的罚款；情节严重的，并处100 000元以上200 000元以下的罚款；设置、张贴商业广告的；举办大型游乐等活动的；改变水资源、水环境自然状态的活动的；其他影响生态和景观的活动。

（七）施工单位在施工过程中，对周围景物、水体、林草植被、野生动物资源和地形地貌造成破坏的，由风景名胜区管理机构责令停止违法行为、限期恢复原状或者采取其他补救措施，并处20 000元以上100 000元以下的罚款；逾期未恢复原状或者采取有效措施的，由风景名胜区管理机构责令停止施工。

（八）国务院建设主管部门、县级以上地方人民政府及其有关主管部门有下列行为之一的，对直接负责的主管人员和其他直接责任人员依法给予处分；构成犯罪的，依法追究刑事责任。

……

（九）风景名胜区管理机构有下列行为之一的，由设立该风景名胜区管理机构的县级以上地方人民政府责令改正；情节严重的，对直接负责的主管人员和其他直接责任人员给予降级或者撤职的处分；构成犯罪的，依法追究刑事责任。

……

第三节　世界文化和自然遗产

世界遗产概念的提出是人类文明发展到一定阶段的标志,它代表了对自然的尊重,对人类创造的总结和礼赞。

一、世界遗产的概念

联合国教育、科学及文化组织大会于 1972 年 10 月 17 日至 11 月 21 日在巴黎举行的第十七届会议上通过了《保护世界文化和自然遗产公约》,该公约将世界遗产定义为:世界遗产是指前代所遗留的,对人类生存和发展具有特殊价值而为国际社会特别加以保护的自然和文化遗产。中国于 1985 年 12 月 12 日加入《保护世界文化和自然遗产公约》,成为缔约方。1999 年 10 月 29 日,中国当选为世界遗产委员会成员。

《保护世界文化和自然遗产公约》二维码

二、世界遗产的分类

世界遗产是全人类公认的具有突出意义和普遍价值的文物古迹及自然景观。狭义的世界遗产包括"世界文化遗产""世界自然遗产""世界文化与自然遗产"和"文化景观"四类。广义的世界遗产,根据形态和性质分为文化遗产、自然遗产、文化和自然双重遗产、记忆遗产、非物质文化遗产、文化景观。

（一）文化遗产

是指具有历史学、美学、考古学、科学、民族学或人类学价值的纪念地、建筑群和遗址。《保护世界文化和自然遗产公约》规定,属于下列各类内容之一者,可列为文化遗产,具体包括以下三类:

(1) 文物:从历史、艺术或科学角度看,具有突出、普遍价值的建筑物、雕刻和绘画,具有考古意义的成分或结构,铭文、洞穴、住区及各类文物的综合体;

(2) 建筑群:从历史、艺术或科学角度看,因其建筑的形式、同一性及其在景观中的地位,具有突出、普遍价值的单独或相互联系的建筑群;

(3) 遗址:从历史、美学、人种学或人类学角度看,具有突出、普遍价值的人类工程或自然与人的联合工程以及考古遗址地带。

（二）自然遗产

自然遗产是指具有突出价值的自然生物学和地质学形态,濒危动植物物种栖息地,以及具有科学、美学和保护价值的地区。具体包括以下三类。

(1) 从审美或科学角度看具有突出的普遍价值的由物质和生物结构或这类结构群组成的自然面貌。

(2) 从科学或保护角度看具有突出的普遍价值的地质和自然地理结构以及明确划为受威胁的动物和植物栖息地。

(3) 从科学、保护或自然美角度看具有突出的普遍价值的天然名胜或明确划分的自然区域。

凡提名列入《世界遗产名录》的自然遗产项目,必须符合下列一项或几项标准方可获得批准:代表地球演化历史中重要阶段的突出例证;代表进行中的重要地质过程、生物演化过程以及人类与自然环境相互关系的突出例证;独特、稀有或绝妙的自然现象、地貌或具有罕见自然美的地域;尚存的珍稀或濒危动植物栖息地。

(三) 文化遗产与自然遗产混合体

文化与自然混合遗产简称"混合遗产""复合遗产""双重遗产"。按照《实施保护世界文化与自然遗产公约的操作指南》,只有同时部分满足《保护世界文化与自然遗产公约》中关于文化遗产和自然遗产定义的遗产项目才能成为文化与自然混合遗产。如泰山、黄山、峨眉山、乐山大佛。

(四) 文化景观

文化景观这一概念是 1992 年 12 月在美国召开的联合国教科文组织世界遗产委员会第 16 届会议上提出并纳入《世界遗产名录》中的。文化景观即《保护世界文化和自然遗产公约》第一条所表述的"自然与人的联合工程",是人类活动所创造的景观,它反映文化体系的特征和一个地区的地理特征。文化景观的形成是个长期的过程,每一历史时代人类都按照其文化标准对自然环境施加影响,并把它们改变成文化景观。文化景观的内容除一些具体事物外,还有一种可以感觉到而难以表达出来的"气氛",它往往与宗教教义、社会观念和政治制度等因素有关,是一种抽象的观感。具体包括以下三类:

(1) 由人类有意设计和建筑的景观。包括出于美学原因建造的园林和公园景观,它们经常(但并不总是)与宗教或其他纪念性建筑物或建筑群有联系。

(2) 有机进化的景观。它产生于最初始的一种社会、经济、行政以及宗教需要。并通过与周围自然环境的相联系或相适应而发展到目前的形式。

(3) 关联性文化景观。这类景观列入《世界遗产名录》,以与自然因素、强烈的宗教、艺术或文化相联系为特征,而不是以文化物证为特征。

此外,列入《世界遗产名录》的古迹遗址、自然景观一旦受到某种严重威胁,经过世界遗产委员会调查和审议,可列入《濒危世界遗产名录》,以待采取紧急抢救措施。

(五) 非物质文化遗产

人类非物质文化遗产,是指经联合国教科文组织评选确定而列入《人类非物质文化遗产代表作名录》的遗产项目,是指被各社区、群体,有时是个人,视为其文化遗产组成部分的各种社会实践、观念表述、表现形式、知识、技能以及相关的工具、实物、手工艺品和文化场所,是相对于有形遗产,即可传承的物质遗产而言的概念。2003年10月通过的《保护非物质文化遗产国际公约》指出,非物质文化遗产应涵盖五个方面的项目:

《保护非物质文化遗产国际公约》二维码

(1) 口头传统和表现形式,包括作为非物质文化遗产媒介的语言;
(2) 表演艺术;
(3) 社会实践、仪式、节庆活动;
(4) 有关自然界和宇宙的知识和实践;
(5) 传统手工艺。

中国有国家级非物质文化遗产名录,申报联合国非物质文化遗产代表作需先入国家级名录。

(六) 记忆遗产

世界记忆遗产又称世界记忆工程或世界档案遗产,是联合国教科文组织于1992年启动的一个文献保护项目,是世界文化遗产保护项目的延伸,侧重于文献记录,包括博物馆、档案馆、图书馆等文化事业机构保存的任何介质的珍贵文件、手稿、口述历史的记录以及古籍善本等。其目的是对世界范围内正在逐渐老化、损毁、消失的文献记录,通过国际合作与使用最佳技术手段进行抢救,从而使人类的记忆更加完整。

三、世界遗产的保护

对于世界遗产的保护,《保护世界文化和自然遗产公约》规定:保护世界遗产主要是有关国家的责任,在尊重遗产所在国的主权,不使所在国规定的财产权受到损失的前提下,承认它是世界遗产的一部分,整个国际社会有责任合作予以保护;缔约国应为承认并保证本国各类世界遗产的确定、保护、保存、展出和遗传后代,主要是有关国家的责任;该国将为此目的竭尽全力,最大限度地利用本国资源,必要时利用所能获得的国际援助和合作,特别是财政、艺术、科学及技术方面的援助和合作。为保护、保存和展出本国领土内的文化和自然遗产采取积极有效的措施,各缔约国应视本国具体情况尽力做到以下几点:

我国世界遗产名录二维码

通过一项旨在使文化和自然遗产在社会生活中起一定作用并把遗产保护工作纳入全面规划计划的总政策;如本国内尚未建立负责文化和自然遗产的保护、保存和展出的机构,则建立一个或几个此类机构,配备适当的工作人员和为履行其职能所需的手段;发展科学和技术研究,并制定出能够抵抗威胁本国文化或自然遗产的危险的实际方法;采取为确定、保护、保存、展出和恢复这类遗产所需的适当的法律、科学、技术、行政和财政措施;促进建立或发展有关保护、保存和展出文化和自然遗产的国家或地区培训中心,并鼓励这方面的科学研究。

知识模块 6-2　保护自然资源,守护文明成果

第一节　自然保护区的保护与管理

自然旅游资源保护法不是一个法,而是国家以管理和保护自然旅游资源为主要内容的一系列法律规范的总和。

1872 年,世界上第一个自然保护区——美国黄石国家公园建立。从此以后,世界各国都认识到建立自然保护区的重要意义。在全球建立起数量众多的自然保护区,形成了广泛的自然保护区网。

为了加强自然保护区的建设和管理,保护自然环境和自然资源,国务院于 1994 年 9 月 2 日第 24 次常委会讨论通过了《中华人民共和国自然保护区条例》(以下简称《自然保护区条例》)。该条例自 1994 年 12 月 1 日起实施,标志着我国对自然保护区的建设和管理走上了法制化的道路。

《中华人民共和国自然保护区条例》二维码

一、自然保护区的概念

自然保护区是指对有代表性的自然生态系统,珍稀濒危野生动植物物种的天然集中分布区和有特殊意义的自然遗址等保护对象所在的陆地、水体或者海域,依法划出一定面积予以特殊保护和管理的区域。自然保护区因其保护的对象有不同的类型,因而有不同的名称,世界各国使用的名称有国家公园、自然公园、保护公园、生物保护区、森林保护区、狩猎动物保护区等。我国一般称自然保护区、国家森林公园等。

自然保护区按保护对象和目的可分为6种类型：
(1) 以保护完整的综合自然生态系统为目的的自然保护区；
(2) 以保护某些珍贵动物资源为主的自然保护区；
(3) 以保护珍稀孑遗植物及特有植被类型为目的的自然保护区；
(4) 以保护自然风景为主的自然保护区和国家公园；
(5) 以保护特有的地质剖面及特殊地貌类型为主的自然保护区；
(6) 以保护沿海自然环境及自然资源为主要目的的自然保护区。

二、自然保护区的建立和分级

（一）自然保护区建立的条件

根据我国《自然保护区条例》的规定，凡具有下列条件之一的，应当建立自然保护区：

(1) 典型的自然地理区域、有代表性的自然生态系统区域以及已经遭受破坏但经保护能够恢复的同类自然生态系统区域；
(2) 珍稀、濒危野生动植物物种的天然集中分布区域；
(3) 具有特殊保护价值的海域、海岸、岛屿、湿地、内陆水域、森林、草原和荒漠；
(4) 具有重大科学文化价值的地质构造、著名溶洞、化石分布区、冰川、火山、温泉等自然遗迹；
(5) 经国务院或者省、自治区、直辖市人民政府批准，需要予以特殊保护的其他自然区域。

（二）自然保护区的分级

我国自然保护区分为国家级自然保护区和地方级自然保护区。

国家级自然保护区指在国内外有典型意义、在科学上有重大国际影响或者有特殊科学研究价值的自然保护区。

地方级自然保护区指国家级自然保护区以外，其他具有典型意义或者重要科学研究价值的自然保护区。

三、自然保护区的管理机构

我国对自然保护区实行综合管理和部门管理相结合的管理体制。国务院环境保护行政主管部门负责全国自然保护区的综合管理。国务院林业、农业、地质矿产、水利、海洋等有关行政主管部门在各自的职责范围内，主管有关的自然保护区。

国家级自然保护区，由其所在地的省、自治区、直辖市人民政府有关自然保护区行政主管部门或者国务院有关自然保护区行政主管部门管理。地方级自然保护区,由其所在地的县级以上地方人民政府有关自然保护区行政主管部门管理。有关自然保护区行政主管部门应当在自然保护区内设立专门的管理机构,配备专业技术人员,负责自然保护区的具体管理工作。

四、自然保护区保护

为了保护和管理自然保护区,国家规定了一系列的保护管理措施。

(一) 自然保护区界标的规定

自然保护区的范围和界线由批准建立自然保护区的人民政府确定,并标明区界,予以公告。任何单位和个人不得移动自然保护区的界标。

(二) 分区保护的规定

为了对自然保护区内不同级别的资源进行有针对性的保护和管理,自然保护区可以分为核心区、缓冲区和实验区,在不同的区域内实行不同的保护手段:

核心区。自然保护区内保存完好的天然状态的生态系统以及珍稀、濒危动植物的集中分布地,应当划为核心区。除经省级以上人民政府有关自然保护区行政管理部门批准,否则禁止任何单位和个人进入,也不允许进入从事科学研究活动。

缓冲区。核心区外围可以划定一定面积的缓冲区。该区域内只准进入从事科学研究观测活动。

实验区。缓冲区外围划为实验区,可以进入从事科学试验、教学实习、参观考察、旅游以及驯化、繁殖珍稀、濒危野生动植物等活动。

原批准建立自然保护区的人民政府认为必要时,可以在自然保护区的外围划定一定面积的外围保护地带。

五、法律责任

(1) 有下列行为之一的单位和个人,由自然保护区管理机构责令其改正,并可以根据不同情节处以 100 元以上 5 000 元以下的罚款:擅自移动或者破坏自然保护区界标的;未经批准进入自然保护区或者在自然保护区内不服从管理机构管理的;经批准在自然保护区的缓冲区内从事科学研究、教学实习和标本采集的单位和个人,不向自然保护区管理机构提交活动成果副本的。

(2) 在自然保护区进行砍伐、放牧、狩猎、捕捞、采药、开垦、烧荒、开矿、采石、挖沙等活动的单位和个人,除可以依照有关法律、行政法规规定给予处罚以外,由县级以上人民政府有关自然保护区行政主管部门或者其授权的自然保护区管理机构没收违法所得,责令停止违法行为,限期恢复原状或者采取其他补救措施;对自然保护区造成破坏的,可以处以300元以上10 000元以下的罚款。

(3) 自然保护区管理机构违反本条例规定,拒绝环境保护行政主管部门或者有关自然保护区行政主管部门监督检查,或者在被检查时弄虚作假的,由县级以上人民政府环境保护行政主管部门或者有关自然保护区行政主管部门给予300元以上3 000元以下的罚款。

(4) 自然保护区管理机构违反本条例规定,有下列行为之一的,由县级以上人民政府有关自然保护区行政主管部门责令限期改正;对直接责任人员,由其所在单位或者上级机关给予行政处分:未经批准在自然保护区开展参观、旅游活动的;开设与自然保护区保护方向不一致的参观、旅游项目的;不按照批准的方案开展参观、旅游活动的。

(5) 造成自然保护区重大污染或者破坏事故,导致公私财产重大损失或者人身伤亡的严重后果,构成犯罪的,对直接负责的主管人员和其他直接责任人员依法追究刑事责任。

第二节　国家公园体制

国家公园是指由国家批准设立并主导管理,边界清晰,以保护具有国家代表性的大面积自然生态系统为主要目的,实现自然资源科学保护和合理利用的特定陆地或海洋区域。

在2013年11月第十八届三中全会通过的《中共中央关于全面深化改革若干重大问题的决定》(以下简称《决定》)中就明确提出,要"加快生态文明制度建设""建立国家公园体制"。作为生态文明制度建设的重要内容,建立国家公园体制对于推进自然资源科学保护和合理利用,促进人与自然和谐共生,推进美丽中国建设,具有极其重要的意义。

一、国家公园概述

综观世界上各种类型、各种规模的国家公园,一般都具有两个比较明显的特征:一是国家公园自然状况的天然性和原始性,即国家公园通常都以天然形成的环境为基础,以天然景观为主要内容,人为的建筑、设施只是为了方便而添置的必要辅助。二是国家公园景观资源的珍稀性和独特性,即国家公园天然或原始的景观资源往往为一国所罕见,并在国内,甚至在世界上都有着不可替代的重要而特别的影响。

截至 2020 年,我国已经开展了三江源、东北虎豹、大熊猫、祁连山、长城、神农架、武夷山、钱江源、南山、普达措 10 个国家公园试点,总面积约 22 万平方公里。

二、中国的国家公园体制总体方案

为加快构建国家公园体制,在总结试点经验基础上,借鉴国际有益做法,立足我国国情,中共中央办公厅、国务院办公厅于 2017 年 9 月 26 日印发并实施了《建立国家公园体制总体方案》。

《建立国家公园体制总体方案》二维码

(一) 一个定位

国家公园是我国自然保护地最重要的类型之一,属于全国主体功能区规划中的禁止开发区域,纳入全国生态保护红线区域管控范围,实行最严格的保护。国家公园的首要功能是重要自然生态系统的原真性、完整性保护,同时兼具科研、教育、游憩等综合功能。

(二) 两个时间节点

2020 年,国家公园体制试点基本完成,整合设立一批国家公园,分级统一的管理体制基本建立,国家公园总体布局初步形成。

到 2030 年,国家公园体制更加健全,分级统一的管理体制更加完善,保护管理效能明显提高。

(三) 三大基本原则

1. 科学定位、整体保护

坚持将山水林田湖草作为一个生命共同体,统筹考虑保护与利用,对相关自然保护地进行功能重组,合理确定国家公园的范围。按照自然生态系统整体性、系统性及其内在规律,对国家公园实行整体保护、系统修复、综合治理。

2. 合理布局、稳步推进

立足我国生态保护现实需求和发展阶段,科学确定国家公园空间布局。将创新体制和完善机制放在优先位置,做好体制机制改革过程中的衔接,成熟一个设立一个,有步骤、分阶段推进国家公园建设。

3. 国家主导、共同参与

国家公园由国家确立并主导管理。建立健全政府、企业、社会组织和公众共同参与国家公园保护管理的长效机制,探索社会力量参与自然资源管理和生态保护的新模式。加大财政支持力度,广泛引导社会资金多渠道投入。

(四) 四大发展方向

1. 建立国家层面的《国家公园法》

我国目前自然保护区管理依据的是《自然保护区条例》以及相关的《土地管理法》《环境保护法》以及《海洋保护法》等，国家公园体制应该是我国自然保护事业发展的一个契机，制定出一部综合的法来适应当前自然保护形势，既是理顺管理体制，也是给予环境保护工作者巨大的工作动力。

2. 注重社区利益

我国自然保护区建设初期，并没有过多考虑社区的利益，土地权属问题、生计资源供给问题等都成了历史遗留问题。究其原因，还是保护区管理部门与地方政府没有及时关注社区利益。当地居民是建设国家公园的重要参与者以及政策的执行者。国家公园带给当地居民一定的利益，当地居民主动建设国家公园，这应该是理想的发展模式，从而走出一条具有中国特色的国家公园体制道路。

3. 倡导全社会参与建设管理国家公园

所谓全社会参与，就是"让公众进得来，再次愿意来"。我国生态文明体制的构建，离不开公众的积极参与，国家公园体制作为生态文明体制的"排头兵"，应该培育公众的生态文明自省意识，倡导全社会的生态文明自觉行为，建立有利于生态文明的自律机制。

4. 整合国家重要生态功能区，试点国家公园

我国保护地体系重构涉及国家中长期生态安全保障和人民游憩福利保障，涉及国家自然遗产资源管理格局以及多主体多层次的利益调整，是一项意义重大而又艰巨复杂的工作，那么就不能操之过急，首先要开展小范围的试点工作。

(五) 理顺五大关系

理顺中央政府与地方政府、不同部门、跨行政区划的关系，重点在于理顺职能。

理顺管理者与经营者之间的关系，重点在于处理好自然资源的保护与利用的关系。

重视保护区与原住民的关系。一定要重视原住民的生存与发展问题，妥善解决好国家公园区域内及周边群众的脱贫致富、就业创业、教育医疗、文化活动等民生建设问题。

理顺管理机构与旅游者之间的关系。在管理上，要避免随意性、粗放性和盲目性，坚决防止借机大搞旅游、无序开发。要科学划定功能区，最大限度地保持原生态。

重视法律关系。要重视国家公园中各个角色之间的法律关系。

知识模块 6-3　守护人文家园,弘扬中华文化

第一节　人文资源保护法律概述

一、人文资源的概念

人文资源是指那些在社会经济运行过程中形成,以人的知识、精神和行为为内容,本身不直接表现为实物形态,能为社会经济的发展提供对象、能源的要素组合,是人类历史和文化的结晶,是民族风貌和特色的集中反映。构成人文资源景观的主要有文化遗址、历史名城、古代建筑、古典园林、帝王陵墓、宗教圣地、雕绘艺术、博物馆、革命旧址、现代建筑、民族风情、工艺美术、名菜佳肴等。

二、人文资源保护法规

为保护我国丰富多彩的人文资源,《中华人民共和国宪法》第二十二条中明确规定:国家保护名胜古迹、珍贵文物和其他重要历史文化遗产。与此同时国家还制定和颁布了一系列有关保护人文旅游资源的法律、法令、法规和规范性文件,如《中华人民共和国文物保护法》。此外《中华人民共和国旅游法》《中华人民共和国城市规划法》《中华人民共和国海关法》和《中华人民共和国治安管理处罚法》《中华人民共和国文物保护法实施条例》等国家法律法规中也有许多是保护人文旅游资源的内容。省、自治区、直辖市人民代表大会及其常委会还制定了数量较多的有关保护人文旅游资源的地方性法规和规范性文件。

我国参加和批准的国际公约,同我国法律具有同等效力,成为我国法律法规的一部分。其中最主要的是《保护世界文化和自然遗产公约》《关于发生武装冲突情况下保护文化财产的公约》《关于禁止和防止非法进出口文化财产和非法转让其所有权的方法的公约》等国际上通用的公约。

第二节　文物及文物保护法律法规

一、文物

文物是指人们在各个历史时期生产、生活和斗争中遗留下来的,具有历史、科学和艺术价值的遗物和遗迹。概括地说就是人类历史上

物质文明和精神文明的遗物。按文物的保存方法可分为馆藏文物和民间收藏文物。馆藏文物，指由博物馆、图书馆和其他文物收藏单位收藏和保管的文物；民间收藏文物，主要指文物收藏单位以外的公民、法人和其他组织收藏和保管的文物。

根据《中华人民共和国文物保护法》的规定，在中华人民共和国境内，下列文物受国家保护：

(1) 具有历史、艺术、科学价值的古文化遗址、古墓葬、古建筑、石窟寺和石刻、壁画；

(2) 与重大历史事件、革命运动或者著名人物有关的以及具有重要纪念意义、教育意义或者史料价值的近代现代重要史迹、实物、代表性建筑；

(3) 历史上各时代珍贵的艺术品、工艺美术品；

(4) 历史上各时代重要的文献资料以及具有历史、艺术、科学价值的手稿和图书资料等；

(5) 反映历史上各时代、各民族社会制度、社会生产、社会生活的代表性实物。

具有科学价值的古脊椎动物化石和古人类化石同文物一样受国家保护。

二、文物保护法律法规——《中华人民共和国文物保护法》

(一)《中华人民共和国文物保护法》的制定

《中华人民共和国文物保护法》的内容分为总则、不可移动文物、考古发掘、馆藏文物、民间收藏文物、文物出境进境、法律责任、附则共分八章八十条。

(二)《中华人民共和国文物保护法》的制定宗旨

《中华人民共和国文物保护法》(以下简称《文物保护法》)第一条即规定了其制定宗旨是"为了加强对文物的保护，继承中华民族优秀的历史文化遗产，促进科学研究工作，进行爱国主义和革命传统教育，建设社会主义精神文明和物质文明"。

《中华人民共和国文物保护法》二维码

(三) 文物保护管理的方针

对文物旅游资源进行开发、利用时，必须依法保护和管理。我国文物保护管理的方针是"文物工作贯彻保护为主、抢救第一、合理利用、加强管理的方针"。

(四) 文物保护管理机构

国家文化行政管理机关主管全国的文物工作；地方各级人民政府保护本行政区域内的文物。各省、自治区、直辖市和文物较多的自治州、市可以设立文物保护管理机构，负责管理本行政区域内的文物工作。

(五) 文物的发掘管理

我国幅员辽阔，地下埋藏许多珍稀文物，必须采取必要措施进行保护和管理。对文物的考古发掘管理主要包括文物发掘报批制度、文物发现报告制度、出土文物的管理和出土文物归属等四个方面。在进行建设工程或农业生产中发现的文物属于国家所有，任何单位或者个人不得哄抢、私分、藏匿。经发掘出土的文物，除根据考古需要交科学研究的以外，都必须由当地文物行政管理部门指定单位保管，任何单位或者个人不得侵占。

(六) 文物的收藏管理

我国的文物收藏基本可分为两大类：一是馆藏文物；二是私人收藏文物。

1. 馆藏文物管理

博物馆、图书馆和其他文物收藏单位对收藏的文物，必须区分文物等级，设置藏品档案，建立严格的管理制度，并报主管的文物行政部门备案。未经批准，任何单位或者个人不得调取馆藏文物。

文物收藏单位应当充分发挥馆藏文物的作用，通过举办展览、科学研究等活动，加强对中华民族优秀的历史文化和革命传统的宣传教育。

禁止国有文物收藏单位将馆藏文物赠与、出租或者出售给其他单位、个人。

国家鼓励文物收藏单位以外的公民、法人和其他组织将其收藏的文物捐赠给国有文物收藏单位或者出借给文物收藏单位展览和研究。国有文物收藏单位应当尊重并按照捐赠人的意愿，对捐赠的文物妥善收藏、保管和展示。

2. 民间收藏文物

《文物保护法》第五十条规定，文物收藏单位以外的公民、法人和其他组织可以收藏通过下列方式取得的文物：依法继承或者接受赠与；从文物商店购买；从经营文物拍卖的拍卖企业购买；公民个人合法所有的文物相互交换或者依法转让；国家规定的其他合法方式。文物收藏单位以外的公民、法人和其他组织通过上述方式收藏的文物可以依法流通。国家禁止出境的文物,不得转让、出租、质押给外国人。

3. 文物商店与拍卖企业

除经批准的文物商店、经营文物拍卖的拍卖企业外,其他任何单位或者个人不得从事文物的商业经营活动。

文物商店应当由省、自治区、直辖市人民政府文物行政部门批准设立,依法进行管理。文物商店不得从事文物拍卖经营活动,不得设立经营文物拍卖的拍卖企业。

依法设立的拍卖企业经营文物拍卖的,应当取得省、自治区、直辖市人民政府文物行政部门颁发的文物拍卖许可证。经营文物拍卖的拍卖企业不得从事文物购销经营活动,不得设立文物商店。

禁止设立中外合资、中外合作和外商独资的文物商店或者经营文物拍卖的拍卖企业。

(七) 文物的保护管理

文物是不能再生的人类历史的遗存物,对文物的保护管理应遵循以下四个原则:一切文物均受法律保护原则;按照文物保护单位的价值分级管理原则;在保护、开发和利用文物时不得改变文物的原状原则;珍贵文物严禁出口,馆藏文物禁止出卖,散存文物依法收藏原则。

1. 一切文物均受法律保护

《文物保护法》第五条规定:中华人民共和国国境内地下、内水和领海内遗存的一切文物,属于国家所有。古文化遗址、古墓葬、石窟寺属于国家所有。国家指定保护的纪念建筑物、古建筑、石刻、壁画、近代现代代表性建筑等不可移动文物,除国家另有规定的以外,属于国家所有。国有不可移动文物的所有权不因其所依附的土地所有权或者使用权的改变而改变。

下列可移动文物,属于国家所有:① 中国境内出土的文物,国家另有规定的除外;② 国有文物收藏单位以及其他国家机关、部队和国有企业、事业组织等收藏、保管的文物;③ 国家征集、购买的文物;④ 公民、法人和其他组织捐赠给国家的文物;⑤ 法律规定属于国家所有的其他文物。属于国家所有的可移动文物的所有权不因其保管、收藏单位的终止或者变更而改变。国有文物所有权受法律保护,不容侵犯。

《文物保护法》第六条规定:属于集体所有和私人所有的纪念建筑物、古建筑和祖传文物,其所有权受法律保护。当然国家法律在保护集体所有和私人所有文物的所有权的同时还规定:文物的所有者必须遵守国家有关文物保护的法律法规的规定。我国境内的一切文物,不论其所有权是属于国家还是属于集体或个人,均受国家法律保护。

2. 按照文物保护单位的价值分级管理

(1) 不可移动文物。

我国《文物保护法》规定:古文化遗址、古墓葬、古建筑、石窟寺、石刻、壁画、近代现代重要史迹和代表性建筑等不可移动文物,根据它们的历史、艺术、科学价值,分别确定为不同级别的文物保护单位。据此我国的文物保护单位分为三个级别:

县、自治县、市级文物保护单位。此级别的文物保护单位由县、自治区、市人民政府核定公布,并报省、自治区、直辖市人民政府备案。

省、自治区、直辖市级文物保护单位。此级文物保护单位由省、自治区、直辖市人民政府核定公布,并报国务院备案。

全国重点文物保护单位。此级文物保护单位是由国家文化行政管理部门在各级文物保护单位中选择或直接指定报国务院核定并公布。

(2) 可移动文物。

历史上各时代重要实物、艺术品、文献、手稿、图书资料、代表性实物等可移动文物,分为珍贵文物和一般文物;珍贵文物分为一级文物、二级文物、三级文物。

(3) 国家历史文化名城。

除上述三级文物保护单位之外,我国《文物保护法》还规定:保存文物特别丰富并且具有重大历史价值或者革命纪念意义的城市,由国务院核定公布为历史文化名城。

保存文物特别丰富并且具有重大历史价值或者革命纪念意义的城镇、街道、村庄,由省、自治区、直辖市人民政府核定公布为历史文化街区、村镇,并报国务院备案。

历史文化名城和历史文化街区、村镇所在地的县级以上地方人民政府应当组织编制专门的历史文化名城和历史文化街区、村镇保护规划,并纳入城市总体规划。

3. 在保护、开发和利用文物时不得改变文物的原状

《文物保护法》第九条规定:各级人民政府应当重视文物保护,正确处理经济建设、社会发展与文物保护的关系,确保文物安全。基本建设、旅游发展必须遵守文物保护工作的方针,其活动不得对文物造成损害。

《文物保护法》第二十条规定:建设工程选址,应当尽可能避开不可移动文物;因特殊情况不能避开的,对文物保护单位应当尽可能实施原址保护。

4. 珍贵文物严禁出口,馆藏文物禁止出卖,散存文物依法收藏

禁止文物非法进出境,也是国际惯例。联合国教科文组织大会于1970年11月14日通过的《关于禁止和防止非法进出口文化财产和非

历史文化街区重在保护外观的整体风貌。不但要保护构成历史风貌的文物古迹、历史建筑,还要保存构成整体风貌的所有要素,如道路、街巷、院墙、小桥、溪流、驳岸乃至古树等。历史文化街区是一个成片的地区,有大量居民在其间生活,是活态的文化遗产,有其特有的社区文化,不能只保护那些历史建筑的躯壳,还应该保存它承载的文化,保护非物质形态的内容,保存文化多样性。这就要维护社区传统,改善生活环境,提升地区经济活力。

法转让其所有权的方法的公约》指出:"考虑到文化财产实为构成文明和民族文化的一大基本要素,只有尽可能充分掌握有关其起源、历史和传统背景的知识,才能理解其真正价值。各国有责任保护其领土上的文化财产免受偷盗、秘密发掘和非法出口的危险。"

民间私人所收藏的文物或者掺杂在回收物资中的文物,称为散存文物或流散文物。

(八) 法律责任

(1) 有下列行为之一,构成犯罪的,依法追究刑事责任:
① 盗掘古文化遗址、古墓葬的;
② 故意或者过失损毁国家保护的珍贵文物的;
③ 擅自将国有馆藏文物出售或者私自送给非国有单位或者个人的;
④ 将国家禁止出境的珍贵文物私自出售或者送给外国人的;
⑤ 以牟利为目的倒卖国家禁止经营的文物的;
⑥ 走私文物的;
⑦ 盗窃、哄抢、私分或者非法侵占国有文物的;
⑧ 应当追究刑事责任的其他妨害文物管理行为。

(2) 造成文物灭失、损毁的,依法承担民事责任。构成违反治安管理行为的,由公安机关依法给予治安管理处罚。构成走私行为,尚不构成犯罪的,由海关依照有关法律、行政法规的规定给予处罚。

(3) 有下列行为之一,尚不构成犯罪的,由县级以上人民政府文物主管部门责令改正,造成严重后果的,处 50 000 元以上 500 000 元以下的罚款;情节严重的,由原发证机关吊销资质证书:
① 擅自在文物保护单位的保护范围内进行建设工程或者爆破、钻探、挖掘等作业的;
② 在文物保护单位的建设控制地带内进行建设工程,其工程设计方案未经文物行政部门同意、报城乡建设规划部门批准,对文物保护单位的历史风貌造成破坏的;
③ 擅自迁移、拆除不可移动文物的;
④ 擅自修缮不可移动文物,明显改变文物原状的;
⑤ 擅自在原址重建已全部毁坏的不可移动文物,造成文物破坏的;
⑥ 施工单位未取得文物保护工程资质证书,擅自从事文物修缮、迁移、重建的。

刻划、涂污或者损坏文物尚不严重的,或者损毁依照本法第十五条第一款规定设立的文物保护单位标志的,由公安机关或者文物所在单位给予警告,可以并处罚款。

(4) 有下列行为之一的,由县级以上人民政府文物主管部门责令改正,没收违法所得,违法所得 10 000 元以上的,并处违法所得 2 倍以

项目六 旅游资源保护法律制度 129

上5倍以下的罚款；违法所得不足10 000元的，并处5 000元以上20 000元以下的罚款：

① 转让或者抵押国有不可移动文物，或者将国有不可移动文物作为企业资产经营的；

② 将非国有不可移动文物转让或者抵押给外国人的；

③ 擅自改变国有文物保护单位的用途的。

(5) 历史文化名城的布局、环境、历史风貌等遭到严重破坏的，由国务院撤销其历史文化名城称号；历史文化城镇、街道、村庄的布局、环境、历史风貌等遭到严重破坏的，由省、自治区、直辖市人民政府撤销其历史文化街区、村镇称号；对负有责任的主管人员和其他直接责任人员依法给予行政处分。

(6) 有下列行为之一，尚不构成犯罪的，由县级以上人民政府文物主管部门责令改正，可以并处20 000元以下的罚款，有违法所得的，没收违法所得：

① 文物收藏单位未按照国家有关规定配备防火、防盗、防自然损坏的设施的；

② 国有文物收藏单位法定代表人离任时未按照馆藏文物档案移交馆藏文物，或者所移交的馆藏文物与馆藏文物档案不符的；

③ 将国有馆藏文物赠与、出租或者出售给其他单位、个人的；

④ 违反本法第四十条、第四十一条、第四十五条规定处置国有馆藏文物的；

⑤ 违反本法第四十三条规定挪用或者侵占依法调拨、交换、出借文物所得补偿费用的。

(7) 买卖国家禁止买卖的文物或者将禁止出境的文物转让、出租、质押给外国人，尚不构成犯罪的，由县级以上人民政府文物主管部门责令改正，没收违法所得，违法经营额1万元以上的，并处违法经营额二倍以上五倍以下的罚款；违法经营额不足10 000元的，并处5 000元以上20 000元以下的罚款。

(8) 有下列行为之一，尚不构成犯罪的，由县级以上人民政府文物主管部门会同公安机关追缴文物；情节严重的，处5 000元以上50 000元以下的罚款：

① 发现文物隐匿不报或者拒不上交的；

② 未按照规定移交拣选文物的。

1.3 实训指导

一、实训任务

将学生进行编组,每组 4～8 名同学,组内由学生自行分工合作,进行资料收集、整理、制作、美化、展示、汇报等工作。教师可以发布实训任务一览表中的任务,每组同学以此任务作为主题,利用课余时间进行展示材料的整理与制作。在此基础上,教师将利用 2～6 课时时间,用于学生自行汇报展示其工作成果。任务目的在于了解旅游资源保护法律法规体系,熟悉自然资源和人文资源保护的相关法律法规。

实训任务一览表

序号	实训任务名称	实训学时
01	了解旅游资源保护的法律法规体系	2～6
02	梳理本地自然资源保护现状及问题,提出保护建议	
03	梳理本地人文资源保护现状及问题,提出保护建议	

注:教师可根据需要选用实训项目和学时。

二、成果要求

每组同学制作完成一份 WORD 文档和一份展示 PPT,WORD 文档用于图文资料的整理汇总,PPT 文件用于课堂汇报展示,并将上述两个文件放入文件夹,命名规则为"班级名称＋小组编号＋任务名称"。

三、考核标准

评价标准与打分

项目	考核内容和要求	分值	得分	备注
态度	能够按时完成,积极主动,组内分工合作	20		
内容	导向正确,内容完整、准确,逻辑清晰	20		
形式	格式规范、语言简洁、图表样式美观	20		
展示	仪态形象得当,表达清楚,语言流畅	20		
创新	内容、格式、展示过程有创意,特色明显	20		
	小计	100		

项目拓展:

我国共有 42 个非物质文化遗产项目,居世界第一

知识自检6:

项目七

旅游饭店管理法规

【内容框架】

1.1 项目导例
酒店法的发展

1.2 知识平台
知识模块7-1　以标准化推动饭店品质化建设
知识模块7-2　如何规范地运营旅游饭店
知识模块7-3　守住旅游饭店安全管理的底线

1.3 实训指导

【学习目标】

思政要点："风吹柳花满店香，吴姬压酒唤客尝。"一边压酒，一边笑语招呼客人，置身其间，真是如沐春风。过硬的产品质量和高品质服务永远是企业制胜的法宝。

知识目标：了解饭店经营者权利和义务的规定；熟悉食品安全保障法律制度及其相关法律责任，熟悉娱乐场所的管理制度、经营规则规定及其相关法律责任；掌握食品安全事故处置制度及相关法律责任。

技能目标：收集、整理、分析相关案例和资料，通过制作、美化、展示、汇报等工作，了解世界酒店业立法进程，熟悉饭店星级标准及运营规范，熟悉饭店安全管理底线。

1.1 项目导例　酒店法的发展

关于酒店法的最早记载当数古巴比伦的《汉谟拉比法典》。该法典创始性地对酒店的服务质量问题作了规定,如在啤酒中掺水可以处以死刑。当然,这类规定尚不具有近现代酒店法的意义。近现代意义的酒店法发源于英国,英国的普通法首先宣布饭店负有保证旅客生命健康的社会责任。到了现代,酒店业已成为与旅行社、旅游交通并列的旅游业三大支柱之一,成为一国创汇、创收的重要产业。与此相应,调整酒店法律关系、规范酒店管理行为的酒店法在许多国家也日臻完善。综观世界各国的立法实践,大部分国家对酒店经营过程中不同种类的合同关系建立的具体法律制度有所不同。对于酒店在经营和管理过程中所发生的合同关系,各国多不采用专门立法的形式,而是将其隶属于其他较大的有名合同或者通过其他法律部门的相关法律来调整。

与中国同为大陆法系的日本,早在20世纪50年代就出台了《旅馆业法》,对酒店业的行业范围、经营活动、行为准则等作出了严格具体的规定。在酒店业高度发达的美国,至今没有关于酒店业务方面的全国统一规定,但是关于酒店和汽车旅店的法规却很多,包括许多从早期英国判例和社会习惯演变而来的普通法的规则。此外,各州都有经州法院在涉及州法的问题上发表的案例法和司法判例。1981年,国际旅馆协会执行委员会在尼泊尔加德满都通过《国际旅馆法》。此法规已经被国际旅馆业普遍承认,属国际上现行有效的关于旅馆和旅客契约关系的法规。《国际旅馆法》在宗旨中写明,它规定旅馆和旅客双方之间的权利义务,这个法规可以作为各国关于旅馆住宿契约立法的辅助性内容。该法规定"旅馆的责任应遵照国家法律条款",并对旅馆和旅客双方责任的确定采取了过失责任制。根据该制度,在发生旅客伤害事件时法院首先推定旅馆负有过失,旅馆如要减免责任就要举证过失不在己方或不全在己方。

1.2 知识平台

知识模块 7-1　以标准化推动饭店品质化建设

第一节　旅游饭店管理法规概述

旅游饭店亦称旅游涉外饭店,是以旅游者为主要服务对象,具有涉外接待能力的现代化饭店。它同饭店既有联系又有区别,除了具有为社会公众提供食宿设施和其他服务、有营利目的等含义外,还具有独特的特征:旅游饭店的服务对象主要是旅游者;旅游饭店具有涉外接待能力;旅游饭店具有现代化的设施、管理和服务;旅游饭店的设立须经特定机关按照特定程序审批。

一、世界旅游饭店业的法规建设

最早产生饭店法的是英国,源于中世纪,英国、美国、法国、比利时等国家的法律百科全书中,都有"旅馆法"这一条目。详细论述旅客同旅馆、餐厅之间有关接待、服务、人身财务安全等方面的权利义务关系。

(一) 国际饭店法

从国际饭店立法情况看,饭店法的形成经历了一个漫长的过程,开始是不成文的习惯法,后来才出现了成文法。最初的成文法大都是一些习惯的记载。饭店法的出现始于中世纪。当时供客人住宿、就餐的饭店是非常简陋的,多是通铺,没有单间,不提供任何服务。随着饭店的发展,调整饭店与客人之间的一些权利和义务的法律规定及惯例出现了,这就是饭店法的雏形阶段。

目前在日本、法国、比利时、新加坡等国家都有了比较完整的成文饭店法,详细地规定了饭店同客人之间的权利、义务及有关责任。英、美等普通法系国家也有大量关于饭店法方面的判例。

(二) 我国关于饭店业的立法

20 世纪 80 年代以来,我国先后颁布实施一批涉及旅游饭店的法规制度,对于旅游饭店的规范运营发挥出重要作用。1987 年 11 月,公安部发布施行《旅馆业治安管理办法》，为旅游饭店法规制度的建立发展打下重要的法制基础。随着旅游业的不断发展，国家旅游局陆续颁布《评定旅游涉外饭店星级的规定》(1988年)、《旅游涉外饭店星级的划分与评定》(1993年)等有关法规及其标准。1998年5月1日起实施《旅游涉外饭店星级的划分与评定》(GB/T14308—1997取代GB/T14308—1993)；2010年10月18日国家质检总局、国家标准化管理委员会批准发布国家标准《旅游饭店星级的划分与评定》(GB/T14308—2010)，于2011年1月1日实施。

2002年4月，为了倡导履行诚信准则，保障客人和旅游饭店的合法权益，维护旅游饭店业经营管理的正常秩序，促进中国旅游饭店业的健康发展，中国旅游饭店业协会依据国家有关法规，特制定出《中国旅游饭店行业规范》，且经国家旅游局颁布实施。

2009年2月28日第十一届全国人民代表大会常务委员会第七次会议通过《中华人民共和国食品安全法》。

为了加强娱乐场所管理而制定的法规。2006年1月18日国务院通过了《娱乐场所管理条例》。由于我国旅游饭店的法律关系广泛复杂，所以有关法律问题还适用于民法、消费者权益保护法、刑法等相关法规及国际惯例。

二、旅游饭店法规的调整对象

饭店法调整饭店活动中所产生的各种各样的社会关系，主要包括以下几类：

（一）饭店与客人之间的关系

这是饭店法所调整的最主要的社会关系。饭店同客人之间的关系是一种横向的法律关系，饭店同客人之间的法律地位是平等的，他们之间的关系一般以合同的形式予以确立，各主体在享有权利的同时承担义务，也就是说，饭店与客人在履行义务的同时也享有相应的权利。

（二）饭店与相关部门之间的关系

饭店在经营管理过程中与许多部门都产生关系，如旅行社、交通运输、供水、供电、供气等企业和部门。饭店同这些企业和部门之间的关系既有横向的法律关系又有纵向的法律关系。

（三）饭店与行政管理部门之间的关系

这是一种纵向的法律关系。国家行政管理部门对饭店的经营管理活动负有监督、管理的责任。这种关系具体表现为领导与被领导、管理与被管理、监督与被监督的关系。前者主要表现为权力的行使，后者主要表现为义务的履行，双方的主体地位是不平等的。

(四) 具有涉外因素的法律关系

这种法律关系包括了外国旅游者和旅游组织在中国的法律地位，中外合资、合作饭店中的中外各方的合作关系等。这些关系一般由我国法律进行调整，但涉及我国参加的国际有关饭店的公约、条约以及国际惯例除外。

三、旅游饭店的权利和义务

旅游饭店作为旅游法律关系的主体，必然要与其他主体发生联系，产生一定的权利和义务关系。与旅游饭店发生权利义务关系的主体主要有旅游者，当然也包括旅行社、旅游饭店、主管部门等。

(一) 旅游饭店与旅游者间的权利和义务

1. 旅游饭店与旅游者间权利义务的产生和终止

旅游饭店和旅游者之间的权利和义务属于平等主体间的权利和义务，这种权利义务关系通常是基于合同关系而产生和终止的。

旅游饭店和旅游者间的权利和义务始于住宿合同的成立。国际统一私法协会《关于旅馆合同的协定草案》第三章第一款规定：旅馆合同在一方面明确表示接受另一方面提出的要约时即告成立。具体来说，旅游饭店和旅游者之间权利义务的产生有两种情况：一是旅游者直接向旅游饭店提出住宿要求，旅游者的饭店同意了旅游者的要求，并予以登记，自办完住宿登记手续之时起，合同关系成立，双方的权利义务关系产生。二是旅游者向旅游饭店预订客房，旅游饭店接受了要约，做出了承诺，旅游饭店与旅游者之间的合同关系即告成立，权利和义务随之产生。

旅游饭店与旅游者之间的权利义务关系终于住宿合同的终止。作为规定旅游饭店与旅游者权利、义务的具体的住宿合同，其终止不外乎如下几种原因：一是旅游者按约定结账消费，离开旅游饭店；二是旅游饭店与旅游者任何一方违反合同规定的义务，对方终止合同关系；三是因不可抗力致使旅游饭店与旅游者不能履行合同义务。

此外，旅游者经同意延长使用已经居住的旅游饭店的房间，那么，旅游者和旅游饭店之间原有的合同关系终止，自延长使用之时起新的住宿合同关系成立。

2. 旅游饭店对旅游者的权利

旅游饭店对旅游者的权利主要体现在以下几个方面：

(1) 在一定条件下，有权拒绝旅接待旅游者。在我国，旅游饭店在下列情况下有权拒绝接待旅游者:客人已满,无客房出租;旅游者本人的举止不适合接待,如言行过于低俗,不文明,手持凶器,衣冠不整等;无支付能力或曾有过逃账记录的;旅游者患有精神病而无人监护或患有传染病的;欲利用客房进行违法活动的;拒不履行住宿登记手续的;因不可抗力的原因。

(2)有权要求旅游者遵守饭店的有关规定。饭店的规章制度既有针对内部职工,要求职工执行的,又有针对旅游者,要求旅游者遵守的,如旅游者应正确使用旅游饭店提供的设施设备,爱护饭店的公共财物,遵守饭店的作息时间,登记时查旅游者身份证明,旅游者不得私自留客住宿或转让床位等。

(3)有权按照有关法律规定对旅游者在饭店内的违法行为进行制止。旅游饭店虽然是为社会公众提供服务的场所,但它决不允许使用者利用这种场所从事非法活动,把饭店变成违法犯罪活动的窝点。我国《旅馆业治安管理办法》第十二条明确规定:旅馆内严禁卖淫、嫖宿、赌博、吸毒、传播淫秽物品等违法犯罪活动。对于在旅游饭店内进行违法犯罪活动的,饭店有权向公安机关报告并配合有关部门加以制止。

(4)有权按照有关规定收取服务费用。旅游饭店提供的服务一般都是有偿的,这是由旅游饭店自身的商业性质决定的。旅游饭店大都是独立核算、自负盈亏的经济实体,在其经营活动中必须讲究经济效益。因此,当旅游饭店向旅游者提供相应服务时,有权按照有关规定收取费用。但必须遵守国家物价管理部门的有关规定,其提供的服务必须质价相符。

(5)旅游饭店有权要求旅游者赔偿因自身过错给饭店造成的损失。如旅游者损坏饭店设施,旅游者预定的客房不住宿,又未及时通知饭店,造成饭店损失的,旅游饭店有权要求旅游者赔偿损失。

3. 旅游饭店对旅游者的义务

(1)按标准提供客房和服务。旅游饭店与旅游者的住宿合同一经成立,旅游饭店就有义务按约定向旅游者提供客房及相应服务,否则,即视为饭店违约,要承担违约责任。

(2)保障旅游者的人身安全。旅游饭店有义务保障旅游者的人身安全。

一般来说,如果是因饭店的过错而使旅游者遭受人身伤害,则由饭店承担侵权的民事责任;如果是旅游者自身的过错造成的伤害,则饭店不承担责任,如果是因第三人的过错造成旅游者人身伤害,则先由饭店承担赔偿责任,然后再由饭店向第三人追偿。

(3)保障旅游者的财物安全。旅游饭店对旅游者带入饭店的财务有保障安全的责任。就是说,只要住宿合同成立,旅游饭店就要保障旅游者的财务安全,避免失窃、火灾、损毁等现象的发生。相应的,旅游者不将应交给饭店寄存起来的财务寄存起来,或者可以通过采取一定的措施减少损失或不采取措施,致使财务遭受损失的或损失扩大的,旅游饭店则不负赔偿责任或不就扩大了的损失负赔偿责任。

(4) 其他义务。旅游饭店还应尊重客人的住宿权利,不干涉客人的安宁和私人事务;对住宿设施要定期检修,保持完好,建立健全各项安全保卫措施等。只有这样才能有效保障旅游者人身财产安全。

(二) 旅游饭店的法律责任

旅游饭店的法律责任即旅游饭店对其违法行为所承担的法律后果。

1. 因违反合同而产生的责任

旅游饭店承担违反合同责任形式有赔偿损失、支付违约金、采取补救措施等,对于旅游饭店已经接受了他人定金而不履行合同的,则适用"定金罚则",即要双倍返还定金;反之,旅游者交付了定金而不履行合同的,则无权要求返还定金。

2. 因侵权行为产生的责任

旅游饭店因自己的过错致使旅游者或其他主体财产或人身权利遭受损害的,则应当承担侵权民事责任。旅游饭店的工作人员执行职务的行为,可视为饭店的行为,这种侵权行为属于特殊侵权行为;如果饭店工作人员的损害行为与执行职务无关,则由其个人承担侵权责任。

3. 因违反行政管理规定而产生的责任

(1) 违反国家行政管理部门管理规定的行为。如违反国家旅游价格管理规定的,降低服务标准和接待规格,造成不良影响的,违反旅游涉外饭店星级管理规定的等,都属于违反旅游行政管理部门管理规定的行为。

(2) 违反治安管理规定的行为。如未经公安机关签署意见私自开业的,饭店工作人员发现违法犯罪分子不向公安机关报告的,允许违法犯罪分子在饭店卖淫、嫖宿、吸毒、传播淫秽物品的等,都属于违反治安管理的行为。

(3) 违反卫生管理规定的行为。如卫生质量不符合国家卫生标准的,从业人员未获得"健康合格证"的,拒绝卫生监督的,未获得"卫生许可证"擅自营业的等,都属于违反卫生管理的行为。

(4) 违反消防管理规定的行为。如擅自将消防设备、器材挪作他用或损坏的,对于存在火险隐患拒不整改的,对造成火灾有直接责任的等,都属于违反消防管理规定的行为。

对上述各类违反行政管理规定的行为,国家有关行政机关有权对旅游饭店加以处罚。行政处罚的方式主要有:警告、通报批评、罚款、没收非法收入、责令停业整顿、吊销营业执照等。

此外,旅游饭店的违法行为,如触犯刑律、构成犯罪的,有关人员还应承担刑事责任。

4. 共同过失而产生的责任

共同过失是指旅游饭店虽有过失,但损害的发生并非完全由旅游饭店的过失造成,旅客本身也有过错。

一般来说,无论是合同违约,还是侵权行为,都可能存在共同过失的情况,要根据双方责任的大小合理分担损失。

5. 间接责任

间接责任是指非由旅游饭店本身的行为造成损害,但与旅游饭店又有密切关系的责任,也称连带责任。这种责任通常有两种情况:

(1) 旅游饭店建筑物、设备缺陷造成的损害。

需要注意的是,这种损害专指建筑物、设备本身结构不合理或质量差,而非年久失修或使用不当造成的损害。受害方可向产品的生产者,也可向产品的经营者起诉要求赔偿,生产者和经营者在法律上负连带责任。在没有此类法律规定的国家,可先对旅游饭店进行起诉,旅游饭店承担责任后,再由旅游饭店向负有责任的生产者追诉。

(2) 旅游饭店未能有效制止旅客斗殴造成的损害。

所谓有效制止并不意味着仅凭旅游饭店本身的力量制止,如果觉得能力不足,可请警方协助。如果旅游饭店视而不见,甚至有意纵容,那么旅游饭店要承担较重的责任。

第二节 旅游饭店星级评定制度

对旅游饭店进行星级评定,是国际上通行的惯例。实行这一制度,不仅能使饭店管理向正规化、科学化的目标迈进,而且也可以方便旅游者选择。星级制度以"星"来标志饭店等级,以"星"来反映饭店的硬件、软件水平,是一种国际化的通用标识。

一、旅游饭店星级的评定范围

根据《旅游饭店星级的划分与评定》,凡在中华人民共和国境内,正式开业一年以上的旅游饭店,均可申请参加星级评定。经星级评定机构评定批复后,可以享有三年有效的星级及其标志使用权。

《旅游饭店星级的划分与评定》二维码

二、星级评定的机构及其权限

全国旅游饭店星级评定最高机构是国家旅游局设置的全国旅游星级饭店评定委员会,负责全国旅游饭店星级评定领导工作,并具体负责评定全国四星级、五星级饭店。

省、自治区、直辖市旅游局设饭店星级评定机构,在国家旅游局领导下,负责本地区旅游饭店星级评定工作,并具体负责评定本地区一星级、二星级、三星级饭店,一星级、二星级饭店的评定结果报国家旅游局饭店星级评定机构备案;三星级饭店评定结果报国家旅游局饭店星级评定机构确认,并负责向国家旅游局饭店星级评定机构推荐四星级、五星级饭店。

三、星级划分及标志

(一) 星级划分

旅游饭店星级分为五个级别,即一星级、二星级、三星级、四星级、五星级(含白金五星级)。最低为一星级,最高为五星级。星级越高,表示饭店的等级越高。(为方便行文,"星级旅游饭店"简称为"星级饭店"。)

(二) 星级标志

由长城与五角星图案构成,用一颗五角星表示一星级,两颗五角星表示二星级,三颗五角星表示三星级,四颗五角星表示四星级,五颗五角星表示五星级,五颗白金五角星表示白金五星级。

(三) 星评依据

第一,饭店的建筑、装潢、设施设备条件。第二,饭店的设施设备的维修保养状况。第三,饭店的管理水平。第四,饭店的服务质量。第五,饭店的服务项目。

四、星级评定的办法与步骤

(一) 旅游饭店星级的评定方法

(1) 旅游饭店星级评定,采取按星级饭店的必备条件与检查评分相结合的方式综合评定。所谓星级饭店的必备条件,是指星级饭店的建筑设施设备、维修保养、清洁卫生、服务质量、宾客满意程度的检查评分。

(2) 饭店所取得的星级表明该饭店所有建筑物、设施设备及服务均处于同一水准。

（3）旅游饭店取得星级后，如需关闭星级标准所规定的某些服务设施设备，取消或更改星级标准规定的某些服务项目，必须经饭店星级评定机构批准，否则该饭店星级无效。

（4）旅游饭店取得星级后，因进行改造发生建筑标准变化，设施设备标准变化和服务项目变化，必须向饭店星级评定机构申请重新评定星级，该饭店原评星级无效。

(二) 旅游饭店星级的评定步骤

我国星级饭店的评定程序分为申请、受理、检查、评审、批复五个环节。

1. 申请

旅游饭店申请星级，应向具有相应评定权限的旅游饭店星级评定机构递交星级申请材料；申请四星级以上的饭店，应按属地原则逐级递交申请材料。申请材料包括：饭店星级申请报告、自查自评情况说明及其他必要的文字和图片资料。

2. 受理

接到饭店星级申请后，具有相应评定权限的旅游饭店星级评定机构应在核实申请材料的基础上，于14天内作出受理与否的答复。对申请四星级以上的饭店，其所在地旅游饭店星级评定机构在逐级递交或转交申请材料时应提交推荐报告或转交报告。

3. 检查

旅游饭店星级评定机构受理申请或接到推荐报告后，具有相应评定权限的旅游饭店星级评定机构应在一个月内以明查和暗访的方式安排评定检查。检查合格与否，检查员均应提交检查报告，对检查未予通过的饭店，相应星级评定机构应加强指导，待接到饭店整改完成并要求重新检查的报告后，于一个月内再次安排评定检查。

对申请四星级以上的饭店，检查分为初检和终检。初检由相应评定权限的旅游饭店星级评定机构组织，委派检查员以暗访或明查的形式实施检查，并将检查结果及整改意见记录在案，供终检时对照使用；初检合格，方可安排终检。终检由具有相应评定权限的旅游饭店星级评定机构组织，委派检查员对照初检结果及整改意见进行全面检查。终检合格，方可提交评审。

4. 评审

旅游饭店星级评定机构接到检查报告后的一个月内，应根据检查员意见对申请星级的饭店进行评审。评审的主要内容有：① 审定申请资格；② 核实申请报告；③ 认定本标准的达标情况；④ 查验违规及事故；⑤ 投诉的处理情况等。

5. 批复

对于评审通过的饭店,旅游饭店星级评定机构应给予评定星级的批复,并授予相应星级的标志和证书。对于经评审认定达不到标准的饭店,旅游饭店星级评定机构不予批复。

五、星级复核及处理制度

对已经评定星级的饭店,旅游饭店星级评定机构应按照标准每年进行一次复核。

复核工作应在饭店对照星级标准自查自纠,并将自查结果报告旅游饭店星级评定机构的基础上,由旅游饭店星级评定机构以明查或暗访的形式安排抽查验收。旅游饭店星级评定机构应于本地区复核工作结束后进行认真总结,并逐级上报复核结果。

对严重降低标准或复核认定达不到相应星级的饭店,具体处理方法如下:

(1) 旅游饭店星级评定机构根据情节轻重给予签发警告通知书、通报批评、降低或取消星级的处理,并在相应范围内公布处理结果;

(2) 凡在一年内接到警告通知书三次以上或通报批评两次以上的饭店,旅游饭店星级评定机构应降低或取消其星级,并向社会公布。

(3) 被降低或取消星级的饭店,自降低或取消星级之日起一年内,不予恢复或重新评定星级。一年后,方可重新申请星级。

(4) 已取得星级的饭店如发生重大事故,造成恶劣影响,其所在地旅游饭店星级评定机构应立即反映情况或在权限范围内作出降低或取消星级的处理。

饭店接到警告通知书、通报批评、降低星级的通知后,必须认真整改并在规定期限内将整改情况报告处理机构。

知识模块 7-2　　如何规范地运营旅游饭店

第一节 《中国旅游饭店行业规范》出台背景及意义

《中国旅游饭店行业规范》二维码

一、出台背景

为了倡导诚信准则,维护饭店客人的权益,保障旅游饭店的合法利益,维护旅游饭店业经营管理的正常秩序,促进中国旅游饭店业的健康发展,中国旅游饭店业协会依据国家有关法律法规颁布了《中国旅游饭店行业规范》,该规范于 2002 年 5 月 1 日正式实施。2009 年 8 月,中国旅游饭店业协会再次修订《中国旅游饭店行业规范》。

二、实施意义

(1) 标志着中国旅游饭店业向更加成熟的方向迈出了新的一步;
(2) 实施规范是主动应对我国入世、全球经济一体化竞争和挑战的积极举措;
(3) 实施规范是完善旅游饭店业法规建设的重要步骤;
(4) 实施规范为其他行业制定相应规范及饭店工作程序提供了参考依据;
(5) 实施规范是引导饭店客人消费行为、保障其合法权益的有效手段;
(6) 实施规范是推动我国旅游饭店业持续健康发展的航标;
(7) 实施规范为我国旅游饭店行业管理提供依据。

第二节　旅游饭店行业规范的主要内容

《中国旅游饭店行业规范》(以下简称《规范》),是由中国旅游饭店业协会于 2002 年 5 月 1 日起颁布实施的一项法律规定。《规范》总共十一章四十三条,涉及饭店预订、登记、入住、饭店消费、保护客人的人身和财产安全、保管客人贵重物品、保管客人一般物品、洗衣服务、停车场管理等内容,明确规定了饭店的权利和义务。

一、总则

为了倡导履行诚信准则,保障客人和旅游饭店的合法权益,维护旅游饭店业经营管理的正常秩序,促进中国旅游饭店业的健康发展,中国旅游饭店业协会依据国家有关法律法规,特制定《中国旅游饭店行业规范》。

旅游饭店包括在中国境内开办的各种经济性质的饭店,含宾馆、酒店、度假村等(以下简称"饭店")。饭店应当遵守国家有关法律法规和规章,遵守社会道德规范,诚信经营,维护中国旅游饭店行业的声誉。

二、预订、登记、入住规定

饭店应当与客人共同履行住宿合同,因不可抗力不能履行双方住宿合同的,任何一方均应当及时通知对方。双方另有约定的,按约定处理。由于饭店出现超额预订而使预订客人不能入住的，饭店应当主动替客人安排本地同档次或高于本饭店档次的饭店入住，所产生的有关费用由饭店承担。

饭店应当同团队、会议、长住客人签订住房合同。合同内容应包括客人入住和离店的时间、房间等级与价格、餐饮价格、付款方式、违约责任等款项。

饭店在办理客人入住手续时，应当按照国家的有关规定，要求客人出示有效证件，并如实登记。以下情况饭店可以不予接待：

(1) 携带危害饭店安全的物品入店者；
(2) 从事违法活动者；
(3) 影响饭店形象者(如携带动物者)；
(4) 无支付能力或曾有过逃账记录者；
(5) 饭店客满；
(6) 法律法规规定的其他情况。

三、饭店收费规定

饭店应当将房价表置于总服务台显著位置，供客人参考。饭店如给予客人房价折扣，应当书面约定。饭店客房收费以"间/夜"为计算单位(钟点房除外)。按客人住一"间/夜"，计收一天房费；次日12时以后、18时以前办理退房手续者，饭店可以加收半天房费；次日18时以后办理退房手续者，饭店可以加收一天房费。

根据国家规定，饭店可以对客房、餐饮、洗衣、电话等服务项目加收服务费，但应当在房价表及有关服务价目单上注明。客人在饭店商场内购物，不应当加收服务费。

四、保护客人人身和财产安全规定

为了保护客人的人身和财产安全，饭店客房房门应当装置防盗链、门镜、应急疏散图，卫生间内应当采取有效的防滑措施。客房内应当放置服务指南、住宿须知和防火指南。有条件的饭店应当安装客房电子门锁和公共区域安全监控系统。饭店应当确保健身、娱乐等场所设施设备的完好和安全。对可能损害客人人身和财产安全的场所，饭店应当采取防护、警示措施。警示牌应当中外文对照。饭店应当采取措施，防止客人放置在客房内的财物灭失、毁损。由于饭店的原因造成客人财物灭失、毁损的，饭店应当承担责任。饭店应当保护客人的隐私权。除日常清扫卫生、维修保养设施设备或者发生火灾等紧急情况外，饭店员工未经客人许可不得随意进入客人下榻的房间。

五、保管客人物品规定

（一）保管客人贵重物品规定

饭店应当在前厅处设置有双锁的客人贵重物品保险箱。贵重物品保险箱的位置应当安全、方便、隐蔽，能够保护客人的隐私。饭店应当按照规定的时限，免费提供住店客人贵重物品的保管服务。饭店应当对住店客人贵重物品的保管服务作出书面规定，并在客人办理入住登记时予以提示。违反第十七条和本条规定，造成客人贵重物品灭失的，饭店应当承担赔偿责任。

客人寄存贵重物品时，饭店应当要求客人填写贵重物品寄存单，并办理有关手续。

（二）保管客人一般物品

饭店保管客人寄存在前厅行李寄存处的行李物品时，应当检查其是否完好、安全，询问有无违禁物品，并经双方当面确认后，给客人签发行李寄存牌。

六、洗衣服务规定

客人送洗衣物，饭店应当要求客人在洗衣单上注明洗涤种类及要求，并应当检查衣物状况有无破损。客人如有特殊要求或者饭店员工发现衣物破损的，双方应当事先确认并在洗衣单上注明。客人事先没有提出特殊要求，饭店按照常规进行洗涤，造成衣物损坏的，饭店不承担赔偿责任。客人送洗衣物在洗涤后即时发现破损等问题，而饭店无法证明该衣物是在洗涤以前破损的，饭店承担相应责任。

饭店应当在洗衣单上注明，要求客人将送洗衣物内的物品取出。对洗涤后客人衣物内物品的灭失，饭店不承担责任。

七、停车场管理规定

饭店应当保护停车场内饭店客人的车辆安全。保管不善造成车辆灭失或者毁损的，饭店承担相应责任，但因为客人自身的原因造成车辆灭失或者毁损的除外。双方均有过错的，应当各自承担相应的责任。饭店应当提示客人保管好放置在汽车内的物品。对汽车内放置的物品的灭失，饭店不承担责任。

八、其他规定

(一) 谢绝客人自带酒水和食品的权利

饭店可以谢绝客人自带酒水和食品进入餐厅、酒吧、舞厅等场所享用,但应当将谢绝的告示设置于有关场所的显著位置。

(二) 向客人索赔的权利

由于客人的原因造成损坏的,饭店可以要求客人承担赔偿责任。由于客人原因,饭店维修受损设施设备期间导致客房不能出租、场所不能开放而发生的营业损失,饭店可视其情况要求客人承担责任。

对饮酒过量的客人,饭店应当恰当、及时地劝阻,防止客人在饭店内醉酒。客人醉酒后在饭店内肇事造成损失的,饭店可以要求肇事者承担相应的赔偿责任。

(三) 对客人遗留物品的处理

客人结账离店后,如有物品遗留在客房内,饭店应当设法同客人取得联系,将物品归还或寄还给客人,或替客人保管,所产生的费用由客人承担。三个月后仍无人认领的,饭店可登记造册,按拾遗物品处理。

(四) 饭店应当提供与本饭店档次相符的产品与服务

饭店所提供的产品与服务如果存在瑕疵,饭店应当采取措施及时加以改进。由于饭店的原因而给客人造成损失的,饭店应当根据损失程度向客人赔礼道歉,或给予相应的赔偿。

知识模块 7-3　守住旅游饭店安全管理的底线

第一节　《旅馆业治安管理办法》

治安好,旅业兴。这是一个人所共知的道理。改革开放以来,我国旅游业包括旅游住宿业有了很大发展,社会安定、治安良好,旅游者有安全感是旅游业发展的基本条件之一。特别是旅游住宿业治安状况,对旅游业的发展至关重要。为此,我国十分重视旅游住宿业的治安管理。1987年9月23日,经国务院批准,1987年11月10日,公安部发布了《旅馆业治安管理办法》(以下简称《办法》),2011年1月8日

《旅馆业治安管理办法》二维码

经第 588 号国务院令公布,对《旅馆业治安管理办法》部分条款作出修改,自公布之日起施行。这是我国旅游住宿业治安管理的基本行政法规,也是我国旅游住宿业健康发展的一个法制保障。

一、对申请开办旅馆的治安管理

《办法》第三条规定,开办旅馆,其房屋建筑、消防设备、出入口和通道等,必须符合《中华人民共和国消防法》等有关规定,并且要具备必要的防盗安全设施。

《办法》第四条规定,申请开办旅馆,应经主管部门审查批准,经当地公安机关签署意见,向工商行政管理部门申请登记,领取营业执照后,方准开业。经批准开业的旅馆,如有歇业、转业、合并、迁移、改变名称等情况,应当在工商行政管理部门办理变更登记后 3 日内,向当地的县、市公安局、公安分局备案。

《办法》第五条规定,经营旅馆,必须遵守国家的法律,建立各项安全管理制度,设置治安保卫组织或者指定安全保卫人员。

二、对旅馆经营的治安管理

为了加强治安管理,《办法》规定:

(一) 旅馆接待旅客住宿必须登记

《办法》第六条规定,旅馆接待旅客住宿必须登记;登记时,旅馆必须查验旅客的身份证件,并要求旅客按规定的项目如实登记。在接待境外旅客住宿时,除了要履行上述查验身份证件、如实登记规定项目外,旅馆还应当在 24 小时内向当地公安机关报送住宿登记表。

(二) 妥善保管旅客财物

为了保障旅客财物的安全,减少失窃、被盗等治安案件的发生,《办法》规定,旅馆业必须设置旅客财物保管箱、保管柜或者保管室、保险柜,并指定专人负责保管工作。对旅客寄存的财物,要建立严格、完备的登记、领取和交接制度。

(三) 妥善保管旅客遗留物品

旅馆对旅客遗留的物品,应当妥善保管,设法归还原主或揭示招领;经招领 3 个月后仍然无人认领的,则应当登记造册,并送当地公安机关按拾遗物品处理。

（四）对旅客遗留物品中的违禁物品和可疑品，旅馆应当及时报告公安机关处理

《办法》第十一条规定，严禁旅客将易燃、易爆、剧毒、腐蚀性和放射性等危险物品带入旅馆。旅馆在经营中，如果发现旅客将违禁的易燃、易爆、剧毒、腐蚀性或放射性等危险品带入旅馆，必须加以制止并及时报告公安机关处理，以避免安全事故的发生。

（五）旅馆内严禁卖淫、嫖宿、赌博、吸毒、传播淫秽物品等违法犯罪活动

《办法》第十二条规定，旅馆内严禁卖淫、嫖娼、赌博、吸毒、传播淫秽物品等违法犯罪活动。对于上述违法犯罪活动，公安机关可以依照《中华人民共和国治安管理处罚法》有关条款的规定，处罚有关人员；对于情节严重构成犯罪的，由司法机关依照《中华人民共和国刑法》追究刑事责任。

（六）发现不法分子及时报告公安机关

《办法》第九条规定，旅馆工作人员发现违法犯罪分子，形迹可疑的人员和被公安机关通缉的罪犯，应当立即向当地公安机关报告，不得知情不报或隐瞒包庇。

（七）对旅馆开办歌舞厅等娱乐服务场所的管理

《办法》规定，在旅馆内开办舞厅、音乐茶座等娱乐、服务场所的，除执行本《办法》有关规定外，还应当按照国家和当地政府的有关规定管理。

三、法律责任

违反本办法第四条规定开办旅馆的，公安机关可以酌情给予警告或者处以 200 元以下罚款；未经登记，私自开业的，公安机关应当协助工商行政管理部门依法处理。

旅馆工作人员违反本办法第九条规定的，公安机关可以酌情给予警告或者处以 200 元以下罚款；情节严重构成犯罪的，依法追究刑事责任。旅馆负责人参与违法犯罪活动，其所经营的旅馆已成为犯罪活动场所的，公安机关除依法追究其责任外，对该旅馆还应当会同工商行政管理部门依法处理。

违反本办法第六、十一、十二条规定的，依照《中华人民共和国治安管理处罚法》有关条款的规定，处罚有关人员，发生重大事故、造成严重后果构成犯罪的，依法追究刑事责任。

第二节 《中华人民共和国食品安全法》

一、食品安全法概述

近些年来不断发生的一系列食品安全事件,促使我国立法机关对涉及民生的食品安全问题尽快进行立法。2009年2月28日,食品安全法草案经过了十一届全国人大常委会第七次会议的第四次审议,并顺利通过。2009年6月1日,《中华人民共和国食品安全法》(以下简称《食品安全法》)施行(1995年10月30日起施行的《中华人民共和国食品卫生法》同时废止)。这是旅游饭店行业确保食品安全非常重要的一部法律。凡从事食品生产、食品流通、餐饮服务的饭店均应遵守这一法律。

《中华人民共和国食品安全法》二维码

二、食品安全法主要内容

(一) 食品与食品安全概念

《食品安全法》附则第一百五十条明确规定:食品,指各种供人食用或者饮用的成品和原料以及按照传统既是食品又是药品的物品,但是不包括以治疗为目的的物品。食品安全,指食品无毒、无害,符合应当有的营养要求,对人体健康不造成任何急性、亚急性或者慢性危害。

1. 食品应是无毒无害的,这是食品应具有的最基本的条件

无毒无害,是指食用后不会产生急性或慢性疾病,不会给人体造成危害。即食品本身不含有毒素;食品未被有害化学物质污染;食品未被致病微生物污染或产生毒素。

2. 食品应达到一定的营养要求,即各种食品都应具备一定的人体需要的营养成分

这不仅包括蛋白质、碳水化合物、脂肪、维生素、矿物质和其他可供代谢的有机物;还包括这种食品的消化吸收率及对人体维持正常生理功能应发挥的作用。

3. 对人体健康不造成任何急性、亚急性或者慢性危害

急性危害:一次性或多次接触,摄入某种有害物质,导致身体机能在短时间(24小时)内出现的明显异常。亚急性危害:摄入某种有害物质,导致身体机能在短时间内(2个月内)出现的异常。慢性危害:由于长期(超过两个月)摄入被少量有毒物质污染的食物,对机体造成的损伤。

(二) 食品安全标准

食品安全标准的内容包含：食品、食品相关产品中的致病性微生物、农药残留、兽药残留、重金属、污染物质以及其他危害人体健康物质的限量规定；食品添加剂的品种、使用范围、用量；专供婴幼儿和其他特定人群的主辅食品的营养成分要求；对与食品安全、营养有关的标签、标识、说明书的要求；食品生产经营过程的卫生要求；与食品安全有关的质量要求；食品检验方法与规程；其他需要制定为食品安全标准的内容。

三、食品安全事故的处理

（一）食品安全事故的概念与分级

食品安全事故，指食源性疾病、食品污染等源于食品，对人体健康有危害或者可能有危害的事故。《食品安全法》将食品安全事故分为重大食品安全事故和一般食品安全事故。

重大食品安全事故分为特别重大（Ⅰ级）、重大（Ⅱ级）、较大（Ⅲ级）和一般重大（Ⅳ级）四级（以下分别简称Ⅰ级事故、Ⅱ级事故、Ⅲ级事故和Ⅳ级事故）。

（二）食品安全事故的处理

我国政府为了保障人民身体健康，除了预防食物中毒事故的发生，还对防止食物中毒事故的蔓延，制定了一些法律措施。

1. 报告制度

《食品安全法》第一百零三条规定：事故单位和接收病人进行治疗的单位应当及时向事故发生地县级人民政府食品药品监督管理、卫生行政部门报告。县级以上人民政府质量监督、农业行政等部门在日常监督管理中发现食品安全事故或者接到事故举报，应当立即向同级食品药品监督管理部门通报。

发生食品安全事故，接到报告的县级人民政府食品药品监督管理部门应当按照应急预案的规定向本级人民政府和上级人民政府食品药品监督管理部门报告。县级人民政府和上级人民政府食品药品监督管理部门应当按照应急预案的规定上报。

任何单位和个人不得对食品安全事故隐瞒、谎报、缓报，不得隐匿、伪造、毁灭有关证据。

2. 及时处理食品安全事故

县级以上人民政府食品药品监督管理部门接到食品安全事故的报告后，应当立即会同同级卫生行政、质量监督、农业行政等部门进行调查处理，并采取下列措施，防止或者减轻社会危害：

（1）开展应急救援工作，组织救治因食品安全事故导致人身伤害的人员；

（2）封存可能导致食品安全事故的食品及其原料，并立即进行检验；对确认属于被污染的食品及其原料，责令食品生产经营者依照本法第六十三条的规定召回或者停止经营；

（3）封存被污染的食品相关产品，并责令进行清洗消毒；

（4）做好信息发布工作，依法对食品安全事故及其处理情况进行发布，并对可能产生的危害加以解释、说明。

第三节　娱乐场所管理制度

在游客的旅行、游览过程中，各种娱乐活动是重要组成部分。为了加强娱乐场所管理，国务院1999年3月26日颁布了《娱乐场所管理条例》，并于2006年1月进行了修改，修改后的《娱乐场所管理条例》自2006年3月1日起施行。《娱乐场所管理条例》对娱乐场所经营单位的设立、娱乐场所的经营活动、娱乐场所的治安管理等都作了规定，这些规定是旅馆企业开办设立娱乐场所必须遵守的。

《娱乐场所管理条例》二维码

一、娱乐场所的含义

《娱乐场所管理条例》第二条：娱乐场所是指以营利为目的，并向公众开放、消费者自娱自乐的歌舞、游艺等场所。

二、《娱乐场所管理条例》的宗旨及娱乐场所的经营方向

《娱乐场所管理条例》以加强娱乐场所的管理，丰富人民群众文明、健康的娱乐生活，促进社会主义精神文明建设为宗旨。娱乐场所经营单位应当坚持为人民服务、为社会主义服务的方向，开展文明、健康的娱乐活动。

三、饭店娱乐场所的设立

（一）设立娱乐场所经营单位应具备的条件

（1）有单位名称、住所、组织机构和章程。

（2）有确定的经营范围和娱乐项目。

（3）有与其提供的娱乐项目相适应的场地和器材设备。

（4）娱乐场所的安全、消防设施和卫生条件符合国家规定的标准。

(二) 设立娱乐场所的地点要求

第二章第七条规定娱乐场所不得设在下列地点：
（1）居民楼、博物馆、图书馆和被核定为文物保护单位的建筑物内；
（2）居民住宅区和学校、医院、机关周围；
（3）车站、机场等人群密集的场所；
（4）建筑物地下一层以下；
（5）与危险化学品仓库毗连的区域。

(三) 人员要求

第二章第五条规定有下列情形之一的人员，不得开办娱乐场所或者在娱乐场所内从业：
（1）曾犯有组织、强迫、引诱、容留、介绍卖淫罪，制作、贩卖、传播淫秽物品罪，走私、贩卖、运输、制造毒品罪，强奸罪，强制猥亵、侮辱妇女罪，赌博罪，洗钱罪，组织、领导、参加黑社会性质组织罪的；
（2）因犯罪曾被剥夺政治权利的；
（3）因吸食、注射毒品曾被强制戒毒的；
（4）因卖淫、嫖娼曾被处以行政拘留的。

四、娱乐场所的经营活动管理

(一) 国家倡导弘扬民族优秀文化，禁止在娱乐场所从事含有下列内容的活动

违反宪法确定的基本原则的；危害国家统一、主权或者领土完整的；危害国家安全，或者损害国家荣誉、利益的；煽动民族仇恨、民族歧视，伤害民族感情或者侵害民族风俗、习惯，破坏民族团结的；违反国家宗教政策，宣扬邪教、迷信的；宣扬淫秽、赌博、暴力以及与毒品有关的违法犯罪活动，或者教唆犯罪的；违背社会公德或者民族优秀文化传统的；侮辱、诽谤他人，侵害他人合法权益的；法律、行政法规禁止的其他内容。

(二) 娱乐场所及其从业人员不得实施下列行为，不得为进入娱乐场所的人员实施下列行为提供条件

贩卖、提供毒品，或者组织、强迫、教唆、引诱、欺骗、容留他人吸食、注射毒品；组织、强迫、引诱、容留、介绍他人卖淫、嫖娼；制作、贩卖、传播淫秽物品；提供或者从事以营利为目的的陪侍；赌博；从事邪教、迷信活动；其他违法犯罪行为。

娱乐场所的从业人员不得吸食、注射毒品，不得卖淫、嫖娼；娱乐场所及其从业人员不得为进入娱乐场所的人员实施上述行为提供条件。

（三）娱乐场所安全设施及管理规定

1. 法人代表及主要负责人的职责

娱乐场所的法定代表人或者主要负责人应当对娱乐场所的消防安全和其他安全负责。娱乐场所应当确保其建筑、设施符合国家安全标准和消防技术规范，定期检查消防设施状况，并及时维护、更新。娱乐场所应当制定安全工作方案和应急疏散预案。

2. 安全通道畅通

营业期间，娱乐场所应当保证疏散通道和安全出口畅通，不得封堵、锁闭疏散通道和安全出口，不得在疏散通道和安全出口设置栅栏等影响疏散的障碍物。娱乐场所应当在疏散通道和安全出口设置明显指示标志，不得遮挡、覆盖指示标志。

3. 人员要求

任何人不得非法携带枪支、弹药、管制器具或者携带爆炸性、易燃性、毒害性、放射性、腐蚀性等危险物品和传染病病原体进入娱乐场所。舞厅应当配备安全检查设备，对进入营业场所的人员进行安全检查。

4. 建立巡查制度

娱乐场所应当建立巡查制度，发现娱乐场所内有违法犯罪活动的，应当立即向所在地县级公安部门、县级人民政府文化主管部门报告。

（四）娱乐场所用工制度

娱乐场所不得招用未成年人；招用外国人的，应当按照国家有关规定为其办理外国人就业许可证。

娱乐场所应当与从业人员签订文明服务责任书，并建立从业人员名簿；从业人员名簿应当包括从业人员的真实姓名、居民身份证复印件、外国人就业许可证复印件等内容。

娱乐场所应当与保安服务企业签订保安服务合同，配备专业保安人员；不得聘用其他人员从事保安工作。

（五）娱乐场所对接纳未成年人的规定

歌舞娱乐场所不得接纳未成年人。除国家法定节假日外，游艺娱乐场所设置的电子游戏机不得向未成年人提供。

(六) 娱乐场所营业时间规定

每日凌晨 2 时至上午 8 时,娱乐场所不得营业。

五、娱乐场所的治安管理

(一) 娱乐场所的安全保障及要求

娱乐场所经营单位应当建立、健全各项安全制度;按照国家有关规定,配备保安人员。保安人员必须经县级以上地方人民政府公安机关培训,经培训并取得资格证书的方可上岗。

(二) 娱乐场所的安全设施

歌舞娱乐场所的包厢、包间内不得设置隔断,并应当安装展现室内整体环境的透明门窗。包厢、包间的门不得有内锁装置。营业期间,歌舞娱乐场所内亮度不得低于国家规定的标准。应当按照国务院公安部门的规定在营业场所的出入口、主要通道安装闭路电视监控设备,并应当保证闭路电视监控设备在营业期间正常运行,不得中断。

(三) 经营活动规范

一是巡查制度。二是报告娱乐场所内的犯罪活动。

(四) 保安人员配备

娱乐场所应当与保安服务企业签订保安服务合同,配备专业保安人员;不得聘用其他人员从事保安工作。

1.3 实训指导

一、实训任务

将学生进行编组,每组 4~8 名同学,组内由学生自行分工合作,进行资料收集、整理、制作、美化、展示、汇报等工作。教师可以发布实训任务一览表中的任务,每组同学以此任务作为主题,利用课余时间进行展示材料的整理与制作。在此基础上,教师将利用 2~6 课时时间,用于学生自行汇报展示其工作成果。任务目的在于了解世界酒店业立法进程,熟悉饭店星级标准及运营规范,熟悉饭店安全管理底线。

实训任务一览表

序号	实训任务名称	实训学时
01	了解世界饭店业立法进程与实践	2~6
02	掌握饭店星级评定制度、饭店运营规范流程	
03	熟悉饭店安全管理相关案例	

注:教师可根据需要选用实训项目和学时。

二、成果要求

每组同学制作完成一份 WORD 文档和一份展示 PPT,WORD 文档用于图文资料的整理汇总,PPT 文件用于课堂汇报展示,并将上述两个文件放入文件夹,命名规则为"班级名称+小组编号+任务名称"。

项目拓展:

酒店业未来发展大趋势

三、考核标准

评价标准与打分

项目	考核内容和要求	分值	得分	备注
态度	能够按时完成,积极主动,组内分工合作	20		
内容	导向正确,内容完整、准确,逻辑清晰	20		
形式	格式规范、语言简洁、图表样式美观	20		
展示	仪态形象得当,表达清楚,语言流畅	20		
创新	内容、格式、展示过程有创意,特色明显	20		
	小计	100		

知识自检7:

项目八

出入境及交通法律制度

【内容框架】

1.1 项目导例

  我国从"交通大国"迈向"交通强国"

1.2 知识平台

  知识模块 8-1 出入境人员必看的法律提示

  知识模块 8-2 旅游交通运输方面的法律常识

1.3 实训指导

【学习目标】

  思政要点："春风得意马蹄疾,一日看尽长安花。"新中国织就的四通八达、综合立体的现代综合交通体系已基本形成,加之交通运输领域服务品质的不断提升,人民群众将会享受到更加美好的生活出行体验。

  知识目标:了解中国公民出境入境和外国人入境出境的证件制度、义务性规定和禁止性规定及相关法律责任;熟悉运输企业权利和义务及相关法律责任的规定;掌握《中国公民出国旅游管理办法》等主要法律制度。

  技能目标:收集、整理、分析相关案例和资料,通过制作、美化、展示、汇报等工作,了解中国公民或旅游者出入境注意事项、外国人入出境应遵守的法律法规,熟悉与普通旅游者密切相关的旅游交通运输法律法规相关条款。

1.1 项目导例 我国从"交通大国"迈向"交通强国"

铁路营业总里程达 13.2 万公里
公路总里程达 485 万公里
民航定期航班航线达 4 945 条

国家统计局 2019 年 8 月 13 日发布了新中国成立 70 周年经济社会发展成就系列报告之十六。报告显示,新中国成立以来,交通运输改革进程不断加速,交通运输领域发生了历史性变化,我国由"交通大国"逐步向"交通强国"迈进。

新中国成立之初,交通运输面貌十分落后。全国铁路总里程仅 2.2 万公里。公路里程仅 8.1 万公里,没有一条高速公路。内河航道 7.4 万公里,其中等级航道仅 2.4 万公里。民航航线里程 1.1 万公里,只有 12 条航线。

从新中国成立到改革开放前的近 30 年,交通运输作为国民经济的先导性领域,在政府政策和资金支持下,基础设施建设力度逐步加大,取得阶段性成效。不过,交通运输供给滞后于需求增长,成为制约国民经济发展的瓶颈之一。

改革开放谱写经济发展新篇章,交通运输步入发展快车道。随着改革开放力度加大,交通基础设施建设加速推进,极大缓解了社会经济发展和人们物质生活不断升级对交通运输发展的需求。

党的十八大以来,现代综合交通运输体系建设进入新阶段。全国交通运输行业统筹推进基础设施网络化布局,铁路、公路、水运、民航基础设施建设补短板、强筋骨,"五纵五横"综合运输大通道基本贯通,交通运输服务保障能力显著提升,国民经济主动脉作用日益显现。这一阶段,交通运输发展实现由"总体缓解"向"基本适应"的阶段性转变,为国民经济持续快速发展提供了强有力支撑,我国也由"交通大国"逐步向"交通强国"迈进。

数据显示,到 2018 年末,全国铁路营业总里程达到 13.2 万公里,较 1949 年增长 5 倍,年均增长 2.6%。全国高铁营业总里程 3 万公里,是 2008 年的 44.5 倍,年均增长 46.2%,高铁营业里程超过世界高铁总里程的三分之二,居世界第一位。全国公路总里程达到 485 万公里,是 1949 年的 60.0 倍,年均增长 6.1%。农村公路里程达到 404 万公里,通硬化路乡镇和建制村分别达到 99.6% 和 99.5%。高速公路总里程 14.3 万公里,年均增长 25.8%,总里程居世界第一位。民航面貌焕然一新,定期航班航线总条数达 4945 条,是 1950 年的 412.1 倍,年均增长 9.3%。

(来源:经济日报)

项目八　出入境及交通法律制度

1.2 知识平台

知识模块 8-1　　出入境人员必看的法律提示

《中华人民共和国
出境入境管理法》
二维码

随着社会经济的不断发展,为加强国际的交流与合作,促进共同发展,每个国家都制定了关于外国人、本国公民出入境管理的法律法规,以确保国家主权和安全,同时保护本国公民和外国人的合法权益。《中华人民共和国出境入境管理法》(以下简称《出境入境管理法》)自2013年7月1日起施行,此外,《中华人民共和国海关法》《中华人民共和国出入境边防检查条例》等法律法规也是规范我国旅游者出入境行为的重要法律制度。

第一节　　出入境管理概述

一、出入境管理的任务及范围

出入境是指一国公民经本国政府主管机关批准和前往国家或地区以及途经国家或地区的许可,持规定有效的证件和签证,通过对外开放或指定的口岸从本国出境进入其他国家或地区,或者从其他国家或地区返回本国境内。出入境的概念包括两个方面。一是指一国公民经本国政府批准,持用合法证件出入本国国(边)境;二是指外国人持用合法的证件,经一国政府批准入出该国国境。

(一) 出入境管理的原则

在执行出入境管理过程中必须严格遵守下述四个原则:一是维护国家主权、安全和利益,二是依法管理,三是保障出入境者的正当权益,四是方便往来。

(二) 出入境管理的任务

根据出入境管理法律法规,公安机关对出入境管理的任务主要有六项:依法受理、审批出境和入境申请,依法签发出入境证件和签证,实施出入境边防检查,发现、打击出入境违法活动,处理国籍事务,正确、妥善处置涉外事件。

(三) 出入境管理的范围

1. 出入境人员的管理

公安机关对出入境人员的管理,包括两部分:一是中国公民,指进行出入境活动的国内外中国公民;二是外国人,分为常住外国人和临时来华的外国人。

(1) 中国公民。

中国公民即具有中国国籍的人。作为公安机关出入境管理的对象,中国公民是指所有出入中国国(边)境的中国公民。按照其居住地域的不同,可以分为国内公民、国外华侨和境外居民。

(2) 外国人。

所谓外国人,是指不具有中国国籍的人。无国籍人不具有任何国家的国籍,不是严格意义上的外国人。但世界各国习惯上将其列为外国人,中国对外国人的管理包括无国籍人,也把无国籍人当成普通外国人对待和管理。

"华侨是指定居在国外的中国公民。"这个概念有两重含义:一是华侨必须是中国公民,即具有中国国籍的公民;二是必须是定居在国外,是否定居国外,是华侨与国外的其他中国公民的主要区别。

2. 出入境证件的管理

(1) 护照及其种类。

护照是主权国家(一国政府)发给出入国境和在国外居留、旅行的本国公民的身份证件,以其证明该公民的国籍、身份及出国目的。凡出国人员须持有有效护照,备有关当局查验。护照通常有以下几种类型:外交护照、公务护照和普通护照。

《中华人民共和国护照法》二维码

(2) 签证及其种类。

签证是主权国家须发给申请进入或经过该国国境的他国公民的许可证明,是附签于申请人所持合法入出境通行证件上的文字注明,也是一个国家检查进入或经过这个国家的人员身份及目的的合法性证明。

按照签发对象和由此引发的签证须发国对待持证人待遇的不同,可以将世界各国的签证分为外交签证、公务签证、普通签证三类。

依照护照签发国许可持证人的出入境行为,可将签证分为入境、出境、出入境、入出境、过境五种。但在特殊情况下,前往或途经未建交的国家,签证通常在另一张纸上,称为"另纸签证",但必须与护照同时使用才能有效。

3. 入境交通运输工具的管理

交通运输工具出入中国国(边)境的制度,可以用《出境入境边防检查条例》上的一句话概括,即"出境、入境的人员和交通运输工具,必须经过对外开放的口岸或者主管机关特许的地点通行,接受边防检查、监护和管理"。

项目八 出入境及交通法律制度 | **159**

二、出入境检查制度

我国法律规定,对一切离开、进入或者通过中华人民共和国国(边)境的中国籍、外国籍和无国籍人员实行海关检查、边防检查、安全检查、卫生检疫、动植物检疫的"一关四检"的检查制度。

(一)海关检查

《中华人民共和国海关法》二维码

海关是国家的门户,是国家的出入境管理机构。海关检查是指海关在国境口岸依法对进出国境的货物、运输工具、行李物品、邮递物品和其他物品执行监督管理、代收关税和查禁走私等任务时所进行的检查。

(二)边防检查

《中华人民共和国出境入境边防检查条例》二维码

为维护中华人民共和国的主权、安全和社会秩序,禁止非法出入境。为便利出境入境的人员和交通运输工具的通行,我国在对外开放的港口、航空港、车站和边境通道口等口岸设立出境入境边防检查站,对入出国境的人员、交通运输工具和行李物品进行检查。根据《出境入境边防检查条例》,我国的边防检查工作由公安部主管。

(三)安全检查

中国海关和边防站为保证旅游者生命和财产安全,禁止携带武器、凶器和爆炸物品,采用通过安全门使用磁性探测检查、红外线透视、搜身开箱检查等方法,对旅游者进行安全检查。

(四)卫生检疫

为防止传染病由国外传入或由国内传出,保护人身健康,各国都制定了国境卫生检疫法。我国依据《国境卫生检疫法》设立了国境卫生检疫机关,在入出境口岸依法对包括旅游者在内的有关人员及其携带的动植物和交通运输工具等实施传染病检疫、检测和卫生监督;只有经过检疫,由国境卫生检疫机关许可,才能入出境。

(五)动植物检疫

为了保护我国农、林、牧、渔业生产和人体健康,维护对外贸易信誉,履行国际义务,防止危害动植物的病、虫、杂草及其他有害生物由国外传入或由国内传出,我国同世界各国都制定了动植物检疫的法律。在我国边境口岸设立的动植物检疫站,代表国家对入出境的动物、动物产品、植物、植物产品及运载动植物的交通工具等执行检疫任务。旅游者应主动接受动植物检疫并按有关规定出入境。

三、法律责任

根据《出境入境管理法》第七章第七十条的规定,以下条款中规定的行政处罚,除另有规定外,由县级以上地方人民政府公安机关或者出入境边防检查机关决定;其中警告或者 5 000 元以下罚款,可以由县级以上地方人民政府公安机关出入境管理机构决定。

(一) 非法出入境的法律责任

《出境入境管理法》第七十一条规定,有下列行为之一的,处 1 000 元以上 5 000 元以下罚款;情节严重的,处 5 日以上 10 日以下拘留,可以并处 2 000 元以上 10 000 元以下罚款:

(1) 持用伪造、变造、骗取的出境入境证件出境入境的;
(2) 冒用他人出境入境证件出境入境的;
(3) 逃避出境入境边防检查的;
(4) 以其他方式非法出境入境的。

第七十二条规定,协助他人非法出境入境的,处 2 000 元以上 10 000 元以下罚款;情节严重的,处 10 日以上 15 日以下拘留,并处 5 000 元以上 20 000 元以下罚款,有违法所得的,没收违法所得。

第七十三条规定,弄虚作假骗取签证、停留居留证件等出入境证件的,处 2 000 元以上 5 000 元以下罚款;情节严重的,处 10 日以上 15 日以下拘留,并处 5 000 元以上 20 000 元以下罚款。

第七十四条规定,违反本法规定,为外国人出具邀请函件或者其他申请材料的,处 5 000 元以上 10 000 元以下罚款,有违法所得的,没收违法所得,并责令其承担所邀请外国人的出境费用。

第七十五条规定,中国公民出境后非法前往其他国家或者地区被遣返的,出入境边防检查机关应当收缴其出境入境证件,出境入境证件签发机关自其被遣返之日起 6 个月至 3 年以内不予签发出境入境证件。

(二) 停留居留期间的法律责任

《出境入境管理法》第七十六条规定,有下列情形之一的,给予警告,可以并处 2 000 元以下罚款:

(1) 外国人拒不接受公安机关查验其出境入境证件的;
(2) 外国人拒不交验居留证件的;
(3) 未按照规定办理外国人出生登记、死亡申报的;
(4) 外国人居留证件登记事项发生变更,未按照规定办理变更的;
(5) 在中国境内的外国人冒用他人出境入境证件的;

(6) 未按照本法第三十九条第二款规定办理登记的。

第七十七条规定,外国人未经批准,擅自进入限制外国人进入的区域,责令立即离开;情节严重的,处5日以上10日以下拘留。对外国人非法获取的文字记录、音像资料、电子数据和其他物品,予以收缴或者销毁,所用工具予以收缴。外国人、外国机构违反本法规定,拒不执行公安机关、国家安全机关限期迁离决定的,给予警告并强制迁离;情节严重的,对有关责任人员处5日以上15日以下拘留。

第七十八条规定,外国人非法居留的,给予警告;情节严重的,处每非法居留一日500元、总额不超过10 000元的罚款或者5日以上15日以下拘留。因监护人或者其他负有监护责任的人未尽到监护义务,致使未满16周岁的外国人非法居留的,对监护人或者其他负有监护责任的人给予警告,可以并处1 000元以下罚款。

第七十九条规定,容留、藏匿非法入境、非法居留的外国人,协助非法入境、非法居留的外国人逃避检查,或者为非法居留的外国人违法提供出境入境证件的,处2 000元以上10 000元以下罚款;情节严重的,处5日以上15日以下拘留,并处5 000元以上20 000元以下罚款,有违法所得的,没收违法所得。单位有前款行为的,处10 000元以上50 000元以下罚款;有违法所得的,没收违法所得,并对其直接负责的主管人员和其他直接责任人员,依照前款规定予以处罚。

第八十条规定,外国人非法就业的,处5 000元以上20 000元以下罚款;情节严重的,处5日以上15日以下拘留,并处5 000元以上20 000元以下罚款。介绍外国人非法就业的,对个人处以每非法介绍一人5 000元、总额不超过50 000元的罚款;对单位处每非法介绍一人5 000元,总额不超过100 000元的罚款;有违法所得的,没收违法所得。非法聘用外国人的,处每非法聘用一人10 000元、总额不超过100 000元的罚款;有违法所得的,没收违法所得。

第八十一条规定,外国人从事与停留居留事由不相符的活动,或者有其他违反中国法律法规规定,不适宜在中国境内继续停留居留情形的,可以处限期出境。外国人违反本法规定,情节严重,尚不构成犯罪的,公安部可以处驱逐出境。公安部的处罚决定为最终决定。被驱逐出境的外国人,自被驱逐出境之日起10年内不准入境。

(三) 其他活动的法律责任

《出境入境管理法》第八十二条规定,有下列情形之一的,给予警告,可以并处2 000元以下罚款:
(1) 扰乱口岸限定区域管理秩序的;
(2) 外国船员及其随行家属未办理临时入境手续登陆的;
(3) 未办理登轮证件上下外国船舶的。

违反前款第(1)项规定,情节严重的,可以并处 5 日以上 10 日以下拘留。

第二节　外国人入境出境管理

为了规范签证的签发和外国人在中国境内停留居留的服务和管理,根据《出境入境管理法》,2013 年 7 月 3 日国务院第 15 次常务会议通过并予公布了《中华人民共和国外国人入境出境管理条例》,自 2013 年 9 月 1 日起施行。

《中华人民共和国外国人入境出境管理条例》二维码

一、外国人入出境有效证件

(一) 签证及其种类

外国人入境应当向中国的外交代表机关、领事机关或外交部授权的其他驻外机关申请办理签证。在特定情况下,依照国务院规定,外国人也可以向中国政府主管机关指定口岸的签证机关申请办理签证("落地签证")。

签证有多种,按签证性质划分,分为外交签证、礼遇签证、公务签证、普通签证。对因外交、公务事由入境的外国人,签发外交、公务签证;对因身份特殊需要给予礼遇的外国人,签发礼遇签证。外交签证、礼遇签证、公务签证的签发范围和签发办法由外交部规定。对因工作、学习、探亲、旅游、商务活动、人才引进等非外交、公务事由入境的外国人,签发相应类别的普通签证。普通签证的类别和签发办法由国务院规定。

(二) 签证的发放管理

1. 不予签证的情形

《出境入境管理法》第二十一条规定,外国人有下列情形之一的,不予签发签证:

(1) 被处驱逐出境或者被决定遣送出境,未满不准入境规定年限的;

(2) 患有严重精神障碍、传染性肺结核病或者有可能对公共卫生造成重大危害的其他传染病的;

(3) 可能危害中国国家安全和利益、破坏社会公共秩序或者从事其他违法犯罪活动的;

(4) 在申请签证过程中弄虚作假或者不能保障在中国境内期间所需费用的;

(5) 不能提交签证机关要求提交的相关材料的;

(6) 签证机关认为不宜签发签证的其他情形。

对不予签发签证的，签证机关可以不说明理由。

2. 免办签证的情形

《出境入境管理法》第二十二条规定，外国人有下列情形之一的，可以免办签证：

(1) 根据中国政府与其他国家政府签订的互免签证协议，属于免办签证人员的；

(2) 持有效的外国人居留证件的；

(3) 持联程客票搭乘国际航行的航空器、船舶、列车从中国过境前往第三国或者地区，在中国境内停留不超过 24 小时且不离开口岸，或者在国务院批准的特定区域内停留不超过规定时限的；

(4) 国务院规定的可以免办签证的其他情形。

二、外国人入出境的管理

(一) 外国人入境管理

《出境入境管理法》规定，外国人入境，应当向出入境边防检查机关交验本人的护照或者其他国际旅行证件、签证或者其他入境许可证明，履行规定的手续，经查验准许，方可入境。外国人有下列情形之一的，不准入境：

(1) 未持有效出境入境证件或者拒绝、逃避接受边防检查的；

(2) 具有本法第二十一条第一款第(一)项至第(四)项规定情形的；

(3) 入境后可能从事与签证种类不符的活动的；

(4) 法律、行政法规规定不准入境的其他情形。

对不准入境的，出入境边防检查机关可以不说明理由。对未被准许入境的外国人，出入境边防检查机关应当责令其返回；对拒不返回的，强制其返回。外国人等待返回期间，不得离开限定的区域。

(二) 外国人出境管理

外国人出境，应当向出入境边防检查机关交验本人的护照或者其他国际旅行证件等出境入境证件，履行规定的手续，经查验准许，方可出境。外国人有下列情形之一的，不准出境：

(1) 被判处刑罚尚未执行完毕或者属于刑事案件被告人、犯罪嫌疑人的，但是按照中国与外国签订的有关协议，移管被判刑人的除外；

(2) 有未了结的民事案件，人民法院决定不准出境的；

(3) 拖欠劳动者的劳动报酬，经国务院有关部门或者省、自治区、直辖市人民政府决定不准出境的；

(4)法律、行政法规规定不准出境的其他情形。

三、外国人停留居留管理

(一)停留居留

1. 停留期限管理

《出境入境管理法》第二十九条规定,外国人所持签证注明的停留期限不超过180日的,持证人凭签证并按照签证注明的停留期限在中国境内停留。需要延长签证停留期限的,应当在签证注明的停留期限届满7日前向停留地县级以上地方人民政府公安机关出入境管理机构申请,按照要求提交申请事由的相关材料。经审查,延期理由合理、充分的,准予延长停留期限;不予延长停留期限的,应当按期离境。延长签证停留期限,累计不得超过签证原注明的停留期限。

2. 居留证件的办理

《出境入境管理法》第三十条规定,外国人所持签证注明入境后需要办理居留证件的,应当自入境之日起30日内,向拟居留地县级以上地方人民政府公安机关出入境管理机构申请办理外国人居留证件。申请办理外国人居留证件,应当提交本人的护照或者其他国际旅行证件,以及申请事由的相关材料,并留存指纹等人体生物识别信息。公安机关出入境管理机构应当自收到申请材料之日起15日内进行审查并作出审查决定,根据居留事由签发相应类别和期限的外国人居留证件。外国人工作类居留证件的有效期最短为90日,最长为5年;非工作类居留证件的有效期最短为180日,最长为5年。

3. 特殊情况处理

在中国境内出生的外国婴儿,其父母或者代理人应当在婴儿出生60日内,持该婴儿的出生证明到父母停留居留地县级以上地方人民政府公安机关出入境管理机构为其办理停留或者居留登记。外国人在中国境内死亡的,其家属、监护人或者代理人,应当按照规定,持该外国人的死亡证明向县级以上地方人民政府公安机关出入境管理机构申报,注销外国人停留居留证件。

4. 工作居留与非法就业

外国人在中国境内工作,应当按照规定取得工作许可和工作类居留证件。任何单位和个人不得聘用未取得工作许可和工作类居留证件的外国人。外国人有下列行为之一的,属于非法就业:

(1)未按照规定取得工作许可和工作类居留证件在中国境内工作的;

(2)超出工作许可限定范围在中国境内工作的;

(3)外国留学生违反勤工助学管理规定,超出规定的岗位范围或者时限在中国境内工作的。

聘用外国人工作或者招收外国留学生的单位,应当按照规定向所在地公安机关报告有关信息。公民、法人或者其他组织发现外国人有非法入境、非法居留、非法就业情形的,应当及时向所在地公安机关报告。

(二) 永久居留

根据《出境入境管理法》,对中国经济社会发展作出突出贡献或者符合其他在中国境内永久居留条件的外国人,经本人申请和公安部批准,取得永久居留资格。外国人在中国境内永久居留的审批管理办法,由公安部、外交部会同国务院有关部门规定。取得永久居留资格的外国人,凭永久居留证件在中国境内居留和工作,凭本人的护照和永久居留证件出境入境。外国人有下列情形之一的,由公安部决定取消其在中国境内永久居留资格:

(1) 对中国国家安全和利益造成危害的;
(2) 被处驱逐出境的;
(3) 弄虚作假骗取在中国境内永久居留资格的;
(4) 在中国境内居留未达到规定时限的;
(5) 不适宜在中国境内永久居留的其他情形。

(三) 调查和遣返

1. 盘问

当场盘问、继续盘问、拘留审查、限制活动范围、遣送出境措施,由县级以上地方人民政府公安机关或者出入境边防检查机关实施。《出境入境管理法》第五十九条规定,对涉嫌违反出境入境管理的人员,可以当场盘问;经当场盘问,有下列情形之一的,可以依法继续盘问:

(1) 有非法出境入境嫌疑的;
(2) 有协助他人非法出境入境嫌疑的;
(3) 外国人有非法居留、非法就业嫌疑的;
(4) 有危害国家安全和利益,破坏社会公共秩序或者从事其他违法犯罪活动嫌疑的。

2. 拘留审查

外国人有本法第五十九条第一款规定情形之一的,经当场盘问或者继续盘问后仍不能排除嫌疑,需要作进一步调查的,可以拘留审查。实施拘留审查,应当出示拘留审查决定书,并在24小时内进行询问。发现不应当拘留审查的,应当立即解除拘留审查。拘留审查的期限不得超过30日;案情复杂的,经上一级地方人民政府公安机关或者出入境边防检查机关批准可以延长至60日。对国籍、身份不明的外国人,拘留审查期限自查清其国籍、身份之日起计算。

3. 限制活动范围

根据《出境入境管理法》第六十一条,外国人有下列情形之一的,不适用拘留审查,可以限制其活动范围:

(1) 患有严重疾病的;
(2) 怀孕或者哺乳自己不满1周岁婴儿的;
(3) 未满16周岁或者已满70周岁的;
(4) 不宜适用拘留审查的其他情形。

4. 遣返

根据《出境入境管理法》第六十二条,外国人有下列情形之一的,可以遣送出境:

(1) 被处限期出境,未在规定期限内离境的;
(2) 有不准入境情形的;
(3) 非法居留、非法就业的;
(4) 违反本法或者其他法律、行政法规需要遣送出境的。

其他境外人员有前款所列情形之一的,可以依法遣送出境。被遣送出境的人员,自被遣送出境之日起1至5年内不准入境。

第三节　中国旅游者出入境管理

一、出境旅游与边境旅游

(一) 出境旅游

出境旅游是指公民持合法证件前往其他国家或地区的旅游。主要包括边境游、港澳游、出国游三个种类。根据旅游费用来源的不同来划分,出境旅游可有以下三种形式:公费、自费及其他方式。根据出境方式的不同又可将出境旅游划分为有组织的、非组织的两大类。

根据我国的国情及其经济实力,我国目前对开办公民自费出境旅游采取"有计划、有组织、有控制发展"的指导方针。

《中国公民出国旅游管理办法》二维码

(二) 边境旅游

边境旅游是出境旅游的一部分。它是指经批准和指定的旅游部门,组织和接待我国相毗邻国家的公民,在双方政府商定的边境地区进行的旅游活动。其特点是:① 由特定部门组织;② 接待对象主要是邻近国家的公民;③ 通常有双边协议,并在规定区域内进行;④ 时间较短,通常不需亲友提供的担保。

二、出境旅游管理制度

(一) 总量控制、配额管理制度

根据"总量控制、入出挂钩"原则,分配给有经营权的旅行社具体的出境配额。配额制是国家对出境旅游实施管理的一项具体措施。国家旅游局统一印制、发放中国公民的自费出境旅游"审核证明",主要包括:① 参游人员基本情况;② 团队名称;③ 参游路线;④ 收费标准;⑤ 实际交纳金额等。

(二) 组团社审批制度

组团社,是指经国家旅游局审批,经外交部、公安部、国家外汇管理局、国家工商行政管理局备案,并对外公布的特许经营中国公民自费出境旅游业务的国际旅行社。国家旅游局根据旅行社入境接待的业绩和出境旅行的经营情况,出入挂钩,并考虑地区合理分布,依照市场需求循序渐进、动态管理的原则,对组织经营中国公民自费出境旅游的旅行社实行审批制度。

(三) 出境旅游目的地审批制度

出境旅游目的地的国家和地区,由国家旅游局提出申请,经外交部、公安部同意,报请国务院批准,方可作为中国公民出国旅游目的地。其条件是:① 对方是我国客源地,有利于双方旅游合作与交流的;② 政治上友好,并开展国民外交符合我国对外政策的;③ 旅游资源有吸引力,并具备适合接待我国旅游者的接待服务设施的;④ 对我国旅游者在政治、法律等方面没有歧视性、限制性和报复性政策的;⑤ 旅游者有安全保障,具有良好的可进入性的。

(四) 主要以团队方式开展出境旅游制度

所谓团队,是指由有特许经营权的旅行社组织3人以上的出境旅游团。为保障参游人员的人身安全及合法权益,便于实施旅游服务质量监督管理,防止旅游者非法滞留、涉足"三禁"(黄、赌、毒),我国规定现阶段公民自费出境旅游要以团队形式进行,且每团必须派遣领队,暂不办理散客出境旅游。

(五) 领队制度

出境旅游实行领队制度,团队的旅游活动必须在领队的带领下进行:① 领队应当经省、自治区、直辖市以上旅游行政管理部门考核合格,并取得"海外领队证"后方可工作;② 领队在带团时必须佩戴领队证。

知识模块 8-2　旅游交通运输方面的法律常识

第一节　航空运输法规

为了维护国家的领空主权和民用航空权利,保障民用航空活动安全和有秩序地进行,保护民用航空活动当事人各方的合法权益,促进民用航空事业的发展,第八届全国人民代表大会常务委员会第十六次会议1995年10月30日经审议通过了《中华人民共和国民用航空法》(以下简称《民用航空法》),自1996年3月1日起实施。2015年4月24日第十二届全国人民代表大会常务委员会第十四次会议《关于修改〈中华人民共和国计量法〉等五部法律的决定》第二次修正。《民用航空法》共十六章二百一十五条。本项目所述内容主要涉及《民用航空法》第八章"公共航空运输企业"和第九章"公共航空运输"的相关内容。

根据《中华人民共和国民用航空法》,中华人民共和国的领陆和领水之上的空域为中华人民共和国领空。中华人民共和国对领空享有完全的、排他的主权。

《中华人民共和国民用航空法》规定:国内航空运输,是指根据当事人订立的航空运输合同,运输的出发地点、约定的经停地点和目的地点均在中华人民共和国境内的运输。国际航空运输,是指根据当事人订立的航空运输合同,无论运输有无间断或者有无转运,运输的出发地点、目的地点或者约定的经停地点之一不在中华人民共和国境内的运输。

一、航空运输凭证

适用于公共航空运输企业使用民用航空器经营的旅客、行李或者货物的运输,包括公共航空运输企业使用民用航空器办理的免费运输。不适用于使用民用航空器办理的邮件运输。

(一)旅客乘坐凭证

承运人运送旅客,应当出具客票。旅客乘坐民用航空器,应当交验有效客票。客票应当包括的内容由国务院民用航空主管部门规定,至少应当包括以下内容:

(1)出发地点和目的地点;

(2)出发地点和目的地点均在中华人民共和国境内,而在境外有一个或者数个约定的经停地点的,至少注明一个经停地点;

(3)旅客航程的最终目的地点、出发地点或者约定的经停地点之一不在中华人民共和国境内,依照所适用的国际航空运输公约的规定,应当在客票上声明此项运输适用该公约的,客票上应当载有该项声明。客票是航空旅客运输合同订立和运输合同条件的初步证据。旅客未能出示客票、客票不符合规定或者客票遗失,不影响运输合同的存在或者有效。

(二)行李或货物凭证

承运人载运托运行李时,行李票可以包含在客票之内或者与客票

项目八　出入境及交通法律制度

相结合。行李票标明的内容除上述客票所列内容外,还应当包括下列内容:

(1) 托运行李的件数和重量;

(2) 需要声明托运行李在目的地点交付时的利益的,注明声明金额。

(三) 禁运规定

公共航空运输企业不得运输法律、行政法规规定的禁运物品。公共航空运输企业未经国务院民用航空主管部门批准,不得运输作战军火、作战物资。禁止旅客随身携带法律、行政法规规定的禁运物品乘坐民用航空器。

公共航空运输企业运输危险品,应当遵守国家有关规定。禁止以非危险品品名托运危险品。禁止旅客随身携带危险品乘坐民用航空器。除因执行公务并按照国家规定经过批准外,禁止旅客携带枪支、管制刀具乘坐民用航空器。禁止违反国务院民用航空主管部门的规定将危险品作为行李托运。危险品品名由国务院民用航空主管部门规定并公布。

公共航空运输企业不得运输拒绝接受安全检查的旅客,不得违反国家规定运输未经安全检查的行李。公共航空运输企业必须按照国务院民用航空主管部门的规定,对承运的货物进行安全检查或者采取其他保证安全的措施。

公共航空运输企业从事国际航空运输的民用航空器及其所载人员、行李、货物应当接受边防、海关、检疫等主管部门的检查;但是,检查时应当避免不必要的延误。

二、承运人的责任

(一) 承运人对旅客的责任

《民用航空法》规定:因发生在民用航空器上或者在旅客上、下民用航空器过程中的事件,造成旅客人身伤亡的,承运人应当承担责任;但是,旅客的人身伤亡完全是旅客本人的健康状况造成的,承运人不承担责任。

(二) 承运人对行李的责任

本节所称行李,包括托运行李和旅客随身携带的物品。所称航空运输期间,是指在机场内、民用航空器上或者机场外降落的任何地点,托运行李、货物处于承运人掌管之下的全部期间。

因发生在民用航空器上或者在旅客上、下民用航空器过程中的事件,造成旅客随身携带物品毁灭、遗失或者损坏的,承运人应当承担责任。因发生在航空运输期间的事件,造成旅客的托运行李毁灭、遗失或者损坏的,承运人应当承担责任。旅客随身携带物品或者托运行李的毁灭、遗失或者损坏完全是由于行李本身的自然属性、质量或者缺陷造成的,承运人不承担责任。

旅客、行李或者货物在航空运输中因延误造成的损失,承运人应当承担责任;但是,承运人证明本人或者其受雇人、代理人为了避免损失的发生,已经采取一切必要措施或者不可能采取此种措施的,不承担责任。

(三) 承运人责任的免除或减轻规定

在旅客、行李运输中,经承运人证明,损失是由索赔人的过错造成或者促成的,应当根据造成或者促成此种损失的过错的程度,相应免除或者减轻承运人的责任。旅客以外的其他人就旅客死亡或者受伤提出赔偿请求时,经承运人证明,死亡或者受伤是旅客本人的过错造成或者促成的,同样应当根据造成或者促成此种损失的过错的程度,相应免除或者减轻承运人的责任。

在货物运输中,经承运人证明,损失是由索赔人或者代行权利人的过错造成或者促成的,应当根据造成或者促成此种损失的过错的程度,相应免除或者减轻承运人的责任。

(四) 承运人的赔偿责任

1. 国内航空运输承运人的赔偿责任限额

国内航空运输承运人的赔偿责任限额由国务院民用航空主管部门制定,报国务院批准后公布执行。旅客或者托运人在交运托运行李或者货物时,特别声明在目的地点交付时的利益,并在必要时支付附加费的,除承运人证明旅客或者托运人声明的金额高于托运行李或者货物在目的地点交付时的实际利益外,承运人应当在声明金额范围内承担责任。

承运人责任限额制度是指发生重大的航空事故时,作为责任人的承办人,即航空公司可以根据法律的规定,将自己的赔偿责任限制在一定范围内进行赔偿的法律制度。赔偿责任限制制度是通过法律或行政法规规定承运人的最高赔偿限额,将承运人的责任限制在一定数额范围内,以达到保护承运人利益、使承运人不致过度赔偿而破产的目的。

2. 国际航空运输承运人的赔偿责任限额

(1) 对每名旅客的赔偿责任限额为 16 600 计算单位;但是,旅客可以同承运人书面约定高于本项规定的赔偿责任限额。

> 赔偿责任限额制度具体体现于我国于 2006 年 3 月 28 日起施行的《国内航空运输承运人赔偿责任限额规定》。国内航空运输承运人(以下简称"承运人")应当在下列规定的赔偿责任限额内按照实际损害承担赔偿责任,但是《民用航空法》另有规定的除外:
> (1) 对每名旅客的赔偿责任限额为人民币 400 000 元;
> (2) 对每名旅客随身携带物品的赔偿责任限额为人民币 3 000 元;
> (3) 对旅客托运的行李和对运输的货物的赔偿责任限额,为每公斤人民币 100 元。

项目八 出入境及交通法律制度

(2) 对托运行李或者货物的赔偿责任限额,每公斤为 17 计算单位。

(3) 对每名旅客随身携带的物品的赔偿责任限额为 332 计算单位。

任何旨在免除本法规定的承运人责任或者降低本法规定的赔偿责任限额的条款,均属无效;但是,此种条款的无效,不影响整个航空运输合同的效力。

(五) 追责对象及时效

托运行李或者货物发生损失的,旅客或者收货人应当在发现损失后向承运人提出异议。托运行李发生损失的,最迟应当自收到托运行李之日起 7 日内提出;货物发生损失的,最迟应当自收到货物之日起 14 日内提出。托运行李或者货物发生延误的,最迟应当自托运行李或者货物交付旅客或者收货人处置之日起 21 日内提出。任何异议均应当在规定的期间内写在运输凭证上或者另以书面提出。除承运人有欺诈行为外,旅客或者收货人未在规定的期间内提出异议的,不能向承运人提出索赔诉讼。

航空运输的诉讼时效期间为 2 年,自民用航空器到达目的地点、应当到达目的地点或者运输终止之日起计算。

第二节 铁路运输法规

为了保障铁路运输和铁路建设的顺利进行,适应社会主义现代化建设和人民生活的需要,1990 年 9 月 7 日第七届全国人民代表大会常务委员会第十五次会议通过了《中华人民共和国铁路法》(以下简称《铁路法》)。2009 年 8 月 27 日第十一届全国人民代表大会常务委员会第十次会议《关于修改部分法律的决定》作了第一次修正,2015 年 4 月 24 日第十二届全国人民代表大会常务委员会第十四次会议《关于修改〈中华人民共和国义务教育法〉等五部法律的决定》进行了第二次修正。

《铁路法》全面规范了铁路规划、建设、运营、安全保护、监管、法律责任等方面的内容,既涉及行政法律关系的调整,又涉及民事法律关系的调整。

一、铁路法概述

(一) 铁路法的调整对象

铁路法主要调整铁路运输关系、铁路建设关系、铁路建设与铁路

《中华人民共和国铁路法》第二条规定:"铁路,包括国家铁路、地方铁路、专用铁路和铁路专用线。国家铁路是指由国务院铁路主管部门管理的铁路。地方铁路是指由地方人民政府管理的铁路。专用铁路是指由企业或者其他单位管理,专为本企业或者本单位内部提供运输服务的铁路。铁路专用线是指由企业或者其他单位管理的与国家铁路或者其他铁路线路接轨的岔线。"

生产有关的其他方面的关系。从立法角度看,铁路运输关系主要分为以下四类:一是旅客运输合同关系,二是货物运输合同关系,三是侵权损害赔偿关系,四是运输管理关系。

(二)铁路运输管理体制

《铁路法》第三条规定:国务院铁路主管部门主管全国铁路工作,对国家铁路实行高度集中、统一指挥的运输管理体制,对地方铁路、专用铁路和铁路专用线进行指导、协调、监督和帮助。国家铁路运输企业行使法律、行政法规授予的行政管理职能。这一规定明确了国务院铁路主管部门的管理职责,并界定了国家铁路运输企业的特定职能。

二、铁路运输的法律规定

《铁路法》第二章"铁路运输营业"从铁路承运人与托运人、旅客之间的平等主体法律关系出发,规定了当事人各方的基本权利和义务,主要内容包括运输合同、运输管理两个方面。

(一)铁路运输合同

铁路运输合同是明确铁路运输企业与旅客、托运人之间权利义务关系的协议。旅客车票、行李票、包裹票和货物运单是合同或者合同的组成部分。

1. 铁路运输合同承运人的义务及责任

铁路运输企业应当保证旅客和货物运输的安全,做到列车正点到达。铁路运输企业应当保证旅客按车票载明的日期、车次乘车,并到达目的站。因铁路运输企业的责任造成旅客不能按车票载明的日期、车次乘车的,铁路运输企业应当按照旅客的要求,退还全部票款或者安排改乘到达相同目的站的其他列车。

国家铁路和地方铁路根据发展生产、搞活流通的原则,安排货物运输计划。对抢险救灾物资和国家规定需要优先运输的其他物资,应予优先运输。地方铁路运输的物资需要经由国家铁路运输的,其运输计划应当纳入国家铁路的运输计划。

铁路运输企业应当按照合同约定的期限或者国务院铁路主管部门规定的期限,将货物、包裹、行李运到目的站;逾期运到的,铁路运输企业应当支付违约金。铁路运输企业逾期30日仍未将货物、包裹、行李交付收货人或者旅客的,托运人、收货人或者旅客有权按货物、包裹、行李灭失向铁路运输企业要求赔偿。

铁路运输企业应当对承运的货物、包裹、行李自接受承运时起到交付时发生的灭失、短少、变质、污染或者损坏,承担赔偿责任:

(1)托运人或者旅客根据自愿申请办理保价运输的,按照实际损失赔偿,但最高不超过保价额。

(2) 未按保价运输承运的,按照实际损失赔偿,但最高不超过国务院铁路主管部门规定的赔偿限额;如果损失是铁路运输企业的故意或者重大过失造成的,不适用赔偿限额的规定,按照实际损失赔偿。

2. 旅客、托运人及收货人的义务及责任

旅客乘车应当持有效车票。对无票乘车或者持失效车票乘车的,应当补收票款,并按照规定加收票款;拒不交付的,铁路运输企业可以责令下车。

托运人应当如实填报托运单,铁路运输企业有权对填报的货物和包裹的品名、重量、数量进行检查。经检查,申报与实际不符的,检查费用由托运人承担;申报与实际相符的,检查费用由铁路运输企业承担,因检查对货物和包裹中的物品造成的损坏由铁路运输企业赔偿。托运人因申报不实而少交的运费和其他费用应当补交,铁路运输企业按照国务院铁路主管部门的规定加收运费和其他费用。

托运货物需要包装的,托运人应当按照国家包装标准或者行业包装标准包装;没有国家包装标准或者行业包装标准的,应当妥善包装,使货物在运输途中不因包装原因而受损坏。铁路运输企业对承运的容易腐烂变质的货物和活动物,应当按照国务院铁路主管部门的规定和合同的约定,采取有效的保护措施。

货物、包裹、行李到站后,收货人或者旅客应当按照国务院铁路主管部门规定的期限及时领取,并支付托运人未付或者少付的运费和其他费用;逾期领取的,收货人或者旅客应当按照规定交付保管费。

自铁路运输企业发出领取货物通知之日起满30日仍无人领取的货物,或者收货人书面通知铁路运输企业拒绝领取的货物,铁路运输企业应当通知托运人,托运人自接到通知之日起满30日未作答复的,由铁路运输企业变卖;所得价款在扣除保管等费用后尚有余款的,应当退还托运人,无法退还、自变卖之日起180日内托运人又未领回的,上缴国库。

自铁路运输企业发出领取通知之日起满90日仍无人领取的包裹或者到站后满90日仍无人领取的行李,铁路运输企业应当公告,公告满90日仍无人领取的,可以变卖;所得价款在扣除保管等费用后尚有余款的,托运人、收货人或者旅客可以自变卖之日起180日内领回,逾期不领回的,上缴国库。

对危险物品和规定限制运输的物品,应当移交公安机关或者有关部门处理,不得自行变卖。

对不宜长期保存的物品,可以按照国务院铁路主管部门的规定缩短处理期限。

3. 合同争议及解决

发生铁路运输合同争议的,铁路运输企业和托运人、收货人或者旅客可以通过调解解决;不愿意调解解决或者调解不成的,可以依据合同中的仲裁条款或者事后达成的书面仲裁协议,向国家规定的仲裁机构申请仲裁。当事人一方在规定的期限内不履行仲裁机构的仲裁决定的,另一方可以申请人民法院强制执行。当事人没有在合同中订立仲裁条款,事后又没有达成书面仲裁协议的,可以向人民法院起诉。

(二) 运输管理

国家鼓励专用铁路兼办公共旅客、货物运输营业;提倡铁路专用线与有关单位按照协议共用。专用铁路兼办公共旅客、货物运输营业的,应当报经省、自治区、直辖市人民政府批准。专用铁路兼办公共旅客、货物运输营业的,适用本法关于铁路运输企业的规定。

1. 运价管理

铁路的旅客票价,货物、包裹、行李的运价,旅客和货物运输杂费的收费项目和收费标准,必须公告;未公告的不得实施。

2. 票证管理

国家铁路、地方铁路和专用铁路印制使用的旅客、货物运输票证,禁止伪造和变造。禁止倒卖旅客车票和其他铁路运输票证。

3. 禁止和限制运输

《铁路法》第二十八条规定,托运、承运货物、包裹、行李,必须遵守国家关于禁止或者限制运输物品的规定。

4. 联合运输

《铁路法》规定,铁路运输企业与公路、航空或者水上运输企业相互间实行国内旅客、货物联运,依照国家有关规定办理;国家没有规定的,依照有关各方的协议办理。国家铁路、地方铁路参加国际联运,必须经国务院批准。

第三节 国内水路运输管理条例

一、水路运输经营者及经营活动规定

为规范国内水路运输经营行为,维护国内水路运输市场秩序,保障国内水路运输安全,促进国内水路运输业健康发展,2012年9月26日国务院第218次常务会议通过并公布《国内水路运输管理条例》(以下简称《条例》),自2013年1月1日起施行。对于载客12人以下的客运船舶以及乡、镇客运渡船运输的管理办法,由省、自治区、直辖市

> 根据条例规定,国内水路运输(以下简称"水路运输"),是指始发港、挂靠港和目的港均在中华人民共和国管辖的通航水域内的经营性旅客运输和货物运输。

项目八 出入境及交通法律制度

人民政府另行制定。

(一) 个人经营水路运输业务

对于水路运输业务的经营事项。《条例》规定,个人可以申请经营内河普通货物运输业务。申请经营内河普通货物运输业务的个人,水路运输经营者投入运营的船舶应当符合下列四个条件:

(1) 与经营者的经营范围相适应;

(2) 取得有效的船舶登记证书和检验证书;

(3) 符合国务院交通运输主管部门关于船型技术标准和船龄的要求;

(4) 法律、行政法规规定的其他条件。

同时,船舶吨位不超过国务院交通运输主管部门规定的自有船舶,并应当有健全的安全管理制度和法律、行政法规规定的其他条件。

(二) 企业经营水路运输业务

企业申请经营水路运输业务,申请人应当符合下列条件:

(1) 具备企业法人条件;

(2) 有符合本条例第十三条规定的船舶,并且自有船舶运力符合国务院交通运输主管部门的规定;

(3) 有明确的经营范围,其中申请经营水路旅客班轮运输业务的,还应当有可行的航线营运计划;

(4) 有与其申请的经营范围和船舶运力相适应的海务、机务管理人员;

(5) 与其直接订立劳动合同的高级船员占全部船员的比例符合国务院交通运输主管部门的规定;

(6) 有健全的安全管理制度;

(7) 法律、行政法规规定的其他条件。

(三) 水路运输业务的申请与审批

经营水路运输业务,应当按照国务院交通运输主管部门的规定,经国务院交通运输主管部门或者设区的市级以上地方人民政府负责水路运输管理的部门批准。申请经营水路运输业务,应当向国务院交通运输主管部门或者设区的市级以上地方人民政府负责水路运输管理的部门提交申请书和证明申请人符合经营条件的相关证明材料。

负责审批的部门应当自受理申请之日起 30 个工作日内审查完毕,作出准予许可或者不予许可的决定。予以许可的,发给水路运输业务经营许可证件,并为申请人投入运营的船舶配发船舶营运证件;不予许可的,应当书面通知申请人并说明理由。

取得水路运输业务经营许可的,持水路运输业务经营许可证件依法向工商行政管理机关办理登记后,方可从事水路运输经营活动。

(四) 运营的船舶要求

水路运输经营者新增船舶投入运营的,应当凭水路运输业务经营许可证件、船舶登记证书和检验证书向国务院交通运输主管部门或者设区的市级以上地方人民政府负责水路运输管理的部门领取船舶营运证件。从事水路运输经营的船舶应当随船携带船舶营运证件。

海事管理机构办理船舶进出港签证,应当检查船舶的营运证件。对不能提供有效的船舶营运证件的,不得为其办理签证,并应当同时通知港口所在地人民政府负责水路运输管理的部门。港口所在地人民政府负责水路运输管理的部门收到上述通知后,应当在24小时内作出处理并将处理情况书面通知有关海事管理机构。

国家根据保障运输安全、保护水环境、节约能源、提高航道和通航设施利用效率的需求,制定并实施新的船型技术标准时,对正在使用的不符合新标准但符合原有标准且未达到规定报废船龄的船舶,可以采取资金补贴等措施,引导、鼓励水路运输经营者进行更新、改造;需要强制提前报废的,应当对船舶所有人给予补偿。具体办法由国务院交通运输主管部门会同国务院财政部门制定。

水路运输经营者不得使用外国籍船舶经营水路运输业务。但是,在国内没有能够满足所申请运输要求的中国籍船舶,并且船舶停靠的港口或者水域为对外开放的港口或者水域的情况下,经国务院交通运输主管部门许可,水路运输经营者可以在国务院交通运输主管部门规定的期限或者航次内,临时使用外国籍船舶运输。

在香港特别行政区、澳门特别行政区、台湾地区进行船籍登记的船舶,参照适用本条例关于外国籍船舶的规定,国务院另有规定的除外。

外国的企业、其他经济组织和个人不得经营水路运输业务,也不得以租用中国籍船舶或者舱位等方式变相经营水路运输业务。香港特别行政区、澳门特别行政区和台湾地区的企业、其他经济组织以及个人参照适用前款规定,国务院另有规定的除外。依照条例取得许可的水路运输经营者终止经营的,应当自终止经营之日起15个工作日内向原许可机关办理注销许可手续,交回水路运输业务经营许可证件。

(五) 水路运输经营活动的规定

水路运输经营者应当在依法取得许可的经营范围内从事水路运输经营,应当使用符合条例规定条件、配备合格船员的船舶,并保证船舶处于适航状态,应当按照船舶核定载客定额或者载重量载运旅客、货物,不得超载或者使用货船载运旅客。

旅客班轮运输业务经营者应当自取得班轮航线经营许可之日起60日内开航,并在开航15日前公布所使用的船舶、班期、班次、运价等信息。旅客班轮运输应当按照公布的班期、班次运行;变更班期、班次、运价的,应当在15日前向社会公布;停止经营部分或者全部班轮航线的,应当在30日前向社会公布并报原许可机关备案。

项目八 出入境及交通法律制度 177

水路运输经营者应当按照统计法律、行政法规的规定报送统计信息。

二、水路运输辅助业务

(一) 水路运输辅助业务资质要求

水路运输辅助业务,是指直接为水路运输提供服务的船舶管理、船舶代理、水路旅客运输代理和水路货物运输代理等经营活动。运输船舶的所有人、经营人可以委托船舶管理业务经营者为其提供船舶海务、机务管理等服务。申请经营船舶管理业务,申请人应当符合下列条件:

(1) 具备企业法人条件;
(2) 有健全的安全管理制度;
(3) 有与其申请管理的船舶运力相适应的海务、机务管理人员;
(4) 法律、行政法规规定的其他条件。

(二) 水路运输辅助业务的申请与审批

经营船舶管理业务,应当经设区的市级以上地方人民政府负责水路运输管理的部门批准。申请经营船舶管理业务,应当向前款规定的部门提交申请书和证明申请人符合上述规定条件的相关材料。

受理申请的部门应当自受理申请之日起30个工作日内审查完毕,作出准予许可或者不予许可的决定。予以许可的,发给船舶管理业务经营许可证件,并向国务院交通运输主管部门备案;不予许可的,应当书面通知申请人并说明理由。

取得船舶管理业务经营许可的,持船舶管理业务经营许可证件依法向工商行政管理机关办理登记后,方可经营船舶管理业务。

(三) 水路运输辅助业务活动的相关规定

船舶管理业务经营者接受委托提供船舶管理服务,应当与委托人订立书面合同,并将合同报所在地海事管理机构备案。船舶管理业务经营者应当按照国家有关规定和合同约定履行有关船舶安全和防止污染的管理义务。

船舶代理、水路旅客运输代理业务的经营者应当自企业设立登记之日起15个工作日内,向所在地设区的市级人民政府负责水路运输管理的部门备案。

船舶代理、水路旅客运输代理、水路货物运输代理业务的经营者接受委托提供代理服务,应当与委托人订立书面合同,按照国家有关规定和合同约定办理代理业务,不得强行代理,不得为未依法取得水路运输业务经营许可或者超越许可范围的经营者办理代理业务。

三、法律责任

未经许可擅自经营或者超越许可范围经营水路运输业务或者国内船舶管理业务的,由负责水路运输管理的部门责令停止经营,没收违法所得,并处违法所得1倍以上5倍以下的罚款;没有违法所得或者违法所得不足30 000元的,处30 000元以上150 000元以下的罚款。

水路运输经营者使用未取得船舶营运证件的船舶从事水路运输的,由负责水路运输管理的部门责令该船停止经营,没收违法所得,并处违法所得1倍以上5倍以下的罚款;没有违法所得或者违法所得不足20 000元的,处20 000元以上100 000元以下的罚款。从事水路运输经营的船舶未随船携带船舶营运证件的,责令改正,可以处1 000元以下的罚款。

以欺骗或者贿赂等不正当手段取得本条例规定的行政许可的,由原许可机关撤销许可,处20 000元以上200 000元以下的罚款;有违法所得的,没收违法所得;国务院交通运输主管部门或者负责水路运输管理的部门自撤销许可之日起3年内不受理其对该项许可的申请。

出租、出借、倒卖本条例规定的行政许可证件或者以其他方式非法转让本条例规定的行政许可的,由负责水路运输管理的部门责令改正,没收违法所得,并处违法所得1倍以上5倍以下的罚款;没有违法所得或者违法所得不足30 000元的,处30 000元以上150 000元以下的罚款;情节严重的,由原许可机关吊销相应的许可证件。伪造、变造、涂改本条例规定的行政许可证件的,由负责水路运输管理的部门没收伪造、变造、涂改的许可证件,处30 000元以上150 000元以下的罚款;有违法所得的,没收违法所得。

水路旅客运输业务经营者未为其经营的客运船舶投保承运人责任保险或者取得相应的财务担保的,由负责水路运输管理的部门责令限期改正,处20 000元以上100 000元以下的罚款;逾期不改正的,由原许可机关吊销该客运船舶的船舶营运许可证件。

班轮运输业务经营者未提前向社会公布所使用的船舶、班期、班次和运价或者其变更信息的,由负责水路运输管理的部门责令改正,处2 000元以上20 000元以下的罚款。

旅客班轮运输业务经营者自取得班轮航线经营许可之日起60日内未开航的,由负责水路运输管理的部门责令改正;拒不改正的,由原许可机关撤销该项经营许可。

1.3 实训指导

一、实训任务

将学生进行编组,每组 4~8 名同学,组内由学生自行分工合作,进行资料收集、整理、制作、美化、展示、汇报等工作。教师可以发布实训任务一览表中的任务,每组同学以此任务作为主题,利用课余时间进行展示材料的整理与制作。在此基础上,教师将利用 2~6 课时时间,用于学生自行汇报展示其工作成果。任务目的在于了解中国公民或旅游者出入境注意事项、外国人入出境应遵守的法律法规,熟悉与普通旅游者密切相关的旅游交通运输法律法规相关条款。

实训任务一览表

序号	实训任务名称	实训学时
01	以案例说明中国公民或旅游者出入境管理法规条款	2~6
02	了解外国人入境出境管理法律法规主要条款	
03	熟悉旅游交通法律法规相关案例	

注:教师可根据需要选用实训项目和学时。

二、成果要求

项目拓展:

壮丽 70 年:听他们讲述难忘的故事

每组同学制作完成一份 WORD 文档和一份展示 PPT,WORD 文档用于图文资料的整理汇总,PPT 文件用于课堂汇报展示,并将上述两个文件放入文件夹,命名规则为"班级名称+小组编号+任务名称"。

三、考核标准

知识自检 8:

评价标准与打分

项目	考核内容和要求	分值	得分	备注
态度	能够按时完成,积极主动,组内分工合作	20		
内容	导向正确,内容完整、准确,逻辑清晰	20		
形式	格式规范、语言简洁、图表样式美观	20		
展示	仪态形象得当,表达清楚,语言流畅	20		
创新	内容、格式、展示过程有创意,特色明显	20		
小计		100		

项目九

合同及旅游服务合同法律制度

【内容框架】

1.1 项目导例

　　我们终于迎来了属于自己的民法典

1.2 知识平台

　　知识模块9-1　《民法典》:保障民事权利的宣言书

　　知识模块9-2　从《合同法》回归《民法典》合同编

　　知识模块9-3　签订旅游服务合同要注意什么

　　知识模块9-4　《民法典》侵权责任编:回应社会需求,彰显公平正义

1.3 实训指导

【学习目标】

　　思政要点:"旧学诗书儒术富,兼通法律吏能精。"《民法典》被称为社会生活的百科全书,内容涵盖社会生活的方方面面,高度体现了以人民为中心的思想,与每一个人的权利息息相关,体现了对私权利的保护。

　　知识目标:了解《民法典》出台背景、总则以及基本内容框架;熟悉《民法典》关于合同的订立、效力、履行、保全、变更与转让、终止,合同违约责任等规定;掌握旅游服务合同的规定,掌握《民法典》关于侵权责任的法律规定。

　　技能目标:收集、整理、分析相关案例和资料,通过制作、美化、展示、汇报等工作,了解《民法典》出台背景、总则以及基本内容框架,熟悉《民法典》合同编主要条款,掌握旅游服务合同的规定,掌握旅游业中典型的侵权责任案件。

1.1 项目导例　我们终于迎来了属于自己的民法典

经过60余年民事立法探索,我们终于迎来了属于自己的民法典!《中华人民共和国民法典》(以下简称《民法典》)自2021年1月1日起施行,堪称"社会生活的百科全书":

从生老病死到衣食住行,

从婚姻家庭到生产生活

从物权、继承,到合同、侵权责任

……

可谓包罗社会万象,与每个人息息相关。

《民法典》到底有多重要?能解决你生活上哪些"麻烦事"?先来大体了解一下:

《民法典》是新法律吗?

编纂《民法典》不是制定全新的民事法律,也不是简单的法律汇编,而是对现行的民事法律规范进行编订纂修,对已经不适应现实情况的规定进行修改完善,对经济社会生活中出现的新情况、新问题作出有针对性的新规定。

《民法典》到底有多重要?

回顾人类文明史,编纂法典是具有重要标志意义的法治建设工程,是一个国家、一个民族走向繁荣强盛的象征和标志。《民法典》是新中国第一部以法典命名的法律,开创了我国法典编纂立法的先河,具有里程碑意义。

《民法典》和我们有什么关系?

《民法典》被誉为"社会生活的百科全书"和"保障民事权利的宣言书",分为七编和附则,共八十四章、一千二百六十条,是迄今为止我国条文数最多的一部法律。它不仅在我国法治进程中具有划时代的历史意义,而且真正照顾到人们日常生活的方方面面。

《民法典》能解决哪些"麻烦事"?

《民法典》的出台,让许多没有"定论"的案件,找到准确的裁判依据;让很多平时生活中颇具争议的"麻烦事"有了明确的"说法"。

(来源:搜狐网)

1.2 知识平台

知识模块 9-1　《民法典》：保障民事权利的宣言书

一、《民法典》出台背景

2014年10月，党的十八届四中全会上，以习近平同志为核心的党中央提出编纂《民法典》重大法治建设部署。2015年，《民法典》编纂工作第五次启动。按照党中央的决策部署，本次编纂《民法典》按照"两步走"的工作思路进行：第一步先出台《民法总则》；第二步编纂《民法典》各分编，之后与《民法总则》"合体"，成为一部完整的《民法典》。从2015年3月开始，本次编纂工作前后共历时5年，2020年5月，第十三届全国人大三次会议高票通过了《中华人民共和国民法典》，标志着中华人民共和国第一部以法典命名的法律编纂任务顺利完成，在中华人民共和国法治建设史上具有里程碑意义。

《中华人民共和国民法典》二维码

二、编纂《民法典》的基本原则与基本定位

（一）基本原则

在《民法典》编纂过程中始终贯彻和遵循以下五条基本原则：一是坚持正确政治方向；二是坚持以人民为中心；三是坚持立足国情和实际；四是坚持依法治国与以德治国相结合；五是坚持科学立法、民主立法、依法立法。

（二）基本定位

一是编纂式立法。编纂《民法典》既不是推倒重来，制定全新的法律，也不是简单的法律汇编，而是对现行民事法律的编订纂修。二是法典化立法。法典化立法的最大特点就是集大成、成体系、成系统。既要妥善处理好《民法典》总则编与各分编之间、各分编相互之间以及各分编内部的体系性问题，又要协调好《民法典》与相关法律的系统性问题。三是民事基本法立法。编纂《民法典》属于民事基本法立法，要解决的是民事法律关系的根本性、普遍性问题。

三、《民法典》的主要内容

《民法典》包括七编，即总则编、物权编、合同编、人格权编、婚姻家庭编、继承编、侵权责任编,以及附则,共八十四章、一千二百六十条。《民法典》规定的主要内容包括民事活动必须遵循的基本原则、民事主体制度、监护制度、民事权利制度、民事法律行为和代理制度、民事责任制度、诉讼时效制度、物权制度、合同制度、担保制度、人格权保护制度、婚姻家庭制度、收养制度、继承制度、侵权责任制度等。这些都是民商事法律中的基础性规范,为调整各种民事关系、解决民事纠纷、化解社会矛盾、促进社会和谐和经济社会发展奠定了坚实的法治基础。

四、《民法典》总则

《民法典》第一编"总则"规定民事活动必须遵循的基本原则和一般性规则,统领《民法典》各分编。第一编共十章、二百零四条,主要内容有:

(一) 关于基本规定

第一编第一章规定了《民法典》的立法目的和依据。其中,将"弘扬社会主义核心价值观"作为一项重要的立法目的,体现坚持依法治国与以德治国相结合的鲜明中国特色(第一条)。同时,规定了民事权利及其他合法权益受法律保护,确立了平等、自愿、公平、诚信、守法和公序良俗等民法基本原则(第四条至第八条)。为贯彻习近平生态文明思想,将绿色原则确立为民法的基本原则,规定民事主体从事民事活动,应当有利于节约资源、保护生态环境(第九条)。

(二) 关于民事主体

民事主体是民事关系的参与者、民事权利的享有者、民事义务的履行者和民事责任的承担者,具体包括三类:一是自然人。自然人是最基本的民事主体。《民法典》规定了自然人的民事权利能力和民事行为能力制度、监护制度、宣告失踪和宣告死亡制度,并对个体工商户和农村承包经营户作了规定(第一编第二章)。结合新冠肺炎疫情防控工作,对监护制度作了进一步完善,规定因发生突发事件等紧急情况,监护人暂时无法履行监护职责,被监护人的生活处于无人照料状态的,被监护人住所地的居民委员会、村民委员会或者民政部门应当为被监护人安排必要的临时生活照料措施(第三十四条第四款)。二是法人。法人是依法成立的,具有民事权利能力和民事行为能力,依法独立享有民事权利和承担民事义务的组织。《民法典》规定了法人的定义、成立原则和条件、住所等,并对营利法人、非营利法人、特别法人三类法人分别作了具体规定(第一编第三章)。三是非法人组织。非法人组织是不具有法人资格,但是能够依法以自己的名义从事民事活动的组织。《民法典》对非法人组织的设立、责任承担、解散、清算等作了规定(第一编第四章)。

(三) 关于民事权利

保护民事权利是民事立法的重要任务。第一编第五章规定了民事权利制度,包括各种人身权利和财产权利。为建设创新型国家,《民法典》对知识产权作了概括性规定,以统领各个单行的知识产权法律。《民法典》第一百二十三条规定,民事主体依法享有知识产权。知识产权是权利人依法就下列客体享有的专有的权利:① 作品;② 发明、实用新型、外观设计;③ 商标;④ 地理标志;⑤ 商业秘密;⑥ 集成电路布图设计;⑦ 植物新品种;⑧ 法律规定的其他客体。同时,对数据、网络虚拟财产的保护作了原则性规定(第一百二十七条)。此外,还规定了民事权利的取得和行使规则等内容(第一百二十九条至第一百三十二条)。

(四) 关于民事法律行为和代理

民事法律行为是民事主体通过意思表示设立、变更、终止民事法律关系的行为,代理是民事主体通过代理人实施民事法律行为的制度。《民法典》第一编第六章、第七章规定了民事法律行为制度、代理制度:一是规定民事法律行为的定义、成立、形式和生效时间等(第一编第六章第一节)。二是对意思表示的生效、方式、撤回和解释等作了规定(第一编第六章第二节)。三是规定民事法律行为的效力制度(第一编第六章第三节)。四是规定了代理的适用范围、效力、类型等代理制度的内容(第一编第七章)。

(五) 关于民事责任、诉讼时效和期间计算

民事责任是民事主体违反民事义务的法律后果,是保障和维护民事权利的重要制度。诉讼时效是权利人在法定期间内不行使权利,权利不受保护的法律制度,其功能主要是促使权利人及时行使权利、维护交易安全、稳定法律秩序。《民法典》第一编第八章、第九章、第十章规定了民事责任、诉讼时效和期间计算制度:

一是规定了民事责任的承担方式,并对不可抗力、正当防卫、紧急避险、自愿实施紧急救助等特殊的民事责任承担问题作了规定(第一编第八章)。《民法典》第一百七十九条规定承担民事责任的方式主要有:① 停止侵害;② 排除妨碍;③ 消除危险;④ 返还财产;⑤ 恢复原状;⑥ 修理、重作、更换;⑦ 继续履行;⑧ 赔偿损失;⑨ 支付违约金;⑩ 消除影响、恢复名誉;⑪ 赔礼道歉。法律规定惩罚性赔偿的,依照其规定。并规定承担民事责任的方式,可以单独适用,也可以合并适用。

二是规定了诉讼时效的期间及其起算、法律效果,诉讼时效的中止、中断等内容(第一编第九章)。

三是规定了期间的计算单位、起算、结束和顺延等(第一编第十章)。

知识模块 9-2　从《合同法》回归《民法典》合同编

《民法典》合同编二维码

合同制度是市场经济的基本法律制度。1999年第九届全国人民代表大会第二次会议通过了《合同法》。第三编"合同"在现行《合同法》的基础上,贯彻全面深化改革的精神,坚持维护契约、平等交换、公平竞争,促进商品和要素自由流动,完善合同制度。《民法典》合同编共三个分编、二十九章、五百二十六条。

一、关于通则

第一分编为通则,规定了合同的订立、效力、履行、保全、转让、终止、违约责任等一般性规则,并在现行《合同法》的基础上,完善了合同总则制度:

一是通过规定非合同之债的法律适用规则、多数人之债的履行规则等完善债法的一般性规则(第四百六十八条、第五百一十七条至第五百二十一条)。

二是完善了电子合同订立规则,增加了预约合同的具体规定,完善了格式条款制度等合同订立制度(第四百九十一条、第四百九十五条至第四百九十八条)。

三是结合新冠肺炎疫情防控工作,完善国家订货合同制度,规定国家根据抢险救灾、疫情防控或者其他需要下达国家订货任务、指令性计划的,有关民事主体之间应当依照有关法律、行政法规规定的权利和义务订立合同(第四百九十四条第一款)。

四是针对实践中一方当事人违反义务不办理报批手续影响合同生效的问题,明确了当事人违反报批义务的法律后果,健全合同效力制度(第五百零二条第二款)。

五是完善合同履行制度,落实绿色原则,规定当事人在履行合同过程中应当避免浪费资源、污染环境和破坏生态(第五百零九条第三款)。同时,在总结司法实践经验的基础上增加规定了情势变更制度(第五百三十三条)。

六是完善代位权、撤销权等合同保全制度,进一步强化对债权人的保护,细化了债权转让、债务移转制度,增加了债务清偿抵充规则、完善了合同解除等合同终止制度(第五章、第五百四十五条至第五百五十六条、第五百六十条、第五百六十三条至第五百六十六条)。

七是通过吸收现行担保法有关定金规则的规定,完善违约责任制度(第五百八十六条至第五百八十八条)。

二、关于典型合同

典型合同在市场经济活动和社会生活中应用普遍。为适应现实需要,在现行合同法规定的买卖合同、赠与合同、借款合同、租赁合同等十五种典型合同的基础上,第二分编增加了四种新的典型合同:一是吸收了担保法中关于保证的内容,增加了保证合同(第十三章)。二是为适应我国保理行业发展和优化营商环境的需要,增加了保理合同(第十六章)。三是针对物业服务领域的突出问题,增加了物业服务合同(第二十四章)。四是增加了合伙合同,将民法通则中有关个人合伙的规定纳入其中(第二十七章)。

合同编还在总结现行合同法实践经验的基础上,完善了其他典型合同:一是通过完善检验期限的规定和所有权保留规则等完善买卖合同(第六百二十二条、第六百二十三条、第六百四十一条至第六百四十三条)。二是为维护正常的金融秩序,明确规定禁止高利放贷,借款的利率不得违反国家有关规定(第六百八十条第一款)。三是落实党中央提出的建立租购同权住房制度的要求,保护承租人利益,增加规定房屋承租人的优先承租权(第七百三十四条第二款)。四是针对近年来客运合同领域出现的旅客霸座、不配合承运人采取安全运输措施等严重干扰运输秩序和危害运输安全的问题,维护正常的运输秩序,细化了客运合同当事人的权利义务(第八百一十五条第一款、第八百一十九条、第八百二十条)。五是根据经济社会发展需要,修改完善了赠与合同、融资租赁合同、建设工程合同、技术合同等典型合同(第十一章、第十五章、第十八章、第二十章)。

三、关于准合同

无因管理和不当得利既与合同规则同属债法性质的内容,又与合同规则有所区别,第三分编"准合同"分别对无因管理和不当得利的一般性规则作了规定(第二十八章、第二十九章)。

知识模块 9-3　签订旅游服务合同要注意什么

旅游者在出游之前应当与旅行社签订书面旅游合同。《旅游法》专设第五章讨论旅游服务合同,本章共十九条,主要对包价旅游合同的订立、变更、转让、解除、违约责任等内容作了详细规定,并对旅游代

> 旅游服务合同是旅行社提供旅游服务,旅游者支付旅游费用的合同。

《中华人民共和国旅游法》之旅游服务合同二维码

实践中，大量存在的是包价旅游合同，其法律关系比较复杂，引起的纠纷也比较多，旅行社与旅游者订立包价旅游合同应当采用书面形式，不宜采用口头形式或者其他形式。这样做便于发生纠纷时取证和分清责任。

实践中，旅游者为了减少自助旅游的不便，同时又希望自由支配旅游空间，往往会借助旅行社的专业知识、业务经验和渠道，委托旅行社代办部分与旅游有关的服务，如代订机票、车票、客房，代办出境、入境和签证手续，代办旅游保险等。在这种情况下，旅游者与旅行社之间签订的合同就是旅游代办合同。

办合同、旅游咨询以及住宿服务等内容作了规定。

旅游服务合同主要包括包价旅游合同和旅游代办合同两种。包价旅游合同是指传统意义上的组团合同，是旅行社提供有关旅行的全部服务（包括吃、住、行、游、购、娱等旅游服务），游客支付费用的旅游合同。

《旅游法》规定：包价旅游合同应当采用书面形式。书面形式包括合同书、信件和数据电文（包括电报、电传、传真、电子数据交换和电子邮件）等可以有形地表现所载内容的形式。

旅游代办合同也称委托旅游合同或者中间人承办的旅行合同，是目前旅游者与旅行社签订的包价旅游合同之外的另一种常见的旅游合同。

从性质上讲，代办合同属于委托合同，法律关系相对比较简单。

《旅游法》第七十四条对旅游代办合同作了专门规定：旅行社接受旅游者的委托，为其代订交通、住宿、餐饮、游览、娱乐等旅游服务，收取代办费用的，应当亲自处理委托事务。因旅行社的过错给旅游者造成损失的，旅行社应当承担赔偿责任。旅行社接受旅游者的委托，为其提供旅游行程设计、旅游信息咨询等服务的，应当保证设计合理、可行，信息及时、准确。

一、旅游服务合同的订立

（一）旅游服务合同主要内容

《旅游法》第五十八条规定，包价旅游合同应当采用书面形式，包括下列内容：

（1）旅行社、旅游者的基本信息；
（2）旅游行程安排；
（3）旅游团成团的最低人数；
（4）交通、住宿、餐饮等旅游服务安排和标准；
（5）游览、娱乐等项目的具体内容和时间；
（6）自由活动时间安排；
（7）旅游费用及其交纳的期限和方式；
（8）违约责任和解决纠纷的方式；
（9）法律法规规定和双方约定的其他事项。

订立包价旅游合同时，旅行社应当向旅游者详细说明前款第2项至第（8）项所载内容。

（二）旅游行程单

旅行社应当在旅游行程开始前向旅游者提供旅游行程单。旅游行程单是包价旅游合同的组成部分。旅游行程单简称行程单或者行程表,是旅行社提供给游客的写明某个旅游线路的日程安排、服务标准、注意事项的一份文件,是旅游合同的必备附件,也是旅游合同的一个重要组成部分。

旅游行程单应当对以下内容作出明确说明:

(1) 旅游行程的出发地、途经地、目的地,线路行程时间和具体安排(按自然日计算,含乘飞机、车、船等在途时间,不足24小时以1日计)。

(2) 旅游目的地地接旅行社的名称、地址、联系人和联系电话。

(3) 交通服务安排及其标准(明确交通工具及档次等级、出发时间以及是否需中转等信息)。

(4) 住宿服务安排及其标准(明确住宿饭店的名称、地点、星级,非星级饭店应当注明是否有空调、热水、独立卫生间等相关服务设施)。

(5) 用餐(早餐和正餐)服务安排及其标准(明确用餐次数、地点、标准)。

(6) 旅行社统一安排的游览项目的具体内容及时间(明确旅游线路内容包括景区点及游览项目名称等,景区点停留的最少时间)。

(7) 自由活动的时间和次数。

(8) 购物安排(列明购物场所名称、停留的最多时间及主要商品等内容)。

(9) 行程安排的娱乐活动(明确娱乐活动的时间、地点和项目内容)。

(10) 另行付费项目(如有安排,旅行社应当在签约时向旅游者提供《另行付费项目表》,列明另行付费项目的价格、参加该另行付费项目的交通费和导游服务费等,由旅游者自愿选择并签字确认后作为旅游合同的组成部分;另行付费项目应当以不影响原计划行程为原则)。

旅游者在报名时应当索取一份旅行社盖章确认的行程单,并签一份行程单留存于旅行社,与旅游合同一起作为参团依据。

(三) 委托代理信息内容

旅行社委托其他旅行社代理销售包价旅游产品并与旅游者订立包价旅游合同的,应当在包价旅游合同中载明委托社和代理社的基本信息。旅行社依照本法规定将包价旅游合同中的接待业务委托给地接社履行的,应当在包价旅游合同中载明地接社的基本信息。安排导游为旅游者提供服务的,应当在包价旅游合同中载明导游服务费用。

二、旅游服务合同的履行

(一) 旅行社的提示和告知义务

1. 人身意外伤害保险购买的提示义务

旅行社应当提示参加团队旅游的旅游者按照规定投保人身意外伤害保险。

旅行社没有为旅游者购买旅游意外保险的法定义务。但是，为了保障旅游者的人身安全，旅行社负有提示旅游者购买个人旅游保险的义务，即旅行社应当提示参加团队旅游的旅游者按照规定投保人身意外伤害保险。需要注意的是，旅游者在旅游过程中遭受人身意外伤害的，如果属于旅行社的责任，旅游者在获得旅游意外保险的赔偿之后，依然可以向旅行社依法提起赔偿的要求。

旅游者参加团队旅游，可以根据自身情况投保个人旅游保险。旅游者投保的个人旅游保险，是指旅游者自己购买或者通过旅行社、航空机票代理点、景区等保险代理机构购买的以旅行期间自身的生命、身体、财产或者有关利益为保险标的的短期保险，包括但不限于航空意外险、旅游意外险、紧急救援保险、特殊项目意外险。其中，旅游人身意外保险指在旅游合同期内，在旅行社安排的旅游活动中，遭遇外来的、突发的、非疾病导致的人身意外保险。保险期限一般是从旅游者踏上旅行社提供的交通工具开始，到行程结束后离开旅行社安排的交通工具为止。

依照保险法的有关规定，人身意外伤害保险属于商业险的性质，是个人险种，应由游客自愿选择购买旅游意外保险，在旅游过程中发生的意外伤害事故可以获得理赔，投保人和被保险人都是旅客个人，无论旅行社是否有赔偿责任，旅客都可以从保险公司获得赔偿。

旅游意外保险是一种短期保险，保的是游客不是旅行社，是由游客自愿购买的短期补偿性险种。

2. 告知义务

《旅游法》第六十二条规定，订立包价旅游合同时，旅行社应当向旅游者告知下列事项：

(1) 旅游者不适合参加旅游活动的情形；

(2) 旅游活动中的安全注意事项；

(3) 旅行社依法可以减免责任的信息；

(4) 旅游者应当注意的旅游目的地相关法律法规和风俗习惯、宗教禁忌，依照中国法律不宜参加的活动等；

(5) 法律法规规定的其他应当告知的事项。

在包价旅游合同履行中，遇有前款规定事项的，旅行社也应当告知旅游者。

(二) 旅游服务合同的变更

《旅游法》第六十四条规定，旅游行程开始前，旅游者可以将包价旅游合同中自身的权利义务转让给第三人，旅行社没有正当理由的不得拒绝，因此增加的费用由旅游者和第三人承担。

《旅游法》第六十九条规定,旅行社应当按照包价旅游合同的约定履行义务,不得擅自变更旅游行程安排。经旅游者同意,旅行社将包价旅游合同中的接待业务委托给其他具有相应资质的地接社履行的,应当与地接社订立书面委托合同,约定双方的权利和义务,向地接社提供与旅游者订立的包价旅游合同的副本,并向地接社支付不低于接待和服务成本的费用。地接社应当按照包价旅游合同和委托合同提供服务。

(三) 旅游服务合同的履行

《旅游法》第六十五条规定,旅游行程结束前,旅游者解除合同的,组团社应当在扣除必要的费用后,将余款退还旅游者。

《旅游法》第六十八条规定,旅游行程中解除合同的,旅行社应当协助旅游者返回出发地或者旅游者指定的合理地点。由于旅行社或者履行辅助人的原因导致合同解除的,返程费用由旅行社承担。

根据《旅游法》第七十三条的规定,旅行社根据旅游者的具体要求安排旅游行程,与旅游者订立包价旅游合同的,旅游者请求变更旅游行程安排,因此增加的费用由旅游者承担,减少的费用退还旅游者。

根据《旅游法》第七十四条第二款的规定,旅行社接受旅游者的委托,为其提供旅游行程设计、旅游信息咨询等服务的,应当保证设计合理、可行,信息及时、准确。

三、旅游服务合同的解除

(一) 旅行社原因解除合同

根据《旅游法》第六十三条的规定,旅行社招徕旅游者组团旅游,因未达到约定人数不能出团的,组团社可以解除合同。但是,境内旅游应当至少提前七日通知旅游者,出境旅游应当至少提前三十日通知旅游者。因未达到约定人数不能出团的,组团社经征得旅游者书面同意,可以委托其他旅行社履行合同。组团社对旅游者承担责任,受委托的旅行社对组团社承担责任。旅游者不同意的,可以解除合同。因未达到约定的成团人数解除合同的,组团社应当向旅游者退还已收取的全部费用。

(二) 旅游者原因解除合同

根据《旅游法》第六十六条的规定,旅游者有下列情形之一的,旅行社可以解除合同:
(1) 患有传染病等疾病,可能危害其他旅游者健康和安全的;
(2) 携带危害公共安全的物品且不同意交有关部门处理的;

(3) 从事违法或者违反社会公德的活动的；

(4) 从事严重影响其他旅游者权益的活动，且不听劝阻、不能制止的；

(5) 法律规定的其他情形。

因前款规定情形解除合同的，组团社应当在扣除必要的费用后，将余款退还旅游者；给旅行社造成损失的，旅游者应当依法承担赔偿责任。

（三）其他原因导致合同解除

根据《旅游法》第六十七条的规定，因不可抗力或者旅行社、履行辅助人已尽合理注意义务仍不能避免的事件，影响旅游行程的，按照下列情形处理：

(1) 合同不能继续履行的，旅行社和旅游者均可以解除合同。合同不能完全履行的，旅行社经向旅游者作出说明，可以在合理范围内变更合同；旅游者不同意变更的，可以解除合同。

(2) 合同解除的，组团社应当在扣除已向地接社或者履行辅助人支付且不可退还的费用后，将余款退还旅游者；合同变更的，因此增加的费用由旅游者承担，减少的费用退还旅游者。

(3) 危及旅游者人身、财产安全的，旅行社应当采取相应的安全措施，因此支出的费用，由旅行社与旅游者分担。

(4) 造成旅游者滞留的，旅行社应当采取相应的安置措施。因此增加的食宿费用，由旅游者承担；增加的返程费用，由旅行社与旅游者分担。

四、法律责任

（一）旅行社方面的责任

根据《旅游法》第七十条的规定，旅行社不履行包价旅游合同义务或者履行合同义务不符合约定的，应当依法承担继续履行、采取补救措施或者赔偿损失等违约责任；造成旅游者人身损害、财产损失的，应当依法承担赔偿责任。旅行社具备履行条件，经旅游者要求仍拒绝履行合同，造成旅游者人身损害、滞留等严重后果的，旅游者还可以要求旅行社支付旅游费用一倍以上三倍以下的赔偿金。由于旅游者自身原因导致包价旅游合同不能履行或者不能按照约定履行，或者造成旅游者人身损害、财产损失的，旅行社不承担责任。在旅游者自行安排活动期间，旅行社未尽到安全提示、救助义务的，应当对旅游者的人身损害、财产损失承担相应责任。

根据《旅游法》第七十一条的规定，由于地接社、履行辅助人的原因导致违约的,由组团社承担责任;组团社承担责任后可以向地接社、履行辅助人追偿。由于地接社、履行辅助人的原因造成旅游者人身损害、财产损失的,旅游者可以要求地接社、履行辅助人承担赔偿责任,也可以要求组团社承担赔偿责任;组团社承担责任后可以向地接社、履行辅助人追偿。但是,由于公共交通经营者的原因造成旅游者人身损害、财产损失的,由公共交通经营者依法承担赔偿责任,旅行社应当协助旅游者向公共交通经营者索赔。

《旅游法》第七十四条第一款规定,旅行社接受旅游者的委托,为其代订交通、住宿、餐饮、游览、娱乐等旅游服务,收取代办费用的,应当亲自处理委托事务。因旅行社的过错给旅游者造成损失的,旅行社应当承担赔偿责任。

根据《旅游法》第七十五条的规定,住宿经营者应当按照旅游服务合同的约定为团队旅游者提供住宿服务。住宿经营者未能按照旅游服务合同提供服务的,应当为旅游者提供不低于原定标准的住宿服务,因此增加的费用由住宿经营者承担;但由于不可抗力、政府因公共利益需要采取措施造成不能提供服务的,住宿经营者应当协助安排旅游者住宿。

(二) 旅游者方面的责任

《旅游法》第七十二条规定,旅游者在旅游活动中或者在解决纠纷时,损害旅行社、履行辅助人、旅游从业人员或者其他旅游者的合法权益的,依法承担赔偿责任。

知识模块 9-4　《民法典》侵权责任编:回应社会需求,彰显公平正义

《民法典》侵权责任编以侵权责任法和相关司法解释为基础,结合当今社会经济发展的新情态进行了增补与完善。在《民法典》侵权责任编中,对高空坠物、损害赔偿、责任主体、医疗损害责任、高度危险责任、建筑物和物件损害责任等方面都有了新的规定。无论是整体结构,还是具体条文,都充分体现了聚焦民生热点、反映社会需求,体现时代精神,彰显公平正义。《民法典》侵权责任编共十章、九十条。

《中华人民共和国民法典》侵权责任编二维码

一、一般规定

(一) 侵权责任保护范围

《民法典》侵权责任编第一千一百六十四条规定"本编调整因侵害民事权益产生的民事关系"。该规定将所有的民事权益都纳入保护范

围,不仅实现了民事权益保护范围的扩展,更体现了以人民为中心的发展理念,恪守了立法为民的宗旨。

(二)"自甘风险"制度

《民法典》第一千一百七十六条规定,自愿参加具有一定风险的文体活动,因其他参加者的行为受到损害的,受害人不得请求其他参加者承担侵权责任;但是,其他参加者对损害的发生有故意或者重大过失的除外。

本规则的确立,意味着除非造成他人损害的其他文体活动参加者具有故意或重大过失,否则他们就无须承担责任。

"自甘风险"制度的引入,能够纠正实践中的偏差,有利于社会生活回到正轨。当然,"自甘风险"原则的主要保护对象是没有明显过错的其他参加者,对于文体活动的组织者,《民法典》仍然明确了其应承担安全保障义务。

(三)"自助行为"制度

所谓民事自助行为,应是权利主体为实现与保护其合法利益,于情势紧迫且公力救济所不及之时,采取自力使权利恢复到未被侵害的状态,或对加害人人身、财产采取强制手段以排除加害的适法行为。自助行为属于私力救济的重要类型,在弥补公力救济之难以及时保护权利人急迫需要以及高成本、低效率等缺陷上,作用显著。

《民法典》侵权责任编第一千一百七十七条增设了自助行为制度,根据该条规定,当事人的合法权益受到侵害,情况紧迫且不能及时获得国家机关保护,不立即采取措施将使其合法权益受到难以弥补的损害的,当事人可以在保护自己合法权益的必要范围内采取扣留侵权人的财物等合理措施;但是,应当立即请求有关国家机关处理。同时,如果受害人采取的措施不当造成他人损害的,应当承担侵权责任。

"自助行为"制度引入后,国家机关的公力救济与民事主体的私力救济相结合,更有利于对民事权益的保护,同时也避免了该制度被滥用的可能。

二、损害赔偿

1. 优化了人身侵权损失数额的确定标准

对于侵害人身权益造成财产损失的赔偿数额的确定,《侵权责任法》第二十条规定的计算方式是"损失优先",即首先按照被侵权人受到的损失计算,如果损失额难以确定的,再按照侵权人因此获得的利益计算。《民法典》侵权责任编第一千一百八十二条取消了这一顺序,规定侵害他人人身权益造成财产损失的,按照被侵权人因此受到的损失或者侵权人因此获得的利益赔偿,更好地保障了被侵权人的人身权益。

2. 明确了侵害特定物的精神损害赔偿责任

关于特定物受到侵害能否主张精神损害赔偿,《侵权责任法》未作规定,最高人民法院《关于确定民事侵权精神损害赔偿责任若干问题的解释》第四条规定,具有人格象征意义的特定纪念物品因侵权行为而永久性灭失或者毁损,可以请求精神损害赔偿。

《民法典》在吸收司法解释规定的基础上,侵权责任编第一千一百八十三条第二款规定"因故意或者重大过失侵害自然人具有人身意义的特定物造成严重精神损害的,被侵权人有权请求精神损害赔偿"。可见,《民法典》已将"具有人格象征意义的特定纪念物品"扩大为"具有人身意义的特定物",将"永久性灭失或者毁损"放宽为"造成严重精神损害",精神损害赔偿的保护范围有所扩大。

3. 增加了惩罚性赔偿的规定

《民法典》第一千一百八十五条、第一千二百零七条、第一千二百三十二条等条文针对"故意侵害他人知识产权""明知产品存在缺陷仍然生产、销售""违反法律规定故意污染环境、破坏生态造成严重后果"等情形,规定了被侵权人有权请求相应的惩罚性赔偿,这就大大提高了侵权责任人的侵权成本,有利于加大对侵权责任人的制裁力度,更好地预防相关领域侵权行为的发生。

> 精神损害赔偿适用的范围越来越广,说明我国法律越来越注重从物质保护向精神权益、人格权益的保护拓展,这正是社会发展进步的具体体现。

三、责任主体的特殊规定

在互联网时代,利用信息网络侵犯他人合法权利的事件常有发生,网络侵权案件成为当下高发的侵权案件类型。对此,《民法典》侵权责任编对侵权责任法规定的网络侵权规则进行了细化,具体包括以下几方面:

(一)完善了"通知—删除"规则

《民法典》侵权责任编第一千一百九十五条对"通知—删除"规则进行了完善。一方面,新规则要求权利人通知网络服务提供者时,通知的内容应当包括构成侵权的初步证据及权利人的真实身份信息,有助于防止民事主体滥用"通知"这一权利。另一方面,就网络服务提供者接到通知后应采取的措施,采取了较灵活的立法表述,即网络服务提供者在接到通知后,需要采取"必要措施"。

(二)增加了"反通知"规则

《民法典》侵权责任编第一千一百九十六条增加了"反通知"规则,即网络用户接到转送的通知后,可以向网络服务提供者提交不存在侵权行为的声明。在原有立法中,信息发布者即使遭到了恶意投诉也无法进行辩解,新规则给予信息发布者自行辩解的机会。

(三) 规范并强化平台责任

相较于旧规则,《民法典》侵权责任编第一千一百九十七条在"知道"网络用户利用其网络服务侵害他人民事权益且未采取必要措施后加入了"应当知道",这是对网络平台的注意义务和审查义务的提高与加强,对于未尽合理审查义务而不知晓存在网络侵权情形的,平台同样需要承担连带责任。

四、产品责任

(一) 侵权及追偿

因产品存在缺陷造成他人损害的,生产者应当承担侵权责任;被侵权人可以向产品的生产者请求赔偿,也可以向产品的销售者请求赔偿。产品缺陷由生产者造成的,销售者赔偿后,有权向生产者追偿;因销售者的过错使产品存在缺陷的,生产者赔偿后,有权向销售者追偿;因运输者、仓储者等第三人的过错使产品存在缺陷,造成他人损害的,产品的生产者、销售者赔偿后,有权向第三人追偿。

《民法典》侵权责任编第一千二百零五条规定,因产品缺陷危及他人人身、财产安全的,被侵权人有权请求生产者、销售者承担停止侵害、排除妨碍、消除危险等侵权责任。

《民法典》侵权责任编第一千二百零六条规定,产品投入流通后发现存在缺陷的,生产者、销售者应当及时采取停止销售、警示、召回等补救措施;未及时采取补救措施或者补救措施不力造成损害扩大的,对扩大的损害也应当承担侵权责任。依据前款规定采取召回措施的,生产者、销售者应当负担被侵权人因此支出的必要费用。

(二) 增加了惩罚性赔偿规定

《民法典》侵权责任编第一千二百零七条规定,明知产品存在缺陷仍然生产、销售,或者没有依据前条规定采取有效补救措施,造成他人死亡或者健康严重损害的,被侵权人有权请求相应的惩罚性赔偿。这就大大提高了侵权责任人的侵权成本,有利于加大对侵权责任人的制裁力度,更好地预防相关领域侵权行为的发生。

五、机动车交通事故责任

新增了"好意同乘"制度。《民法典》第一千二百一十七条规定,非营运机动车发生交通事故造成无偿搭乘人损害,属于该机动车一方责任的,应当减轻其赔偿责任,但是机动车使用人有故意或者重大过失的除外。

过去没有这一制度,一旦发生交通事故车主需承担完全赔偿责任,责任显得过重。现在引入这一规定,使风险分配和责任承担规则更加符合生活逻辑和日常情理。当然,"好意同乘"属于帮助他人的善意行为,属于无偿允许他人搭乘行为,车主也应当尽到合理注意义务,如果驾驶过程中有故意或者重大过失造成搭乘者损害的仍应承担完全赔偿责任。

六、医疗损害责任

(一) 保障患者知情同意和个人信息权利

《民法典》第一千二百二十五条还规定医疗机构在患者要求查阅、复印病历资料时,应当及时提供。该变化明确对实践中部分医疗机构故意拖延提供病历资料的行为予以禁止,以更好保障患者对自身诊疗过程的知情权。

《民法典》第一千二百二十六条规定,医疗机构及其医务人员应当对患者的隐私和个人信息保密。泄露患者的隐私和个人信息,或者未经患者同意公开其病历资料的,应当承担侵权责任。

可见,医疗机构及其医务人员除了对患者隐私有保密的法定义务外,对患者的个人信息同样需要承担相应的保密义务。

(二) 强化医疗机构管理责任、维护医务人员合法权益

《民法典》第一千二百一十八条和第一千二百二十四条,都将"医疗机构及其医务人员"更改为"医疗机构或者其医务人员",即无论是医疗机构过错或者医务人员过错造成患者损害的,都应由医疗机构依法承担相应的侵权赔偿责任。该用词表述的调整,更好地避免了"仅医务人员造成患者损害是否承担责任"的歧义,也符合法理和司法实践,以及确认了部分医学研究生及实习生在医疗机构带教的过程中造成患者损害的,医疗机构同样需要承担责任。前述变化从法律层面实质上也明确和强化了医疗机构对医务人员的相应医疗行为负责。

《民法典》第一千二百二十八条从民事责任角度,在医务人员的安全保护方面,也增加了侵害医务人员合法权益的兜底性责任条款,强化并进一步回应了对医务人员的法律保护。该条规定,医疗机构及其医务人员的合法权益受法律保护。干扰医疗秩序,妨碍医务人员工作、生活,侵害医务人员合法权益的,应当依法承担法律责任。

七、环境污染和生态破坏责任

《民法典》侵权责任编第七章共七个条文,完善了环境污染和生态破坏责任制度,一方面,明确了污染环境和破坏生态都属于环境侵权

的具体类型,扩大了环境侵权责任的范围;另一方面,明确了承担生态环境损害赔偿责任的方式和内容。

(一) 扩大了环境侵权责任的范围

《民法典》第一千二百二十九条规定,因污染环境、破坏生态造成他人损害的,侵权人应当承担侵权责任。可见,环境污染是一种特殊的侵权责任,其特殊性首先表现在其采用了在受害人有损害,污染者的行为与损害有因果关系的情况下不论污染者有无过错,都应对其污染造成的损害承担侵权责任的无过错责任归责原则,即不问行为人是否存在过错,只要其行为与环境污染与生态破坏结果之间存在因果关系,行为人即需要承担侵权责任。目的在于增加污染者的违法成本,从源头上减少环境污染问题的发生。

《民事诉讼法》在举证责任分配问题上有"谁主张,谁举证"与举证责任倒置的原则。因环境污染、生态破坏侵权具有其特殊性,《民法典》第一千二百三十条规定因污染环境、破坏生态发生纠纷,行为人应当就法律规定的不承担责任或者减轻责任的情形及其行为与损害之间不存在因果关系承担举证责任。从立法上明确了侵权行为人的"举证责任倒置原则"。

(二) 明确了承担生态环境损害赔偿责任的方式和内容

《民法典》第一千二百三十二条规定,侵权人违反法律规定故意污染环境、破坏生态造成严重后果的,被侵权人有权请求相应的惩罚性赔偿。

《民法典》第一千二百三十五条规定,违反国家规定造成生态环境损害的,国家规定的机关或者法律规定的组织有权请求侵权人赔偿下列损失和费用:

(1) 生态环境受到损害至修复完成期间服务功能丧失导致的损失;
(2) 生态环境功能永久性损害造成的损失;
(3) 生态环境损害调查、鉴定评估等费用;
(4) 清除污染、修复生态环境费用;
(5) 防止损害的发生和扩大所支出的合理费用。

1.3 实训指导

一、实训任务

将学生进行编组,每组 4～8 名同学,组内由学生自行分工合作,进行资料收集、整理、制作、美化、展示、汇报等工作。教师可以发布实训任务一览表中的任务,每组同学以此任务作为主题,利用课余时间进行展示材料的整理与制作。在此基础上,教师将利用 2～6 课时时间,用于学生自行汇报展示其工作成果。任务目的在于了解《中华人民共和国民法典》出台背景、总则以及基本内容框架,熟悉《民法典》合同篇主要条款,掌握《旅游法》关于旅游服务合同的规定,掌握旅游业中典型的侵权责任案件。

实训任务一览表

序号	实训任务名称	实训学时
01	了解《民法典》的出台背景及内容框架	2～6
02	熟悉《民法典》合同编关于合同订立、违约责任等规定	
03	掌握旅游业中典型的侵权责任案件	

注:教师可根据需要选用实训项目和学时。

二、成果要求

每组同学制作完成一份 WORD 文档和一份展示 PPT,WORD 文档用于图文资料的整理汇总,PPT 文件用于课堂汇报展示,并将上述两个文件放入文件夹,命名规则为"班级名称+小组编号+任务名称"。

三、考核标准

评价标准与打分

项目	考核内容和要求	分值	得分	备注
态度	能够按时完成,积极主动,组内分工合作	20		
内容	导向正确、内容完整、准确、逻辑清晰	20		
形式	格式规范、语言简洁、图表样式美观	20		
展示	仪态形象得当,表达清楚,语言流畅	20		
创新	内容、格式、展示过程有创意,特色明显	20		
	小计	100		

项目拓展:

《民法典》第一百四十条关于意思表示的形式的规定

知识自检 9:

项目十

国家安全法律制度及旅游安全管理法规

【内容框架】

1.1 项目导例
　　备豫不虞，为国常道
1.2 知识平台
　　知识模块 10-1　维护国家安全法律制度
　　知识模块 10-2　旅游安全管理法规
1.3 实训指导

【学习目标】

思政要点："但使龙城飞将在，不教胡马度阴山。"常怀敬畏之心，方能行有所止，才能守住底线，不碰红线。每个公民也应强化红线意识，守住安全底线，正确处理好安全与发展的关系。

知识目标：了解《中华人民共和国国家安全法》《中华人民共和国英雄烈士保护法》以及《宗教事务条例》的立法目的、起草过程和立法意义，了解旅游安全的法律制度、安全事故处理及其相关法律责任的规定；熟悉香港特别行政区、中央人民政府驻香港特别行政区维护国家安全机构等方面的规定，熟悉关于烈士和遗属抚恤、人民英雄纪念碑等方面的规定，熟悉宗教活动场所、宗教活动的规定；掌握《中华人民共和国国家安全法》和《中华人民共和国香港特别行政区维护国家安全法》关于罪行和处罚的规定，掌握英雄烈士名誉荣誉法律保护及其相关法律责任的规定。

技能目标：收集、整理、分析相关案例和资料，通过制作、美化、展示、汇报等工作，了解《中华人民共和国国家安全法》和《中华人民共和国香港特别行政区维护国家安全法》的出台背景、重要意义和内容框架，掌握旅游安全管理办法的内容框架及相关风险和突发事件等级制度。

1.1 项目导例 备豫不虞，为国常道

"备豫不虞，为国常道。"当前，我国正处于一个大有可为的历史机遇期，发展形势总的是好的，但前进道路不可能一帆风顺，越是取得成绩的时候，越是要有如履薄冰的谨慎，越是要有居安思危的忧患，绝不能犯战略性、颠覆性错误。

"备豫不虞，为国常道"见于唐吴兢编选的《贞观政要》。该书记载魏徵劝谏唐太宗说："备豫不虞，为国常道。岂可以水未横流，便欲自毁堤防。"豫，通"预"；备豫：事先防备；不虞：意外，指意料不到的事情；为：治理。"备豫不虞"即提前做好防范，以备不测。魏徵希望唐太宗提前做好准备，以防范意料不到的事情发生，这是治理国家的基本原则。

......

在波澜壮阔的中国历史上，"备豫不虞"是长期积淀的深邃智慧。"备豫不虞，为国常道"这句话出现在唐朝，但早在春秋时期，此类表述就已有很多，《左传》说："备豫不虞，古之善教也""备豫不虞，善之大者也""完其守备，以待不虞""且盍多舍甲于子之门，以备不虞"。后人深刻而明确地指出："备之有无，是成败之分也。《左氏》屡书之，示后人儆戒深矣。"看一个例子。鲁国正卿季文子将要出使晋国，他先派随从向人请教：出使期间，如果晋国发生国丧，应该用怎样的礼节。当时没有这种情况，随从很不理解。但季文子认为，做了准备而没有发生并没关系，如果出现了再临时请教就困难了。谁知，当年晋襄公去世了。虽然突遭晋国国丧，但因为早有充分准备，此次出使得以顺利完成。

......

"备豫不虞"的深邃与深刻，使得这种观念深入人心，牢牢扎根于中国社会。与"备豫不虞"相同或相近的表述俯拾即是，如《大戴礼记》说"事戒不虞曰知备"；《晋书》说："备预不虞，古之善教；安不忘危，圣人常戒"；《魏书》说："豫备不虞，古之善政；安不亡危，有国常典"；《新唐书》说："思所以危则安矣；思所以乱则治矣；思所以亡则存矣。"

习近平总书记指出："面对波谲云诡的国际形势、复杂敏感的周边环境、艰巨繁重的改革发展稳定任务，我们既要有防范风险的先手，也要有应对和化解风险挑战的高招；既要打好防范和抵御风险的有准备之战，也要打好化险为夷、转危为机的战略主动战。"深刻认识"备豫不虞，为国常道"的重要性，有助于我们战胜艰难险阻，朝着我们党确立的伟大目标奋勇前进。

（来源：光明日报）

1.2 知识平台

知识模块 10-1　维护国家安全法律制度

第一节　《中华人民共和国国家安全法》

《中华人民共和国国家安全法》二维码

国家安全工作必须坚持总体国家安全观，以人民安全为宗旨，以政治安全为根本，以经济安全为基础，以军事、文化、社会安全为保障，以促进国际安全为依托，维护各领域国家安全，构建完整完善的国家安全体系，走中国特色国家安全道路。

《国家安全法》第十四条规定：每年4月15日为全民国家安全教育日。

国家安全是国家生存发展最重要、最基本的前提和基础。没有国家安全，任何经济、民生和民主，任何改革、发展和建设都无从谈起。通过法律维护国家安全是维护国家安全的必由之路和有效途径，是各国维护国家安全的通行做法和国际惯例。

1983年国家安全部成立后，即组织力量着手研究国家安全工作的立法问题。1993年2月22日第七届全国人民代表大会常务委员会第三十次会议通过的《中华人民共和国国家安全法》（以下简称《国家安全法》）给国家安全机关的反间谍工作的制度化、规范化和法律化"立名正身"，使得国家安全机关的反间谍工作全面走上了法治化的轨道。1993年《国家安全法》是以国家安全机关的反间谍工作为中心的国家安全立法。

2014年4月15日习近平总书记在中央国家安全委员会第一次全体会议上的讲话中提出了总体国家安全观这一全新的战略思想。

2015年7月1日，第十二届全国人民代表大会常务委员会第十五次会议通过新的《国家安全法》。国家主席习近平签署第29号主席令予以公布。法律共七章八十四条，自2015年7月1日起施行。

一、国家安全的内涵

国家安全是指国家政权、主权、统一和领土完整、人民福祉、经济社会可持续发展和国家其他重大利益相对处于没有危险和不受内外威胁的状态，以及保障持续安全状态的能力。

为了体现总体国家安全观的要求，《国家安全法》从政治安全、国土安全、军事安全、经济安全、文化安全、社会安全、科技安全、信息安全、生态安全、资源安全、核安全等11个领域对国家安全任务进行了明确。

二、危害国家安全的行为

《国家安全法》及其《实施细则》所称危害国家安全的行为,是指境外机构、组织、个人实施或者指使、资助他人实施的,或者境内组织、个人与境外机构、组织、个人相勾结实施的下列危害我国国家安全的行为:阴谋颠覆政府,分裂国家,推翻社会主义制度的;参加间谍组织或者接受间谍组织及其代理人任务的;窃取、刺探、收买、非法提供国家秘密的;策划、勾引、收买国家工作人员叛变的;进行危害国家安全的其他破坏活动的。

涉嫌危害国家安全的犯罪罪名:背叛国家罪,分裂国家罪,煽动分裂国家罪,武装叛乱、暴乱罪,煽动颠覆国家政权罪,资助危害国家安全犯罪活动罪,投敌叛变罪,叛逃罪,间谍罪,为境外窃取、刺探、收买、非法提供国家秘密、情报罪,资敌罪。

三、公民和组织维护国家安全的义务和权利

(一) 公民维护国家安全的义务

由法律规定的公民和组织的义务,是国家运用法的强制力保障实施的,是不能放弃而又必须履行的。违者,就要负法律责任。《国家安全法》对公民和组织维护国家安全作出七个方面的义务规定,内容包括:

(1) 机关、团体和其他组织应当对本单位人员进行维护国家安全的教育,动员、组织本单位人员防范、制止危害国家安全的行为;

(2) 公民和组织应当为国家安全工作提供便利条件或者其他协助;

(3) 公民发现危害国家安全的行为,应当直接或者通过所在组织及时向国家安全机关或者公安机关报告;

(4) 在国家安全机关调查了解有关危害国家安全的情况,收集有关证据时,公民和组织应当如实提供,不得拒绝;

(5) 任何公民和组织都应当保守所知悉的国家安全工作的秘密;

(6) 任何公民和组织都不得非法持有属于国家秘密的文件、资料和其他物品;

(7) 任何公民和组织都不得非法持有、使用窃听、窃照等专用器材。

(二) 公民维护国家安全的权利

《国家安全法》规定:

(1) 公民和组织支持、协助国家安全工作的行为受法律保护。

（2）公民和组织因支持、协助国家安全工作导致财产损失的，按照国家有关规定给予补偿；造成人身伤害或者死亡的，按照国家有关规定给予抚恤优待。

（3）公民和组织对国家安全工作有向国家机关提出批评建议的权利，对国家机关及其工作人员在国家安全工作中的违法失职行为有提出申诉、控告和检举的权利。

（4）在国家安全工作中，需要采取限制公民权利和自由的特别措施时，应当依法进行，并以维护国家安全的实际需要为限度。

四、法律责任

危害国家安全的，主要承担刑事法律责任或者行政法律责任。其直接后果是下列处罚中的一种或多种：管制、拘役、判刑（有期、无期、死刑或死缓）、罚金、剥夺政治权利、没收财产、行政处分（警告至开除等）、行政拘留、没收（如非法持有的属于国家秘密的文件等）、限期离境和驱逐出境（是对境外人员的行政处罚）。

第二节 《中华人民共和国香港特别行政区维护国家安全法》

一、概述

（一）立法目的

《中华人民共和国香港特别行政区维护国家安全法》二维码

为坚定不移并全面准确贯彻"一国两制""港人治港"、高度自治的方针，维护国家安全，防范、制止和惩治与香港特别行政区有关的分裂国家、颠覆国家政权、组织实施恐怖活动和勾结外国或者境外势力危害国家安全等犯罪，保持香港特别行政区的繁荣和稳定，保障香港特别行政区居民的合法权益，根据《中华人民共和国宪法》《中华人民共和国香港特别行政区基本法》和全国人民代表大会关于建立健全香港特别行政区维护国家安全的法律制度和执行机制的决定，制定《中华人民共和国香港特别行政区维护国家安全法》（以下简称《香港国安法》）。

（二）立法意义

1. 有效推进依法治港方略

从法律规范的性质属性看，《香港国安法》是一部兼具实体法、程序法、组织法三类法律规范内容的综合性法律，标志着中央更加注重治港制度的顶层设计,更加注重法治思维,更加注重标本兼治、刚柔相济,更加注重用好宪法和基本法赋予中央的权力,并且和香港特区的治理体系有机结合,从而牢牢地把握香港局势发展的大方向和主导权。

2. "一国两制"事业的里程碑

《香港国安法》体现了全面准确贯彻"一国两制"方针的总要求,把"一国两制"的原则和底线进一步法律化,为"一国两制"行稳致远筑牢了制度根基,依法构筑起香港特别行政区维护国家安全的强大屏障。新形势下,《香港国安法》在维护国家主权、安全、发展利益,维护香港长治久安和长期繁荣稳定等方面,具有十分重要而深远的意义。

3. 香港繁荣稳定发展的"守护神"

《香港国安法》的颁布实施,为香港特别行政区政府维护香港社会稳定提供法律依据,弥补了香港在维护国家安全法律制度和执行机制方面存在的漏洞,将有效地防范、制止和惩治与香港特别行政区有关的危害国家安全犯罪,惩治极少数严重危害国家安全的犯罪分子,对他们高悬利剑,对干预香港事务的外部势力形成震慑,充分保护绝大多数香港居民的生命财产安全和所享有的各种权利自由。

二、总则规定

(1)香港特别行政区是中华人民共和国不可分离的部分,是中华人民共和国的一个享有高度自治权的地方行政区域,直辖于中央人民政府。

(2)中央人民政府对香港特别行政区有关的国家安全事务负有根本责任。

(3)香港特别行政区维护国家安全应当尊重和保障人权、依法保护香港特别行政区居民适用于香港的有关规定享有的包括言论、新闻、出版的自由,结社、集会、游行等的权利和自由。

(4)在香港特别行政区的任何机构和个人都应当遵守本法和香港特别行政区有关维护国家安全的其他法律,不得从事危害国家安全的行为和活动。

三、罪行和处罚

(一)分裂国家罪

1. 组织、策划、实施或者参与实施分裂国家

犯前款罪,对首要分子或者罪行重大的,处无期徒刑或者10年以上有期徒刑;对积极参加的,处3年以上10年以下有期徒刑;对其他参加的,处3年以下有期徒刑、拘役或者管制。

《香港国安法》第二十条规定,任何人组织、策划、实施或者参与实施以下旨在分裂国家、破坏国家统一行为之一的,不论是否使用武力或者以武力相威胁,即属犯罪:

(1)将香港特别行政区或者中华人民共和国其他任何部分从中华人民共和国分离出去;

(2)非法改变香港特别行政区或者中华人民共和国其他任何部分的法律地位;

(3)将香港特别行政区或者中华人民共和国其他任何部分转归外国统治。

2. 煽动、协助、教唆、以金钱或者其他财物资助他人实施分裂国家

《香港国安法》第二十条规定,任何人煽动、协助、教唆、以金钱或者其他财物资助他人实施本法第二十条规定的犯罪的,即属犯罪。情节严重的,处 5 年以上 10 年以下有期徒刑;情节较轻的,处 5 年以下有期徒刑、拘役或者管制。

(二) 颠覆国家政权罪

1. 组织、策划、实施或者参与实施颠覆国家政权

《香港国安法》第二十二条规定,任何人组织、策划、实施或者参与实施以下以武力、威胁使用武力或者其他非法手段旨在颠覆国家政权行为之一的,即属犯罪:
(1) 推翻、破坏《中华人民共和国宪法》所确立的中华人民共和国根本制度;
(2) 推翻中华人民共和国中央政权机关或者香港特别行政区政权机关;
(3) 严重干扰、阻挠、破坏中华人民共和国中央政权机关或者香港特别行政区政权机关依法履行职能;
(4) 攻击、破坏香港特别行政区政权机关履职场所及其设施,致使其无法正常履行职能。

犯前款罪,对首要分子或者罪行重大的,处无期徒刑或者 10 年以上有期徒刑;对积极参加的,处 3 年以上 10 年以下有期徒刑;对其他参加的,处 3 年以下有期徒刑、拘役或者管制。

2. 煽动、协助、教唆、以金钱或者其他财物资助他人实施颠覆国家政权

《香港国安法》第二十三条规定,任何人煽动、协助、教唆、以金钱或者其他财物资助他人实施本法第二十二条规定的犯罪的,即属犯罪。情节严重的处 5 年以上 10 年以下有期徒刑;情节较轻的,处 5 年以下有期徒刑、拘役或者管制。

(三) 恐怖活动罪

1. 组织、策划、实施、参与实施或者威胁实施恐怖活动

犯前款罪,致人重伤、死亡或者使公私财产遭受重大损失的,处无期徒刑或者 10 年以上有期徒刑;其他情形,处 3 年以上 10 年以下有期徒。

2. 组织、领导恐怖活动组织

《香港国安法》第二十五条规定,组织、领导恐怖活动组织的,即属犯罪,处无期徒刑或者 10 年以上有期徒刑,并处没收财产;积极参加的,处 3 年以上 10 年以下有期徒刑,并处罚金;其他参加的,处 3 年以下有期徒刑、拘役或者管制,可以并处罚金。

本法所指的恐怖活动组织,是指实施或意图实施本法第二十四条规定的恐怖活动罪行或者参与或者协助实施本法第二十四条规定的恐怖活动罪行的组织。

3. 为恐怖活动组织、恐怖活动人员、恐怖活动实施提供支持、协助、便利或者准备实施恐怖活动

《香港国安法》第二十六条规定,为恐怖活动组织、恐怖活动人员、恐怖活动实施提供培训、武器、信息、资金、物资、劳务、运输、技术或者场所等支持、协助、便利,或者制造、非法管有爆炸性、毒害性、放射性、传染病病原体等物质以及以其他形式准备实施恐怖活动的,即属犯罪。情节严重的,处 5 年以上 10 年以下有期徒刑,并处罚金或者没收

财产;其他情形,处 5 年以下有期徒刑、拘役或者管制,并处罚金。有前款行为,同时构成其他犯罪的,依照处罚较重的规定定罪处罚。

4. 宣扬恐怖主义、煽动实施恐怖活动

《香港国安法》第二十七条规定,宣扬恐怖主义、煽动实施恐怖活动的,即属犯罪。情节严重的,处 5 年以上 10 年以下有期徒刑,并处罚金或者没收财产;其他情形,处 5 年以下有期徒刑、拘役或者管制,并处罚金。

《香港国安法》第二十八条规定,关于恐怖活动罪的规定不影响依据香港特别行政区法律对其他形式的恐怖活动犯罪追究刑事责任并采取冻结财产等措施。

(四) 勾结外国或者境外势力危害国家安全罪

1. 勾结外国或者境外势力危害国家安全的行为

犯前款罪,处 3 年以上 10 年以下有期徒刑;罪行重大的,处无期徒刑或者 10 年以上有期徒刑。涉及的境外机构、组织、人员按共同犯罪定罪处刑。

2. 其他勾结外国或者境外势力危害国家安全的行为

《香港国安法》第三十条规定,为实施本法第二十条、第二十二条规定的犯罪,与外国或者境外机构、组织、人员串谋,或者直接或者间接接受外国或者境外机构、组织、人员的指使、控制、资助或者其他形式的支援的,依照本法二十条、第二十二条的规定从重处罚。

(五) 其他处罚规定

1. 公司、团体等法人或者非法人组织实施危害国家安全罪行

公司、团体等法人或者非法人组织实施本法规定的犯罪的,对该组织判处罚金。公司、团体等法人或者非法人组织因犯本法规定的罪行受到刑事处罚的,应责令其暂停运作或者吊销其执照或者营业许可证。因实施本法规定的犯罪而获得的资助、收益、报酬等违法所得以及用于或者意图用于犯罪的资金和工具,应当予以追缴没收。

2. 从轻、减轻和免除处罚的情形

有以下情形的,对有关犯罪行为人、犯罪嫌疑人、被告人可以从轻、减轻处罚;犯罪较轻的,可以免除处罚:

(1) 在犯罪过程中,自动放弃犯罪或者自动有效地防止犯罪结果发生的;

(2) 自动投案,如实供述自己的罪行的;

(3) 揭发他人犯罪行为,查证属实,或者提供重要线索得以侦破其他案件的;

(4) 被采取强制措施的犯罪嫌疑人、被告人如实供述执法、司法机关

《香港国安法》第二十四条规定,为胁迫中央人民政府、香港特别行政区政府或者国际组织或者威吓公众以图实现政治主张,组织、策划、实施、参与实施或者威胁实施以下造成或者意图造成严重社会危害的恐怖活动之一的,即属犯罪:

(1) 针对人的严重暴力;

(2) 爆炸、纵火或者投放毒害性、放射性传染病原体等物质;

(3) 破坏交通工具、交通设施、电力设备、燃气设备或者其他易燃易爆设备;

(4) 严重干扰、破坏水、电、燃气、交通、通信、网络等公共服务和管理的电子控制系统;

(5) 以其他危险方法严重危害公众健康或者安全。

未掌握的本人犯有本法规定的其他罪行的,按前款第2项规定处理。

3. 不具有香港特区永久性居民身份的人实施危害国家安全罪行

不具有香港特别行政区永久性居民身份的人违反本法规定,因任何原因不对其追究刑事责任的,也可以驱逐出境。

4. 犯危害国家安全罪行的其他法律后果

任何人经法院判决犯危害国家安全罪行的,即丧失作为候选人参加香港特别行政区举行的立法会、区议会选举或者出任香港特别行政区任何公职或者行政长官选举委员会委员的资格;曾经宣誓或者声明拥护中华人民共和国香港特别行政区基本法、效忠中华人民共和国香港特别行政区的立法会议员、政府官员及公务人员、行政会议成员、法官及其他司法人员、区议员,即时丧失该等职务,并丧失参选或者出任上述职务的资格。

(六)效力范围

任何人在香港特别行政区内实施本法规定的犯罪的,适用本法;香港特别行政区永久性居民或者在香港特别行政区成立的公司、团体等法人或者非法人组织在香港特别行政区以外实施本法规定的犯罪的,适用本法;不具有香港特别行政区永久性居民身份的人在香港特别行政区以外针对香港特别行政区实施本法规定的犯罪的,适用本法。

四、中央人民政府驻香港特区维护国家安全机构

中央人民政府在香港特别行政区设立维护国家安全公署。中央人民政府驻香港特别行政区维护国家安全公署依法履行维护国家安全职责,行使相关权力。驻香港特别行政区维护国家安全公署人员由中央人民政府维护国家安全的有关机关联合派出。

第三节 《中华人民共和国英雄烈士保护法》

近年来,社会上历史虚无主义错误思潮和观点不断出现,有些人以"学术自由""还原历史""探究细节"等为名,通过网络、书刊等媒体歪曲历史特别是近现代历史,丑化、诋毁、贬损、质疑英雄烈士,造成恶劣社会影响,引起社会各界愤慨谴责。

2018年4月27日,第十三届全国人大常委会第二次会议全票通过了《中华人民共和国英雄烈士保护法》(以下简称《英烈法》),并于2018年5月1日起施行。《英烈法》重在宣示国家和人民永远铭记、尊崇一切为国家和民族作出牺牲和贡献的英雄烈士,表明捍卫英雄烈士

《香港国安法》第二十九条规定,为外国或者境外机构、组织、人员窃取、刺探、收买、非法提供涉及国家安全的国家秘密或者情报的;请求外国或者境外机构、组织、人员实施,与外国或者境外机构、组织、人员串谋实施,或者直接或者间接接受外国或者境外机构、组织、人员的指使、控制、资助或者其他形式的支援实施以下行为之一的,均属犯罪:
(1)对中华人民共和国发动战争,或者以武力或者武力相威胁,对中华人民共和国主权、统一和领土完整造成严重危害的;
(2)对香港特区政府或者中央人民政府制定和执行法律、政策进行严重阻挠并可能造成严重后果的;
(3)对香港特别行政区选举进行操控、破坏并可能造成严重后果的;
(4)对香港特别行政区或者中华人民共和国进行制裁、封锁或者采取其他敌对行动的;
(5)通过各种非法方式引发香港特别行政区居民对中央人民政府或者香港特别行政区政府的憎恨并可能造成严重后果的。

的鲜明价值导向。这部法律的实施对维护社会公共利益,传承弘扬英雄烈士精神,培育和践行社会主义核心价值观将发挥重要作用。

一、立法目的

《英烈法》的制订表明国家保护英雄烈士的坚定态度和政治立场;通过弘扬传承英雄烈士精神,在全社会传播社会主义核心价值观的正能量;激发全民实现中华民族伟大复兴中国梦的强大精神力量,以不断夺取新时代中国特色社会主义新胜利告慰英雄烈士。其根本目的是加强对英雄烈士的保护,维护社会公共利益,传承和弘扬英雄烈士精神、爱国主义精神,培育和践行社会主义核心价值观,激发实现中华民族伟大复兴中国梦的强大精神力量。

二、主要内容

《英烈法》综合现行法律、行政法规等规定,围绕国家褒扬、纪念、宣传英雄烈士,全面加强对英雄烈士的保护,维护社会公共利益,弘扬英雄烈士精神,培育和践行社会主义核心价值观,激发实现中华民族伟大复兴中国梦的强大精神力量和正能量。主要内容包括:

(一)阐释英雄烈士的历史功勋,明确英雄烈士的保护范围

中华民族是英雄辈出的民族。古往今来不断涌现的英雄人物是中华民族的脊梁。国家和人民永远尊崇、铭记英雄烈士为国家、人民和民族作出的牺牲和贡献。近代以来,为了争取民族独立、人民解放,实现国家富强、人民幸福,促进世界和平、人类进步而英勇献身、毕生奋斗的英雄烈士,功勋彪炳史册,精神永垂不朽。

(二)确定人民英雄纪念碑的法律地位,建立健全英雄烈士纪念设施的保护管理制度

《英烈法》首次将人民英雄纪念碑入法,明确其法律地位。人民英雄纪念碑是国家和人民纪念缅怀为中国革命和国家建设而英勇献身的英雄烈士的永久标志性纪念设施,是国家和人民进行革命传统教育和爱国主义教育的重要场所。

人民英雄纪念碑及其名称、碑题、碑文、浮雕、图形、标志等受法律保护。

(三)纪念缅怀英雄烈士,引导公民庄严有序参加纪念活动

1. 国家专设烈士纪念日举行国家级的英雄烈士纪念缅怀仪式

明确要求邀请英雄烈士遗属代表参加在清明节和重要纪念日举

《中华人民共和国英雄烈士保护法》二维码

本法保护的英雄烈士,包括近代以来,为国家、为民族、为人民作出牺牲和贡献的英烈先驱和革命先行者,重点是中国共产党、人民军队和人民共和国历史上涌现的无数英烈,其中既包括个人也包括群体,既包括有名英烈也包括无数的无名英烈。

项目十 国家安全法律制度及旅游安全管理法规 **209**

行的英雄烈士纪念活动。每年9月30日为烈士纪念日,国家在首都北京天安门广场人民英雄纪念碑前举行纪念仪式,缅怀英雄烈士。县级以上地方人民政府、军队有关部门应当在烈士纪念日举行纪念活动。举行英雄烈士纪念活动,邀请英雄烈士遗属代表参加。

2. 建立健全英雄烈士纪念设施的保护管理制度

英雄烈士纪念设施包括为纪念英雄烈士专门修建的烈士陵园、纪念馆、纪念碑、纪念塑像等设施,为加强英雄烈士纪念设施的保护管理工作,发挥其革命传统教育和爱国主义教育基地的作用,县级以上人民政府应当将英雄烈士纪念设施建设和保护纳入国民经济和社会发展规划、城乡规划,加强对英雄烈士纪念设施的保护和管理;对具有重要纪念意义、教育意义的英雄烈士纪念设施依照《中华人民共和国文物保护法》的规定,核定公布为文物保护单位。中央财政对革命老区、民族地区、边疆地区、贫困地区英雄烈士纪念设施的修缮保护,应当按照国家规定予以补助。

3. 庄严、有序、有礼举行、参加英雄烈士的安葬仪式和纪念缅怀活动

安葬英雄烈士时,县级以上人民政府、军队有关部门应当举行庄严、肃穆、文明、节俭的送迎、安葬仪式。

国家建立健全英雄烈士祭扫制度和礼仪规范,引导公民庄严有序地开展祭扫活动。县级以上人民政府有关部门应当为英雄烈士遗属祭扫提供便利。

县级以上人民政府有关部门应当引导公民通过瞻仰英雄烈士纪念设施集体宣誓、网上祭奠等形式,铭记英雄烈士的事迹,传承和弘扬英雄烈士的精神。

(四)弘扬传承英雄烈士精神,加强对英雄烈士事迹和精神的宣传教育

国家鼓励和支持开展对英雄烈士事迹和精神的研究,坚持以辩证唯物主义和历史唯物主义为指导认识和记述历史。就是反对历史虚无主义,以所谓的"重新评价"为名,歪曲近现代中国革命历史、党的历史和人民共和国历史,抵制历史虚无主义消解全社会对英烈精神的共同价值追求。

各级政府和军队有关部门加强对英雄烈士史料、遗物的收集、保护和陈列展示工作,组织开展英雄烈士史料的研究、编纂和宣传工作;革命老区应当发挥红色资源优势,开展英烈事迹和精神的宣传教育工作。

教育行政部门应当以青少年为重点,将英雄烈士事迹和精神的宣传教育纳入国民教育体系;教育行政部门和各级各类学校将英烈事迹

和精神纳入教育内容,加强对学生的爱国主义、集体主义、社会主义教育。

文化、新闻出版、广播电视、电影、网信等部门应当鼓励和支持以英雄烈士事迹为题材的作品创作生产和宣传推广。

(五)实行英雄烈士遗属抚恤优待制度,明确抚恤优待要与国民经济和社会发展相适应并逐步提高

国家鼓励和支持自然法人和非法人组织以相赠财产、义务宣讲英雄烈士事迹和精神、帮扶英雄烈士遗属等公益活动的方式,参与英雄烈士保护工作。自然人、法人和非法人组织的财产用于英雄烈士保护的,依法享受税收优惠。

国家实行英雄烈士抚恤优待制度。英雄烈士遗属按照国家规定享受教育、就业、养老、住房、医疗等方面的优待。抚恤优待水平应当与国民经济和社会发展相适应并逐步提高。

国务院有关部门、军队有关部门和地方人民政府应当关心英雄烈士遗属的生活情况,每年定期走访慰问英雄烈士遗属。

(六)全面加强对英雄烈士的姓名、肖像、名誉、荣誉的保护,建立侵害英雄烈士名誉荣誉的公益诉讼制度

1. 国家从行政、民事、刑事等方面全面加强对英雄烈士的姓名、肖像、名誉和荣誉保护

本法在规定禁止歪曲、丑化、亵渎、否定英雄烈士事迹和精神,明确英雄烈士的姓名、肖像、名誉、荣誉受法律保护的同时,进一步规定:不得在公共场所、互联网或者利用广播电视、电影、出版物等,以侮辱、诽谤或者其他方式侵害英雄烈士的姓名、肖像、名誉、荣誉;也不得将英雄烈士的姓名、肖像用于商标、商业广告。网络运营者发现侵害英雄烈士名誉荣誉的信息时,负有及时处置,防止信息扩散,并保存有关记录,向主管部门报告的义务。任何组织和个人有权对侵害英雄烈士合法权益的行为,向负责英雄烈士保护工作的部门、网信、公安等部门举报。

2. 国家建立侵害英雄烈士名誉荣誉的公益诉讼制度

建立对侵害英雄烈士名誉荣誉的民事公益诉讼制度,对侵害英雄烈士的姓名、肖像、名誉、荣誉的行为,英雄烈士的近亲属可以依法向人民法院提起诉讼。英雄烈士没有近亲属或者近亲属不提起诉讼的,检察机关依法对侵害英雄烈士的姓名、肖像、名誉、荣誉,损害社会公共利益的行为向人民法院提起诉讼。负责英雄烈士保护工作的部门和其他有关部门在履行职责过程中发现第一款规定的行为,需要检察机关提起诉讼的,应当向检察机关报告。英雄烈士近亲属依照第一款

规定提起诉讼的,法律援助机构应当依法提供法律援助服务。

(七) 法律责任

1. 侵害英雄烈士名誉荣誉

以侮辱、诽谤或者其他方式侵害英雄烈士的姓名、肖像、名誉、荣誉,损害社会公共利益的,依法承担民事责任;构成违反治安管理行为的,由公安机关依法给予治安管理处罚;构成犯罪的,依法追究刑事责任。

2. 从事有损纪念英雄烈士环境和氛围的活动

在英雄烈士纪念设施保护范围内从事有损纪念英雄烈士环境和氛围的活动的,纪念设施保护单位应当及时劝阻;不听劝阻的,由县级以上地方人民政府负责英雄烈士保护工作的部门、文物主管部门按照职责规定给予批评教育,责令改正;构成违反治安管理行为的,由公安机关依法给予治安管理处罚。亵渎、否定英雄烈士事迹和精神,宣扬、美化侵略战争和侵略行为,寻衅滋事,扰乱公共秩序,构成违反治安管理行为的,由公安机关依法给予治安管理处罚;构成犯罪的,依法追究刑事责任。

3. 侵占、破坏、污损英雄烈士纪念设施

侵占、破坏、污损英雄烈士纪念设施的,由县级以上人民政府负责英雄烈士保护工作的部门责令改正;造成损失的,依法承担民事责任;被侵占、破坏污损的纪念设施属于文物保护单位的,依照《中华人民共和国文物保护法》的规定处罚;构成违反治安管理行为的,由公安机关依法给予治安管理处罚;构成犯罪的,依法追究刑事责任。

第四节 《宗教事务条例》

2004年11月30日,国务院令第426号公布,2017年6月14日国务院第176次常务会议修订,2017年8月26日国务院令第686号公布修订后的《宗教事务条例》(以下简称《条例》),自2018年2月1日起施行。

新修订《条例》的出台,标志着我国宗教工作法治建设上了一个新台阶,有利于进一步提高宗教工作法治化水平,更好地保障公民的宗教信仰自由权利,切实加强对宗教事务的依法管理。

一、概述

(一) 立法目的

为了保障公民宗教信仰自由,维护宗教和睦与社会和谐,规范宗

《宗教事务条例》
二维码

教事务管理,提高宗教工作法治化水平,根据宪法和有关法律,制定本条例。

(二) 指导思想

高举中国特色社会主义伟大旗帜,以邓小平理论、"三个代表"重要思想、科学发展观、习近平新时代中国特色社会主义思想为指导,全面贯彻党的十九大精神和中央关于宗教工作的重大决策部署,深入学习贯彻习近平总书记系列重要讲话特别是在全国宗教工作会议上的重要讲话精神,针对宗教工作面临的新情况新问题,完善宗教事务管理法律制度,使宗教组织、宗教关系、宗教行为都有明确规范,切实保障公民宗教信仰自由权利,有效维护宗教领域和谐稳定,更好凝聚广大信教群众同全国人民一道,为实现"两个一百年"奋斗目标、实现中华民族伟大复兴的中国梦而奋斗。

(三) 基本原则

1. 保护合法原则

宗教团体、宗教院校和宗教活动场所可获得法人资格。法人制度的确立使宗教团体、宗教院校、宗教活动场所的财产保护有了基本的法律保障。宗教团体、宗教院校和宗教活动场所从事宗教活动必须坚持合法的原则,《条例》对此作出了详细的规定。比如宗教团体有权维护信教公民的合法权益、制定规章制度以指导教务、从事宗教文化研究、开展宗教教育培训等。宗教院校则主要开展宗教教育,培养宗教教职人员等。宗教活动场所有权举行各类宗教活动,经销宗教用品、修建大型宗教造像等。宗教团体、宗教院校和宗教活动场所有权按照法律规定编印、出版发行出版物。

2. 制止非法原则

制止非法和保护合法是一体两面。

首先要制止的就是任何形式的利用宗教危害国家安全的行为。《条例》规定:任何组织或者个人不得利用宗教进行危害国家安全、破坏社会秩序、损害公民身体健康、妨碍国家教育制度,以及其他损害国家利益、社会公共利益和公民合法权益等违法活动。

其次要制止非法的网络宗教服务。从事互联网宗教服务需要经过省级以上部门审核同意,互联网信息服务的内容必须符合相关法律规定,擅自从事互联网宗教信息服务或者超出批准和备案项目提供服务的,依法进行处理。

3. 遏制极端原则

任何组织或者个人不得宣扬、支持、资助宗教极端主义,不得利用宗教破坏民族团结,分裂国家和进行恐怖活动。宣扬、支持、资助宗教极端主义,或者利用宗教危害国家安全、公共安全,破坏民族团结,分裂国家的恐怖活动行为应受到法律的惩罚,构成犯罪的依法追究刑事责任;尚未构成犯罪的给予行政处罚,涉及民事侵权的,承担相应的民事责任。宗教教职人员如果宣扬、支持、资助宗教极端主义,破坏民族团结,分裂国家和进行恐怖活动或者参与相关活动的,视情节轻重给予相应的处罚。

4. 抵御渗透原则

宗教团体、宗教院校、宗教活动场所和宗教事务不受外国势力的支配。宗教团体、宗教院校、宗教活动场所、宗教教职人员在相互尊重、平等、友好的基础上开展对外交往;其他组织或者个人在对外经济、文化等合作、交流活动中不得接受附加的宗教条件。

宗教教职人员,不得受境外势力支配,不得擅自接受境外宗教团体或者机构委任教职。

5. 打击犯罪原则

民事责任主要涉及民事赔偿,不是主要责任形式,因此,仅作了笼统规定。行政责任针对违法但尚未构成犯罪的行为,由宗教事务部门和公安、民政、建设、教育、文化、旅游、文物、财税等部门作出相应的行政处罚,具体包括警告、责令改正、吊销登记证书和许可、罚款、没收财产、治安管理处罚等。除了民事赔偿和行政处罚外,对于严重到构成犯罪的宗教违法行为,依法追究刑事责任。

二、重点内容

(一) 保障公民的宗教信仰自由权利

《条例》落实宪法确立的公民宗教信仰自由原则。一方面各级人民政府应当为宗教团体、宗教院校和宗教活动场所提供公共服务;地方各级人民政府应当将宗教活动场所建设纳入土地利用总体规划和城乡规划;明确宗教教职人员依法享有社会保障的权利等。另一方面任何组织或者个人不得在信教公民与不信教公民之间制造矛盾与冲突;禁止在宗教院校以外的学校及其他教育机构传教、举行宗教活动、成立宗教组织、设立宗教活动场所等。

(二) 维护国家安全和社会稳定

《条例》在保护公民宗教信仰的同时,强调任何组织或者个人不得利用宗教进行危害国家安全的活动,不得在不同宗教之间、同一宗教内部以及信教公民与不信教公民之间制造矛盾与冲突,不得宣扬、支持、资助宗教极端主义,不得利用宗教破坏民族团结、分裂国家和进行恐怖活动;规范宗教团体、宗教院校和宗教活动场所接受境外捐赠的行为;增加对利用宗教宣扬极端主义、破坏独立自主自办原则行为的处罚;增加对假冒宗教教职人员进行诈骗钱财等违法活动的处罚。

(三)明确政府管理宗教事务的职责

《条例》规定各级人民政府应当加强宗教工作,建立健全宗教工作机制,保障工作力量和必要的工作条件;明确乡级人民政府应当做好本行政区域的宗教事务管理工作,村民委员会、居民委员会应依法协助人民政府管理宗教事务,特别明确乡级人民政府对临时活动地点活动的监管职责;明确规划、建设、国土、工商、旅游、民政、公安、财政、税务等部门在宗教活动场所和大型露天宗教造像建设、法人登记、大型宗教活动管理、财务监督管理等方面的具体职责。

(四)明确宗教团体的职能定位

宗教团体具有下列职能:协助人民政府贯彻落实法律法规、规章和政策,维护信教公民的合法权益;指导宗教教务,制定规章制度并督促落实;从事宗教文化研究,阐释宗教教义教规,开展宗教思想建设;开展宗教教育培训,培养宗教教职人员,认定、管理宗教教职人员;法律法规、规章和宗教团体章程规定的其他职能。全国性宗教团体和省、自治区、直辖市宗教团体可以根据本宗教的需要按照规定选派和接收宗教留学人员,其他任何组织或者个人不得选派和接收宗教留学人员。

(五)加强对宗教院校的规范管理

设立宗教院校,应当由全国性宗教团体向国务院宗教事务部门提出申请,或者由省、自治区、直辖市宗教团体向拟设立的宗教院校所在地的省、自治区、直辖市人民政府宗教事务部门提出申请。省、自治区、直辖市人民政府宗教事务部门应当自收到申请之日起 30 日内提出意见,报国务院宗教事务部门审批。

为规范宗教院校教育教学秩序,切实保障宗教院校师生合法权益,规定宗教院校实行特定的教师资格认定、职称评审聘任和学生学位授予制度。

(六)赋予宗教活动场所法人资格

符合法人条件的宗教活动场所,经所在地宗教团体同意,并报县级人民政府宗教事务部门审查同意后,可以到民政部门办理法人登记。

宗教事务管理坚持保护合法、制止非法、遏制极端、抵御渗透、打击犯罪的原则。

设立宗教院校,应当具备下列条件:
(1)有明确的培养目标、办学章程和课程设置计划;
(2)有符合培养条件的生源;
(3)有必要的办学资金和稳定的经费来源;
(4)有教学任务和办学规模所必需的教学场所、设施设备;
(5)有专职的院校负责人、合格的专职教师和内部管理组织;
(6)布局合理。

设立宗教活动场所,应当具备下列条件:
(1)设立宗旨不违背本条例第四条、第五条的规定;
(2)当地信教公民有经常进行集体宗教活动的需要;
(3)有拟主持宗教活动的宗教教职人员或者符合本宗教规定的其他人员;
(4)有必要的资金,资金来源渠道合法;
(5)布局合理,符合城乡规划要求,不妨碍周围单位和居民的正常生产、生活。

(七) 厘清宗教财产权归属

宗教团体、宗教院校、宗教活动场所对依法占有的属于国家、集体所有的财产，依照法律和国家有关规定管理和使用；对其他合法财产，宗教团体、宗教院校、宗教活动场所可以依法享受所有权或者其他财产权利。

(八) 加强对宗教财务的监督管理

宗教团体、宗教院校和宗教活动场所应当建立健全会计核算、财务报告、财务公开等制度，建立健全财务管理机构，配备必要的财务会计人员。政府有关部门应当履行监管职责，通过监督检查、资产审计、信息共享等方式，加强对宗教团体、宗教院校和宗教活动场所财务的规范管理。同时，按照宪法和税法规定，宗教团体、宗教院校、宗教活动场所和宗教教职人员都有依法纳税义务。

(九) 遏制宗教商业化倾向

信教公民的集体宗教活动，一般应当在宗教活动场所内举行，由宗教活动场所、宗教团体或者宗教院校组织，由宗教教职人员或者符合本宗教规定的其他人员主持，按照教义教规进行。非宗教团体、非宗教院校、非宗教活动场所、非指定的临时活动地点不得组织、举行宗教活动，不得接受宗教性的捐赠。非宗教团体、非宗教院校、非宗教活动场所不得开展宗教教育培训，不得组织公民出境参加宗教方面的培训、会议、活动等。

(十) 规范互联网宗教信息服务

从事互联网宗教信息服务应经省级以上人民政府宗教事务部门审核同意后，按照互联网信息服务管理相关法律法规办理审批或者备案手续；规定互联网宗教信息服务的内容必须符合法律法规和政策规定；明确对互联网宗教信息服务违法行为的处罚。

三、法律责任

强制公民信仰宗教或者不信仰宗教，或者干扰宗教团体、宗教院校、宗教活动场所正常的宗教活动的，由宗教事务部门责令改正；有违反治安管理行为的，依法给予治安管理处罚。侵犯宗教团体、宗教院校、宗教活动场所和信教公民合法权益的，依法承担民事责任；构成犯罪的，依法追究刑事责任。

宣扬、支持、资助宗教极端主义，或者利用宗教进行危害国家安全、公共安全，破坏民族团结、分裂国家和恐怖活动，侵犯公民人身权利、民主权利,妨害社会管理秩序,侵犯公私财产等违法活动,构成犯罪的,依法追究刑事责任;尚不构成犯罪的,由有关部门依法给予行政处罚;对公民、法人或者其他组织造成损失的,依法承担民事责任。宗教团体、宗教院校或者宗教活动场所有前款行为,情节严重的,有关部门应当采取必要的措施对其进行整顿,拒不接受整顿的,由登记管理机关或者批准设立机关依法吊销其登记证书或者设立许可。

大型宗教活动过程中发生危害国家安全、公共安全或者严重破坏社会秩序情况的,由有关部门依照法律法规进行处置和处罚;主办的宗教团体、寺观教堂负有责任的,由登记管理机关责令其撤换主要负责人,情节严重的,由登记管理机关吊销其登记证书。

擅自举行大型宗教活动的,由宗教事务部门会同有关部门责令停止活动,可以并处 100 000 元以上 300 000 元以下的罚款;有违法所得、非法财物的,没收违法所得和非法财物。其中,大型宗教活动是宗教团体、宗教活动场所擅自举办的,登记管理机关还可以责令该宗教团体、宗教活动场所撤换直接负责的主管人员。

擅自组织公民出境参加宗教方面的培训、会议、朝觐等活动的,或者擅自开展宗教教育培训的,由宗教事务部门会同有关部门责令停止活动,可以并处 20 000 元以上 200 000 元以下的罚款;有违法所得的,没收违法所得;构成犯罪的,依法追究刑事责任。

在宗教院校以外的学校及其他教育机构传教、举行宗教活动、成立宗教组织、设立宗教活动场所的,由其审批机关或者其他有关部门责令限期改正并予以警告;有违法所得的,没收违法所得;情节严重的,责令停止招生、吊销办学许可;构成犯罪的,依法追究刑事责任。

为违法宗教活动提供条件的,由宗教事务部门给予警告,有违法所得、非法财物的,没收违法所得和非法财物,情节严重的,并处 20 000 元以上 200 000 元以下的罚款;有违法房屋、构筑物的,由规划、建设等部门依法处理;有违反治安管理行为的,依法给予治安管理处罚。

违反本条例规定修建大型露天宗教造像的,由宗教事务部门会同国土、规划、建设、旅游等部门责令停止施工,限期拆除,有违法所得的,没收违法所得;情节严重的,并处造像建设工程造价 5% 以上 10% 以下的罚款。投资、承包经营宗教活动场所或者大型露天宗教造像的,由宗教事务部门会同工商、规划、建设等部门责令改正,并没收违法所得;情节严重的,由登记管理机关吊销该宗教活动场所的登记证书,并依法追究相关人员的责任。

知识模块 10-2　旅游安全管理法规

第一节　旅游安全管理概述

一、《旅游安全管理办法》出台的背景

旅游安全管理是指为了达到安全的目的,有意识、有计划地对旅游活动中各种安全现象进行的安全教育、防范与控制活动的总称。这些活动既包括安全的宣传与教育,安全管理方针、政策、法规、条例的制定与实施,也包括安全防控、管理措施的制定与安全保障体系的构建与运作。

《旅游安全管理办法》二维码

国家旅游局 2016 年 9 月 7 日第 11 次局长办公会议审议通过并公布了《旅游安全管理办法》(以下简称《办法》),新的《办法》自 2016 年 12 月 1 日起施行。《旅游安全管理办法》第一条规定,旅游安全管理的目的是加强旅游安全管理,提高应对旅游突发事件的能力,保障旅游者的人身、财产安全,促进旅游业持续健康发展。

二、旅游安全管理各主体的职责

旅游经营者的安全生产、旅游主管部门的安全监督管理,以及旅游突发事件的应对,应当遵守有关法律法规和《办法》的规定。旅游主管部门、旅游经营者及其从业人员应当依法履行旅游突发事件报告义务。

(一) 旅游安全监管主体

县级以上人民政府统一负责旅游安全工作。县级以上人民政府有关部门依照法律法规履行旅游安全监管职责。

各级旅游主管部门应当在同级人民政府的领导和上级旅游主管部门及有关部门的指导下,在职责范围内,依法对旅游安全工作进行指导、防范、监管、培训、统计分析和应急处理。

(二) 旅游经营者

旅游经营者应当承担旅游安全的主体责任,加强安全管理,建立、健全安全管理制度,关注安全风险预警和提示,妥善应对旅游突发事件。

旅游经营者应当严格执行安全生产管理和消防安全管理的法律、

法规和国家标准、行业标准,具备相应的安全生产条件,制定旅游者安全保护制度和应急预案。

旅游经营者应当对直接为旅游者提供服务的从业人员开展经常性应急救助技能培训,对提供的产品和服务进行安全检验、监测和评估,采取必要措施防止危害发生。

突发事件或者旅游安全事故发生后,旅游经营者应当立即采取必要的救助和处置措施,依法履行报告义务,并对旅游者作出妥善安排。

(三) 旅游从业人员及旅游者

旅游从业人员应当严格遵守本单位的安全管理制度,接受安全生产教育和培训,增强旅游突发事件防范和应急处理能力。

旅游者在人身、财产安全遇有危险时,有权请求旅游经营者、当地政府和相关机构进行及时救助。中国出境旅游者在境外陷于困境时,有权请求我国驻当地机构在其职责范围内给予协助和保护。

旅游者接受相关组织或者机构的救助后,应当支付应由个人承担的费用。

> 旅游经营者应当就旅游活动中的下列事项,以明示的方式事先向旅游者作出说明或者警示:
> (1) 正确使用相关设施设备的方法;
> (2) 必要的安全防范和应急措施;
> (3) 未向旅游者开放的经营、服务场所和设施设备;
> (4) 不适宜参加相关活动的群体;
> (5) 可能危及旅游者人身、财产安全的其他情形。

第二节 旅游经营安全

一、旅游经营者的安全要求

《办法》第六条规定,旅游经营者应当遵守下列要求:
(1) 服务场所、服务项目和设施设备符合有关安全法律法规和强制性标准的要求;
(2) 配备必要的安全和救援人员、设施设备;
(3) 建立安全管理制度和责任体系;
(4) 保证安全工作的资金投入。

二、旅游经营者的义务

旅游经营者应当定期检查本单位安全措施的落实情况,及时排除安全隐患;对可能发生的旅游突发事件及采取安全防范措施的情况,应当按照规定及时向所在地人民政府或者人民政府有关部门报告。

旅游经营者应当对其提供的产品和服务进行风险监测和安全评估,依法履行安全风险提示义务,必要时应当采取暂停服务、调整活动内容等措施。经营高风险旅游项目或者向老年人、未成年人、残疾人提供旅游服务的,应当根据需要采取相应的安全保护措施。

旅游经营者应当对从业人员进行安全生产教育和培训,保证从业人员掌握必要的安全生产知识、规章制度、操作规程、岗位技能和应急处理措施,知悉自身在安全生产方面的权利和义务。

旅游经营者应当主动询问与旅游活动相关的个人健康信息,要求旅游者按照明示的安全规程,使用旅游设施和接受服务,并要求旅游者对旅游经营者采取的安全防范措施予以配合。旅行社组织和接待旅游者,应当合理安排旅游行程,向合格的供应商订购产品和服务。旅行社及其从业人员发现履行辅助人提供的服务不符合法律法规规定或者存在安全隐患的,应当予以制止或者更换。

旅行社组织出境旅游,应当制作安全信息卡。安全信息卡应当包括旅游者姓名、出境证件号码和国籍,以及紧急情况下的联系人、联系方式等信息,使用中文和目的地官方语言(或者英文)填写。旅行社应当将安全信息卡交由旅游者随身携带,并告知其自行填写血型、过敏药物和重大疾病等信息。

三、旅游突发事件预案及处置程序

旅游经营者应当依法制定旅游突发事件应急预案,与所在地县级以上地方人民政府及其相关部门的应急预案相衔接,并定期组织演练。

旅游突发事件发生后,旅游经营者及其现场人员应当采取合理、必要的措施救助受害旅游者,控制事态发展,防止损害扩大。旅游经营者应当按照履行统一领导职责或者组织处置突发事件的人民政府的要求,配合其采取的应急处置措施,并参加所在地人民政府组织的应急救援和善后处置工作。旅游突发事件发生在境外的,旅行社及其领队应当在中国驻当地使领馆或者政府派出机构的指导下,全力做好突发事件应对处置工作。

第三节　风险提示及突发事件等级制度

一、安全风险提示制度

国家建立旅游目的地安全风险(以下简称"风险")提示制度。根据可能对旅游者造成的危害程度、紧急程度和发展态势,风险提示级别分为一级(特别严重)、二级(严重)、三级(较重)和四级(一般),分别用红色、橙色、黄色和蓝色标示。风险提示级别的划分标准,由国家旅游局会同外交、卫生、公安、国土、交通、气象、地震和海洋等有关部门制定或者确定。风险提示信息,应当包括风险类别、提示级别、可能影响的区域、起始时间、注意事项、应采取的措施和发布机关等内容。

风险提示发布后,旅游者应当关注相关风险,加强个人安全防范,并配合国家应对风险暂时限制旅游活动的措施,以及有关部门、机构或者旅游经营者采取的安全防范和应急处置措施。

二、旅游突发事件等级制度

旅游突发事件是指突然发生,造成或者可能造成旅游者人身伤亡、财产损失,需要采取应急处置措施予以应对的自然灾害、事故灾难、公共卫生事件和社会安全事件。根据旅游突发事件的性质、危害程度、可控性以及造成或者可能造成的影响,旅游突发事件一般分为特别重大、重大、较大和一般四级。

第四节 旅游安全管理

一、主管部门旅游安全日常管理

《办法》第二十二条规定,旅游主管部门应当加强下列旅游安全日常管理工作:
(1) 督促旅游经营者贯彻执行安全和应急管理的有关法律法规,并引导其实施相关国家标准、行业标准或者地方标准,提高其安全经营和突发事件应对能力;
(2) 指导旅游经营者组织开展从业人员的安全及应急管理培训,并通过新闻媒体等多种渠道,组织开展旅游安全及应急知识的宣传普及活动;
(3) 统计分析本行政区域内发生旅游安全事故的情况;
(4) 法律法规规定的其他旅游安全管理工作。

旅游主管部门应当加强对星级饭店和A级景区旅游安全和应急管理工作的指导。

二、旅游突发事件的处置程序

(一) 应急预案

地方各级旅游主管部门应当根据有关法律法规的规定,制定、修订本地区或者本部门旅游突发事件应急预案,并报上一级旅游主管部门备案,必要时组织应急演练。

(二) 客流量控制

地方各级旅游主管部门应当在当地人民政府的领导下,依法对景

《办法》第十八条规定,风险提示发布后,旅行社应当根据风险级别采取下列措施:
(1) 四级风险的,加强对旅游者的提示;
(2) 三级风险的,采取必要的安全防范措施;
(3) 二级风险的,停止组团或者带团前往风险区域;已在风险区域的,调整或者中止行程;
(4) 一级风险的,停止组团或者带团前往风险区域,组织已在风险区域的旅游者撤离。

区符合安全开放条件进行指导，核定或者配合相关景区主管部门核定景区最大承载量，引导景区采取门票预约等方式控制景区流量；在旅游者数量可能达到最大承载量时，配合当地人民政府采取疏导、分流等措施。

（三）突发事件的处置

旅游突发事件发生后，发生地县级以上旅游主管部门应当根据同级人民政府的要求和有关规定，启动旅游突发事件应急预案，并采取下列一项或者多项措施：

(1) 组织或者协同、配合相关部门开展对旅游者的救助及善后处置，防止次生、衍生事件；

(2) 协调医疗、救援和保险等机构对旅游者进行救助及善后处置；

(3) 按照同级人民政府的要求，统一、准确、及时发布有关事态发展和应急处置工作的信息，并公布咨询电话。

（四）事后调查

旅游突发事件发生后，发生地县级以上旅游主管部门应当根据同级人民政府的要求和有关规定，参与旅游突发事件的调查，配合相关部门依法对应当承担事件责任的旅游经营者及其责任人进行处理。

三、旅游突发事件的报告制度

（一）提交报告的内容

旅游主管部门在接到旅游经营者的报告后，应当向同级人民政府和上级旅游主管部门报告。一般旅游突发事件上报至设区的市级旅游主管部门；较大旅游突发事件逐级上报至省级旅游主管部门；重大和特别重大旅游突发事件逐级上报至国家旅游局。

各级旅游主管部门应当建立旅游突发事件信息通报制度。旅游突发事件发生后，旅游主管部门应当及时将有关信息通报相关行业主管部门。

（二）提交报告的程序

旅游突发事件处置结束后，发生地旅游主管部门应当及时查明突发事件的发生经过和原因，总结突发事件应急处置工作的经验教训，制定改进措施，并在30日内提交总结报告：

省级旅游主管部门应当于每月5日前，将本地区上月发生的较大旅游突发事件报国家旅游局备案，内容应当包括突发事件发生的时间、地点、原因及事件类型和伤亡人数等。县级以上地方各级旅游主管部门应当定期统计分析本行政区域内发生旅游突发事件的情况，并于每年1月底前将上一年度相关情况逐级报国家旅游局。

第五节　法律责任

《办法》第三十三条规定，旅游经营者及其主要负责人、旅游从业人员违反法律法规有关安全生产和突发事件应对规定的，依照相关法律法规处理。

一、旅游经营者的法律责任

旅行社及其从业人员发现履行辅助人提供的服务不符合法律法规规定或者存在安全隐患的，应当予以制止或者更换。旅行社未制止履行辅助人的非法、不安全服务行为，或者未更换履行辅助人的，由旅游主管部门给予警告，可并处2 000元以下罚款；情节严重的，处2 000元以上10 000元以下罚款。

旅行社组织出境旅游，应当制作安全信息卡。安全信息卡应当包括旅游者姓名、出境证件号码和国籍，以及紧急情况下的联系人、联系方式等信息，使用中文和目的地官方语言（或者英文）填写。旅行社应当将安全信息卡交由旅游者随身携带，并告知其自行填写血型、过敏药物和重大疾病等信息。若旅行社不按要求制作安全信息卡，未将安全信息卡交由旅游者，或者未告知旅游者相关信息的，由旅游主管部门给予警告，可并处2 000元以下罚款；情节严重的，处2 000元以上10 000元以下罚款。

二、旅游主管部门的法律责任

根据《办法》第三十八条规定，旅游主管部门及其工作人员违反相关法律法规及本办法规定，玩忽职守，未履行安全管理职责的，由有关部门责令改正，对直接负责的主管人员和其他直接责任人员依法给予处分。

1.3 实训指导

一、实训任务

将学生进行编组,每组 4~8 名同学,组内由学生自行分工合作,进行资料收集、整理、制作、美化、展示、汇报等工作。教师可以发布实训任务一览表中的任务,每组同学以此任务作为主题,利用课余时间进行展示材料的整理与制作。在此基础上,教师将利用 2~4 课时时间,用于学生自行汇报展示其工作成果。任务目的在于了解《国家安全法》及《香港国安法》的出台背景、重要意义和内容框架,掌握旅游业《旅游安全管理办法》的内容框架及相关风险和突发事件等级制度。

实训任务一览表

序号	实训任务名称	实训学时
01	了解《国家安全法》及《香港国安法》的重要意义和框架	2~4
02	以案例来解读《旅游安全管理办法》主要条款	

注:教师可根据需要选用实训项目和学时。

二、成果要求

每组同学制作完成一份 WORD 文档和一份展示 PPT,WORD 文档用于图文资料的整理汇总,PPT 文件用于课堂汇报展示,并将上述两个文件放入文件夹,命名规则为"班级名称+小组编号+任务名称"。

三、考核标准

评价标准与打分

项目	考核内容和要求	分值	得分	备注
态度	能够按时完成,积极主动,组内分工合作	20		
内容	导向正确,内容完整、准确,逻辑清晰	20		
形式	格式规范、语言简洁、图表样式美观	20		
展示	仪态形象得当,表达清楚,语言流畅	20		
创新	内容、格式、展示过程有创意,特色明显	20		
	小计	100		

项目拓展:

焦点访谈:"港区国安法"通过

知识自检 10:

主要参考文献

1. 孙子文.旅游法规教程[M].大连:东北财经大学出版社,2014.
2. 全国导游人员资格考试统编教材专家编写组.政策与法律法规[M].北京:中国旅游出版社,2016.
3. 王玲.法律基础与实务:第3版[M].北京:清华大学出版社,2016.
4. 李海峰.旅游政策与法规:第3版[M].北京:清华大学出版社,2020.
5. 杨富斌,苏号朋.中华人民共和国旅游法释义[M].北京:中国法制出版社,2013.
6. 法律出版社法规中心.中华人民共和国旅游法:注释本[M].北京:法律出版社,2013.
7. 国家旅游局人事劳动教育司.政策与法规:第3版[M].北京:旅游教育出版社,2014.
8. 李文汇,朱华.旅游政策与法律法规[M].北京:北京大学出版社,2014.
9. 李娌.案例解读《旅游法》[M].北京:旅游教育出版社,2014.
10. 法律出版社法规中心.2014最新旅游法规汇编[M].北京:法律出版社,2014.
11. [意]安吉拉·艾朵斯等.中国国家地理·美丽的地球系列:国家公园[M].杨林玉,译.北京:中国大百科全书出版社,2009.
12. 汤卫松,王旭东.酒店法律与法规[M].杭州:浙江大学出版社,2010.